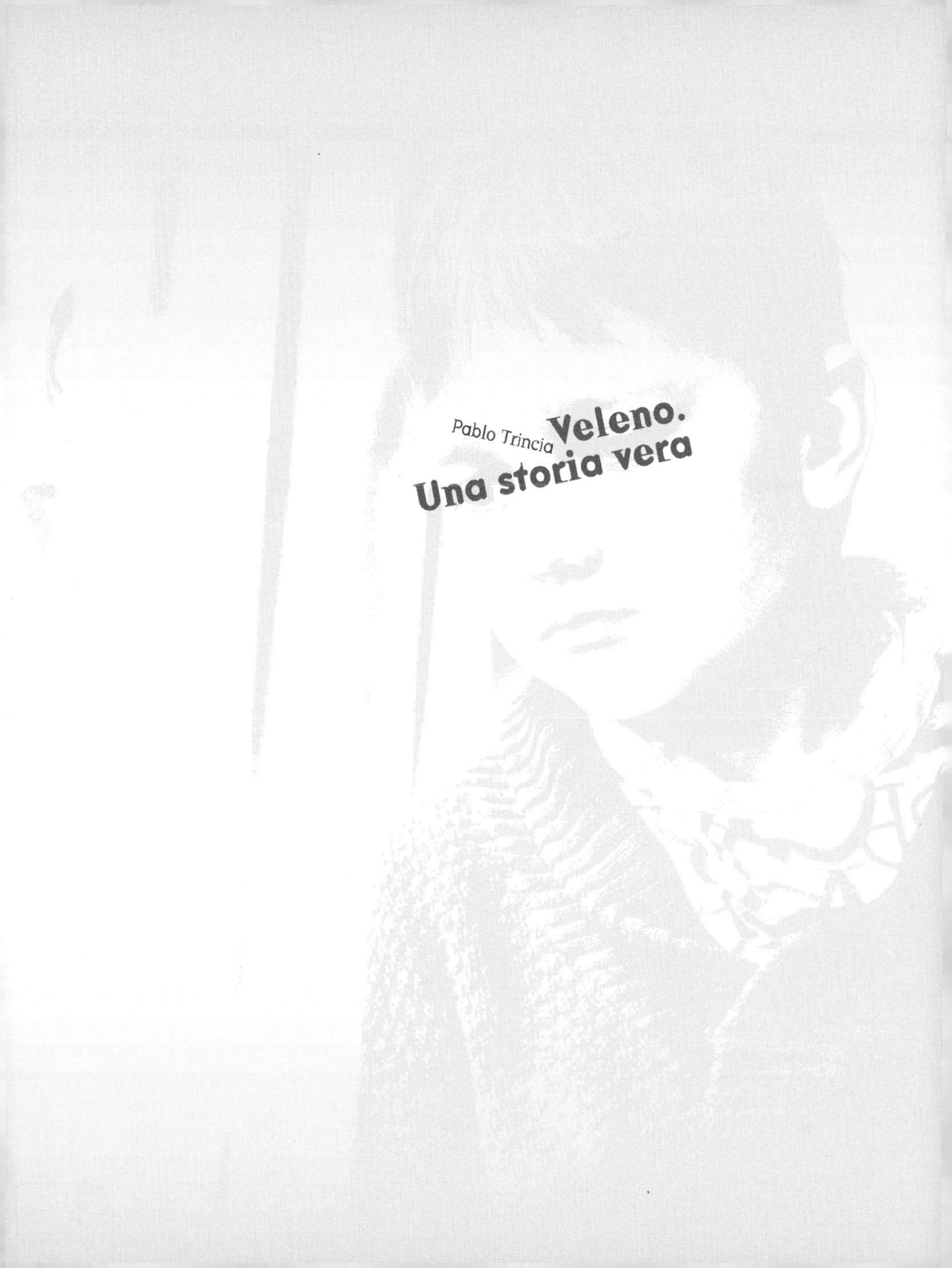

Pablo Trincia

Veleno. Una storia vera

バッサ・モデネーゼの悪魔たち

パブロ・トリンチャ
栗原俊秀訳

共和国

注　この本に書かれている事柄に、著者はいかなる脚色も加えていない。

デボラ、ヤスミン、セバスティアンへ

フィナーレ・エミリア、一九九五年四月一日

この日、五人の少年が川べりで、頭蓋骨をひとつ発見した。土曜の昼下がりの出来事だった。十三歳の少年たちは、釣りをする場所を探してパナーロ川の左岸にある林を歩いていた。川の流れが、フィナーレ・エミリアからわずかに外れたところで軽くカーブし、モデナに向かっていくあたりだった。

少年たちのうち三人は、それぞれアンドレア、ダヴィデ、マッテオという名前だった。白くてつるつるした頭蓋骨を最初に拾いあげたのはマッテオだった。はじめは、川から二、三メートル離れたところで泥にまみれている、大ぶりな石だと勘違いしていた。

「うわ!」。マッテオは驚きの叫びをあげ、頭蓋骨を砂利のうえに落とした。

ほかの少年たちは、恐怖と興奮が入り交じった感情にとりつかれていた。白骨の鼻に小枝を突き刺し、たまたま持ち合わせていたスーパーのレジ袋に入れ、墓地を取り巻く並木道を通って、頭蓋骨を役場に届けるために走っていった。

役場に向かう途中で、ふたりの警察官にばったり行き合った。「頭蓋骨を見つけたんです。

川岸にありました」。少年たちは息を切らしながら言った。

警官の片割れが、不審そうに言った。「今日はエイプリルフールだったな。大人をからかうもんじゃないぞ」。だが、スーパーの袋のなかを確認するなり、ふたりは顔色を変えた。ミランドラ署の同僚に連絡をとり、発見場所まで案内するように少年たちに要請する。警察官のマルコ・カタラーニは、頭蓋骨があった正確な場所を教えてもらい、その周辺をくまなく捜索した。しかし、気になるものはなにひとつ見つけられなかった。

いまだ動揺している様子の少年たちは、頭蓋骨について誰にも口外しないと約束させられたあとで、それぞれの家に帰っていった。警官たちは科学捜査班に協力を要請し、モデナの検事代理であるエレオノーラ・デ・マルコにこの件について報告した。検事代理はこれを受け、モデナ病院の法医学教室に所属する監察医ジョヴァンニ・ベドゥスキと連絡をとった。その数日後、ベドゥスキのオフィスに資料一式が送られてきた。

頭蓋骨が人間のものであることは間違いなかった。ベドゥスキからしてみれば、さしてめずらしいものでもない。教会や、かつて共同で利用されていた古い墓穴の周辺で発見されたという触れこみで、彼の勤め先にはちょくちょく人骨が送られてくるのだった。

四年前、すなわち一九九一年には、カンパニョーラ・エミリアのある老人が町長に面会を求め、解放闘争の際に生じた多くの虐殺行為のひとつである「カヴォンの虐殺」の犠牲者たちが埋まっている場所について、情報を提供してくれたこともあった。このとき、監察医とその同僚たちは、現場に残されていた服や靴といっしょに、大量の人骨を研究室へ移送した。

ところが、今回の件にはひとつ不可解な点があった。どういうわけで、頭蓋骨しか見つからないのか？　すぐそばで見つかるはずの脛骨《けいこつ》や、上腕骨や、大腿骨は、いったいどこへ行ってしまったのか？　ほんとうにこれしかないのか？　これしかない。それが答えだった。まるで、誰かがこの人物の首を斬り、頭だけ川のそばに放置して、残りの部分をどこかに隠してしまったみたいだった。奇妙な事態を前に困惑を覚えつつも、ベドゥスキは作業を続けた。

ベドゥスキがレポートに記したところによれば、それは形態学的に見て小ぶりな頭蓋骨だった。頭頂部分は骨の継ぎ目の線に沿って自然に損壊しており、外傷の類い——たとえば銃で撃たれたような痕跡——はいっさい認められなかった。正面部分は下あごが欠けていた。腐敗の過程で本体から分離して、そのままどこかへ消えたらしい。前歯も下あごと同じような運命をたどっており、門歯二本と犬歯二本が失われていた。とはいえ、咬頭《こうとう》〔臼歯歯冠のとがった部分〕は鋭くとがっており、良好な状態を保っていた。それに併せて、ほっそりとした頬骨を注意深く検討した結果、この頭蓋骨はまだ若い人物のものである可能性が高いという結論が得られた。おそらく、思春期を迎えたころであり、おそらく、女性の頭蓋であろう。皮膚や毛髪といった有機物がほとんど失われていることから、この人物が死んだのはすくなくとも十五年以上前のことだとベドゥスキは判断した。そして、生物学的というよりは歴史学的な観点から、この頭蓋骨の主は数十年前、第二次大戦中に命を落とした少女であると推定した。

その後、検察官がC14年代測定を実施しないことに決めた背景には、ベドゥスキのこうした見解があったと考えられる。C14年代測定は高額の費用を要する検査であり、より最近の事件や、重大な犯罪にかかわるケースしか対象にならなかった。

頭蓋骨が捜査対象から外れたあと、ベドゥスキは頭蓋骨の写真を二枚撮影し、発見資料リストに添付した。過去はときおり、言葉少なに、身元不明の残存物を私たちに差しだしてくる。今回の頭蓋骨も、そのような一例と見なされた。

監察医や同僚たちは、歯の抜けたその頭蓋骨がなぜ川岸で見つかったのか、もっともらしい理由を探り当てようとした。最終的には、過去にどこかの医学生が所有していたものだという結論に落ちついた。頭蓋骨を家に置いておくのがいやになった学生は、墓地に引きわたすのではなく、いちばん手っ取り早い方法で片づけてしまったわけだ。

パナーロ川で発見された頭蓋骨は、こうして速やかに忘却の淵に沈んだ。ベドゥスキも、この件のことはすぐに忘れた。ところが三年後、町の墓地からほんの数百メートルほど離れた場所で発見されたこの人骨が、苦悶と、涙と、死に彩られた物語のなかで、ふたたびスポットライトを浴びることになる。

目次

第一部

汚染

第一章

二〇一四年十月、私はリベリアの首都モンロヴィアを訪れていた。ドキュメンタリー番組の素材を撮影することが目的だった。エボラウイルス病の大流行が、イタリアから遠く離れた西アフリカの一角にいかなる惨状を引き起こしているかを伝える企画だ。あらゆる街区で厳戒体制がしかれていた。この獰猛《どうもう》なウィルスのために、ほんの数か月で何千もの人命が失われた。世界中から集まってきたさまざまな国際組織の医療関係者は、なんとかしてこれ以上の被害を食いとめようとしていた。通りのあちこちに、可能なかぎりあらゆる身体的接触を避けるよう勧告するビラが撒かれ、ユークロリンを主成分とする消毒薬の臭いが、暑く湿った空気のなかに充満していた。

ある日の朝、私は衛生隊員のあとを追っていた。衛生隊員に課された任務は、もっとも貧しい地区に立つ、泥と金属板でできたバラックのあいだを駆けずりまわり、できるかぎり迅速に犠牲者の亡骸を集めることだった。この時期のモンロヴィアでは、家族の遺体を埋葬することは固く禁じられていた。前日の晩、海に近い街区に暮らすムスリムの一家から、家族が死んだいた。私が現場に到着したとき、作業員はすでに仕事にとりかかっていた。草地に寝かされていた。子どもの遺体は白いビニール袋に入れられていた。袋は口がきつく縛られ、息をしている。ビニール袋に、雨粒がぱらぱらと降り落ちる。それは生後八か月の赤ん坊で、引きとったのは数時間前だった。木の下に近所の人たちが集まり、その光景を見つめていた。

家のなかから持ち出してきたばかりのその遺体を、作業員は小型トラックに積みこんだ。白の作業服、マスク、防護めがね、黄色い手袋という出でたちで、自分の体を消毒するため、ひっきりなしにスプレーを振り撒いている。ひとりの作業員が、子どもを亡くした祖父のもとに歩みより、こう語りかける。「私たちが帰ったらすぐに、あの子が寝ていた布団を燃やしてくださいい」。老人はうなずいた。遺体が運び去られたあと、母親が堰《せき》を切ったように泣きはじめた。その様子を撮影したあと、私は相棒のフランチェスカの方を振り返り、口もとに笑みを浮かべながらウィンクした。「良い絵が撮れたぞ。そろそろ昼食にしようか」

胸に引っかかりを感じたのは、その日の晩、ホテルの自室で一日を振り返っているときだった。あの悲痛な光景を前にしても、私はまったく心を動かされなかった。無関心とシニシズムが、あの手の場面と向き合うときの基本的な態度になっていた。同じようなことは、前にも何度か経験していた。そうして私は、不意に悟った。自分にとって、涙にかきくれる母親と死んだ子どもは、現実の存在ではない。あのふたりは、私を主人公とする映画に添えられた、たんなる登場人物でしかないのだ。あの一家がどんな不幸に見舞われようと、私には関係のない話だった。

イタリアに戻ってからも、私はこの件について考えつづけた。私は三十七歳だった。他者の人生に心を寄せ、それを我がことのように発信したい。そう考えてジャーナリストの仕事に就っいた十年前の志《こころざし》から、自分はなんと遠くへ来てしまったことだろう。これからどうすればいいのか、なにを目指せばいいのか、自問せずにいられなかった。

どこかからやりなおす必要があった。ひとつの物語に夢中になれば、人生に新たな意味を与えられるかもしれない。物語のなかに浸かって、その流れに身を任せるのだ。そんなふうに考えていたころのとある晩、友人でラジオ番組の監督をしているルカの家におじゃまする機会があった。ルカはコンピューターの前に坐ったまま私を呼んだ。「ちょっと来いよ。この記事を読んでみてくれ」

その記事が伝えているのは、モデナ県のマッサ・フィナレーゼで幼稚園教諭をしていた、ロレーナ・モルセッリの身に起きた出来事だった。悪魔的な儀式にふけり、自身の四人の子どもを性的に虐待した嫌疑をかけられ、いつ終わるとも知れない訴訟に巻きこまれた人物だ。この件が原因で親元から引き離された当時、子どもたちはまだ幼かった。それ以来、モルセッリは一度も自分の子どもたちに会っていないという。

それは身の毛もよだつような物語だった。一九九八年十一月十二日の夜明けごろ、ボローニャの少年裁判所が発行した隔離令状をもって、ロレーナとその夫デルフィーノ・コヴェッツィの自宅に警察がやってきた。夫婦の姪であり、ソーシャルワーカーに保護されていた八歳の少女の告発が原因だった。姪の証言によれば、ロレーナとその夫は、殺人にも手を染めている邪悪なカルト集団の関係者だった。このカルトは、マッサに住む子どもたちを夜な夜な墓地に連れていき、凌辱《りょうじょく》したり、小児性愛者を顧客とする犯罪者集団に売り払ったり、人身御供《ひとみごくう》の儀式に子どもたちを参加させたりしているのだった。あまりのおぞましさに、私は思わず身震いした。事件の舞台は、田畑に囲まれた片田舎だった。細い道、農家の住宅、地元民向けの食堂、打ち捨てられた田舎家……それくらいしか目につかない、およそ犯罪行為とは無縁に思える土地だ。

少女の証言に注意深く耳を傾けたあと、ミランドラの心理カウンセラーとソーシャルワーカーはただちに警察当局と連絡をとり、コヴェッツィ夫妻の子どもたちを保護するよう働きかけた。ヴェロニカ（十一歳）、ピエトロ（九歳）、フェデリコ（七歳）、アウローラ（三歳）の四人だ。まだ眠っていた子どもたちは警官に揺り起こされ、ほんの数時間で遠くへ連れ去られていった。あっという間の出来事だった。ロレーナは、お腹のなかにいる五人目の子どもまで奪われてはたまらないと考え、国外の病院で出産した。そのあとは、南仏プロヴァンスの小村で、赤ん坊といっしょに息を潜めるようにして暮らしていた。この記事を読み終えたあと、私はすぐにロレーナの電話番号を調べ、プロヴァンスの家に電話をかけた。

電話に出たロレーナの語りには、バッサ・モデネーゼのアクセントが認められた。一方で、いまでは考え事をするときもフランス語に頼っているらしく、ちょくちょくフランスの言葉が顔を出した。ウィ（はい）、ヴォワラ（ああ）、ボン（そうね）、ドン（それで）、メ・ノン（だめ）、アトンデ（待って）、アロー（だったら）、ダコール（わかった）。ロレーナの語りには、筋道立っているとは言いがたいものがあった。不規則で気まぐれな、蝶の舞を連想させる語り口だった。話している最中に別のエピソードが頭に思い浮かぶと、今度はそちらの記憶を追いかけはじめ、それまでの筋は置き去りにされてしまう。しばらくしてから、いくぶん決まりが悪そうに笑い、「さて、ドン（それで）、どこまで話しましたっけ？」。とうとう子どもたちの話になったとき、ロレーナは動揺し、声を詰まらせてむせび泣いた。

親元から引き離された、ヴェロニカ、ピエトロ、フェデリコの三人は、いとこ（つまり、ロレーナの姪）の証言を認め、みずからの母親を恐ろしい犯罪の共謀者として告発した。犯罪とは要するに、心理的虐待、誘拐、強姦、墓地で行なわれる残虐な殺人行為のことを指す。子どもたちはその墓地で、あらゆる犯罪に荷担するべく両親から強制された。

ソーシャルワーカーと警察当局によって保護された子どもたちは、それぞれ別の家庭に引きとられていった。成長するにつれ、両親は獄中ですべての悪行を償うべきだという思いが強くなった。一九九八年の、あの秋の朝以来、子どもたちがじつの母親を恋しく思ったことは一度もない。

コヴェッツィ夫妻には第一審で懲役十二年の判決が下されたが、その後の二〇一四年十二月、長い訴訟のすえに無罪判決が言いわたされている。ただし、夫のデルフィーノが訴訟の結末を見届けることはなかった。その前年に、梗塞で亡くなっていたのだ。ロレーナに残されたのは、第五子のステファノだけだった。もう何年も前から、インタビューを望む人間は誰でも受け入れ、ミランドラのソーシャルワーカーがいかにして自分の人生をめちゃくちゃにしたかを発信してきた。ロレーナは仕事からも、親戚からも、洗礼を受けた教会がある町からも逃げだして、指名手配犯のように外国の町で暮らすことを強《し》いられた。あれから十六年が過ぎたいま、ロレーナはもう人生になんの希望も抱いていなかった。今日まで発狂せずにいられたのは、主《しゅ》への変わることのない信仰と、ただひとりだけかたわらに残った、栗毛と明るい色の瞳をした息子のおかげだった。

この話を信用してもいいものかどうか、どうにも判断がつきかねた。ロレーナの物語には、多くの欠落や不明瞭な点があったからだ。なによりも、もしロレーナが潔白なら、なぜ子どもたちは母親を告発したのか？　ジャーナリストとしても、ひとりの父親としても、私は困惑せずにいられなかった。ロレーナは、心理カウンセラーが子どもたちをそそのかし、架空の物語を信じこませたのだと説明した。しかし、いくら人間の心理の専門家だからといって、こんなにもおぞましい物語を捏造《ねつぞう》し、それを子どもたちの口から語らせることがはたして可能なのだろうか？　そもそも、いったいなんの目的で？　むしろ、ロレーナが二重人格であることを疑った方が妥当ではなかろうか……。

「ソーシャルワーカーが連れ去ったのは、私たちの子どもだけじゃありません」。電話口でロレーナが言った。「一九九七年と九八年の二年間に、マッサ・フィナレーゼとミランドラのふたつの町で、十四人の子どもが……ごめんなさい、十五人……いいえ、ぜんぶで十六人が、親元から引き離されました。どの家庭も、同じ罪で訴えられたんです」

それから、これまでどおり要領を得ない話し方で、人名、地名、判決、死亡日時などを語っていった。疑念を抱く私自身をも引きずりこもうとする、巨大なブラックホールと向き合っている気分だった。いままでに味わったことのないような、苦痛や、困惑や、恐怖を感じた。

ほかの家族はどんな人たちなのか、各家庭の両親はどんな罪で告発されたのか、どんな経緯でロレーナの一家はこの件に巻きこまれたのか。こうした点を理解すれば、ほこりに覆われたこのモザイク画を、もっとよく見分けられるのではないか。私はすでに、この事件にのめりこみつつあった。

そこで、バッサ・モデネーゼの小児性愛事件にかんする資料を、手当たり次第に収集してみることにした。ウェブ上には、事件のあらましを解説した古い記事がいくつか残っていたが、詳細に立ち入って論じているものは見当たらなかった。全容を再構築するためには、当事者たちが残した資料に当たるしかない。判決文、公判記録、ソーシャルワーカーや少年裁判所が作成したレポートなどだ。ただし、訴訟記録の閲覧を裁判所に要求するという選択肢は、はじめから除外しておいた。煩瑣《はんさ》な手続きのために、際限なく時間を奪われるだけだとわかっていたからだ。

各家庭の親たちの弁護にあたった弁護士に電話して、関係書類を保存していないか問い合わせてみたものの、なんの収穫も得られなかった。もう何年も前の案件にかかわる資料であることを考えれば、無理もない話だった。ある弁護士はすでに処分したと言い、また別の弁護士は事務所の引っ越しの際にどこかへ紛失したと言っていた。あるいは、地震の混乱で失われた書類もあった。二〇一二年、まさしくあの地域を震源とした地震が起こり、多くの家屋や建造物が倒壊したり、使用不可能になったりしたのだった。また、この事件にかかわった弁護士の多くは、よそ者のジャーナリストにたいする不信感を隠そうともしなかった。あれから何年もたっているのに、こいつはいまさらなにを嗅ぎまわっているのだろう?

それでも、数人から話を聞くことができた。どうやら全員が、なにかはっきりとしない事情のために、この事件にはもうかかわりたくないと思っているようだった。それはすでに完結した出来事であり、忘れるべき出来事なのだ。「子どもたちが語った証言のなかに、なんらかの真実が含まれていることはありえますか?」。私は繰り返しそう問いかけた。いちばん多くの回答はこうだった。「ありえるかもしれないが、私のクライアントには関係のないことです」。あるいは、こう。「いまとなっては、確かめるすべはありません」

何人の、どんな子どもたちが巻きこまれたのか、正確なところを把握している人物はひとりもいなかった。いくつの家族が、どれだけの人びとが関係したのか。どんな有罪判決が下され、その後どのようにして無罪が認定されたのか。時間をさかのぼる旅に同伴し、私のためにウェルギリウス〔古代ローマの詩人。『神曲』でダンテの冥府めぐりを導いた人物〕の役を買って出てくれる関係者は、どこにも見つけられなかった。それは骨の折れる仕事であり、より緊急性の高い多くの案件に埋もれている弁護士たちからしてみれば、あえてほじくり返す気が起きないのも当然ではあった。しかし、たったひとりでこの巨大な物語に立ち向かうには、この一件はあまりに複雑すぎるようにも思えた。そこで私は、たいへん有能なひとりの仕事仲間に助けを請うことにした。洞察力に富む若い女性ジャーナリスト、アレッシア・ラファネッリだ。それからの四年間、私たちふたりはとりつかれたようにして、この物語の周囲をさまようことになる。

二〇一五年春のある朝、私は車に乗って、ミラノからマッサ・フィナレーゼにいたる、およそ二時間半の道のりを走っていた。なにか伝手《つて》があるわけではない。あやふやな情報を仕入れたほかは、とくになんの準備もしていなかった。マッサに着く前に、私はミランドラの広場に立ち寄った〔イタリアでは、どんな小さな町でも中心に広場があり、そこが住民たちの社交の場になっている〕。私はそこで、事件についてなにか覚えていないか、知り合いに関係者はいないかを尋ねるために、三十五歳以上と思しき住人たちに話しかけてみた。小児性愛。墓地での儀式。訴訟。有罪判決。こんなにも小さな、住人がみな顔見知りであるような町なのだから、うわさ話や、住所や、電話番号くらい、すぐに聞き出せるだろうと思っていた。けれど、広場を通りかかった人や、「カッフェ・デル・テアトロ」の屋外席に腰かけている老人たちは、眉根に皺を寄せ、困惑したように私を見つめかえすばかりだった。

「聞いたこともないな。ほんとうにここか？　ミランドラで間違いないのか？　あー、すこし思い出したぞ……だが、もうずっと昔の話だ。それにミランドラじゃない。ぜんぶバッサで起きたことだ！」。私は数人に話を聞いた。何年も前から、あるいは、生まれたときからずっとこの土地に住んでいる人たちばかりだ。かなりの期間にわたって、ローカルペーパーの紙面を埋めつくしていた事件なのに、誰もはっきりと覚えていなかった。あまりに遠い過去の出来事なので、記憶に靄《もや》がかかっているのだとでも言いたげだった。いずれにせよ、その事件が起きたのは「ここじゃなく、向こう」なのだ。「向こう」とは、手入れが行き届いていない耕作地に囲まれた、さびれた町のことを指す。モデナやミランドラの人間にとっては、地元の逸品を出す食堂にでも行くのでなければ、あまり近寄りたくない界隈だった。

　フィナーレ・エミリアの分離集落であるマッサ・フィナレーゼの住人たちも、記憶喪失にかかっているようだった。当時この町には、相次ぐ訴訟が津波のごとく押し寄せたはずなのに。両脇に街路樹が立ちならぶ、畑と運河に沿って伸びる二車線の道路を走って、私は南東を目指した。

　町の境界に置かれた標識を越えるなり、三階建てでサッカー場ほども奥行きがある、すでに使用されていない巨大な建造物が目に入った。さらに進むと、二十世紀初頭のネオゴシック様式に則った、奇妙な城砦が見えてきた。城を形づくる多くの塔や狭間《はざま》が、まわりの家屋や木々のあいだから顔を出している。目につくものといえばそれくらいだった。町の中心には「自由のための戦没者広場」があったが、これは広場というよりは、たんなるY字路のようにも見えた。その中央には、無名の歩兵をかたどった白い大理石像が設置されていた。歩兵は左手を胸に当て、家々の屋根の先に鐘楼を見いだそうとするかのように、遠くへ眼差しを向けていた。

プレートにはこう記されている。「犠牲となった彼らを記憶するために、マッサは戦没者たちの栄誉を讃える」

車を降りてからいくらもたたないうちに、町の人たちが集まりそうな場所の目星はついた。それぞれ数十メートルしか離れていない。まずは、大理石像のそばで中国人の婦人が営んでいるバール〔イタリアの喫茶店のようなもの〕。十八時以降、若者たちがこの店で、つまみといっしょに軽く一杯やっている。通りの反対側の、もうすこし奥まったところには、「ラッティ」という菓子屋がある。銀行の裏手にある、カフェでありバールでありピザ屋でもある「スピーディー」には、老人が多く集まっている。最後に、いちばん離れた場所にある「ペーゼ」というバール。広場のいちばん東の一角、墓地へ続く並木道の方に立つ店だ。

ここでも、私が話を聞いた人たちの反応は変わらなかった。目を細め、過去へさかのぼろうと努めるものの、思い出せるのはごくわずかな断片に過ぎず、それとても、すでに私が知っていることばかりだった。コヴェッツィ夫妻のことはみんな知っていたし、幾人かは、この土地の司祭、「ドン・ジョルジョとか、そんな名前の神父さん」が事件に巻きこまれたことも覚えていた。しかし、それ以上の情報は出てこなかった。人口四千人の小さな町にあんな事件が起きたというのに、住人たちが事の経緯をきれいさっぱり忘れているだなんて、にわかには信じられなかった。ほんとうに覚えていないのだろうか？　それとも、この件については話したくないから、忘れたようなふりをしているのか？　いずれにせよ、これは一筋縄ではいきそうになかった。

第二章

ロマーノ・ガッリエーラがマッサ・フィナレーゼに流れ着いたのは、一九七〇年代後半のことだった。ちっぽけな分離集落とはいえ、そこにはたくさんのチャンスが転がっていた。モデナ県の企業は成長いちじるしく、つねに人手を必要としていた。村の入り口に立つ「ベッレンターニ」社の豚肉加工工場はいつも労働者でごった返し、仕事が欲しい者は誰でも、その日のうちに雇い主を見つけることができた。

ガッリエーラは、釘のように細くてちっぽけな男だった。長い顔、突き出た鼻、くすんだ青い瞳の持ち主だった。体のほかの部分とは明らかに不釣り合いな、大きく節くれ立った手をしていた。青年時代に脊柱側彎《せきちゅうそくわん》を患い、なんの処置も講じなかったために、いまでも右肩が湾曲してこぶのようになっていた。ガッリエーラは一九三七年、マッサからはいくぶん遠い、ボンデーノのピラストリという土地で生まれた。エミリア・ロマーニャ州とロンバルディア州の境界に位置する、まわりを畑に囲まれた小さな村だ。少年のころは母親やふたりの姉と、田舎家で慎ましやかな生活を送っていた。

ガッリエーラは口数の少ない、内向的な人物だった。周囲の男どもと比較すれば、悪態をつくことも少なかった。酒は飲まなかったが、煙草は吸った。フィルターなしの煙草を、のべつまくなしに吸っていた。彼にとって人生とは、一本の煙草のようなものだった。あっという間に燃えつきて、あとになんの痕跡も残さない。定職や安定といった概念には、はなから興味がなかった。築くことも、貯めることも、計画することも、いっさいしなかった。手もとに金があればすぐに使った。飲み屋のカード遊びで有り金を摩《す》ることもよくあった。金が尽きれば、誰かに貸してもらうか、その場かぎりの雇い主を探した。それが見つからない場合には、闇労働の斡旋者に声をかけ、違法な仕事で小銭を稼いだ。そして飲み屋に戻り、ふたたびカードを手にとって、最初から遊びなおすのだ。村ではのらくら者で通っていた。そのうち、誰かが土地の言葉で「セテット」という辛辣なあだ名をつけた（「七〇〇《セッテ・エッテイ》グラム野郎」、つまり、知性の総量が一キロにも達しない人物という意味だ）。数週間と、同じ仕事に就いていたためしがなかった。

不定期の仕事やいかがわしい仕事に従事するため、フェッラーラ、モデナ、マントヴァ、ロヴィゴを頂点とする四角形のなかを、上へ下へと往き来した。平らで粘土質の土壌が広がるこの一帯を、地域の住人は「低い土地《ラ・バッサ》」と呼ぶ。畑、湿原、ポー川の支流、農業関連企業が肩を寄せ合い、空から眺めると、エメラルド色や黄土色の無数の欠片が不規則に敷きつめられた、一枚の巨大なモザイク画のようにも見える。レッジョから望むアペニン山脈の斜面と、アドリア海に面するコマッキオのデルタのあいだに、その巨大なモザイク画が広がっている。

ガッリエーラがアドリアーナ・ポンツェットに目をつけたのは、この終わりのない巡礼の最中だった。フリウリ生まれのアドリアーナは、明るい栗色の髪と大きな瞳の娘だった。あごのラインがわずかにいびつで、唇が左側に曲がっていた。ふたりのあいだには十五歳の年の差があった。

ガッリエーラは、この娘がよく母親をつれて田舎のダンスホールに通っていることを知った。ある日、ガッリエーラはポンツェット家のそばで母娘の様子をうかがい、チェレーアのダンスホールに向かうふたりのあとを、距離をあけてつけていった。母娘が建物のなかに入ると、ガッリエーラはふたりの車のスパークプラグに細工をした。女たちが出てくるまで駐車場で時間をつぶし、帰りもまたあとをつけた。家路をいくらも走らぬうちに、ポンツェット家の車は不調をきたして道路のわきに停止した。ガッリエーラは車を停めて、困っている母娘に救いの手を差しのべた。ロマーノ・ガッリエーラとアドリアーナ・ポンツェットの物語はこうして始まった。一九七五年、長男のイゴールが生まれた。ほっそりとした物静かな男の子で、母親にそっくりだった。二年後には、長女のバルバラが生まれた。こちらは父親に生き写しだった。

子どもが生まれても、ガッリエーラはガッリエーラのまま変わらなかった。ろくに働かず、その日暮らしの生活を続けていた。人生がそこらに適当に放置していった残り物で、彼は満足していた。一家が暮らすちっぽけなアパートは、フィナーレとマッサ・フィナレーゼを結ぶ、ペル・モデナ通りの一三三番地に立っていた。ワンルームを四つにわけて使い、赤貧と真正の飢餓を隔てるかぼそい線のうえを、危ういバランスをとりながら歩いていた。家のなかにパスタのひと箱さえ見当たらず、アドリアーナが人目を忍んでご近所の家の扉を叩くことも、一度や二度の話ではなかった。同じアパートの住人は、共同の中庭に面した窓から、ロマーノ・ガッリエーラの怒鳴り声をよく聞いた。なにも食べるものがないと言って、妻をどやしつけている声だった。

そんな生活に、あるとき転機がやってきた。土地の企業家が、サウジアラビアと南アジアで請け負った一連の仕事のために、広範に働き手を募ったのだ。石油は金《かね》の河を生み、七〇年代末の砂漠は、道路や橋を建設するための労働者を切実に欲していた。ガッリエーラもまた、そうした労働者のひとりとなった。給料は、いままで受けとったことがないような額だった。月三〇〇〇ドル。この時代のブルーワーカーにとっては、ちょっとした僥倖《ぎょうこう》だった。一家の大黒柱がジェッダ〔サウジアラビアの湾港都市〕に向けて発ったとき、飢えはもはや過去の記憶になったかのように思われた。しかし、アドリアーナが見た夢は、砂漠に浮かぶ蜃気楼《しんきろう》だった。じゅうぶんな給料にもかかわらず、家計はいささかも好転しなかった。不可解なことに、ガッリエーラはつねに金欠で、ジェッダ、イラン、あるいはパキスタンで数か月を過ごしたあとも、イタリアの家族のもとには、ほんの一〇万リラ〔当時の為替相場で二万五千円前後〕さえ送金されてこなかった。

生活の余裕や安定は、はかない夢でしかなかった。ガッリエーラ家の子どもたちはがりがりで、いつも粗末な身なりをしていた。一度など、アドリアーナが泣きながら近所の家の扉を叩いたこともあった。聞けば長男のイゴールが、空腹をきっかけとする怒りの暴発により、食器棚を開けて皿を次々に床に投げつけたとのことだった。ある夏には、光熱費の滞納分がたまりにたまって電気をとめられ、もちろん家には食べるものとてなく、母は子どもふたりを自転車に乗せて、親戚の家に厄介になるべく四〇キロ近い道のりをひたすら走った。

いったい夫は、稼いだ金をなにに使っているのだろう？　アドリアーナは、あえて問いただそうとはしなかった。怖かったのだ。ロマーノ・ガッリエーラは怒りっぽく、妻にもたびたび手をあげたことのある乱暴な男だった。すでにアドリアーナは諦観していた。いつ終わるとも知れない出稼ぎの旅から戻ったあと、夫が砂漠で稼いだ金はヴェネツィアのカジノで、またたくまに露と消えてしまうのだろう。実入りがいいとき、ロマーノはよくヴェネツィアで散財した。アドリアーナはしばらく前から、不平を並べることもなくなっていた。夫が押しつけてくるいまの生活はいやでたまらなかったし、もっとましな人生を望んでもいいはずだと頭ではわかっていた。それでも彼女は、結婚したときとまるで変わらずに素寒貧《すかんぴん》の、この無愛想なボンデーノ男のことを愛していた。

八〇年代末、幸福な中東時代が終わりを迎えたとき、ガッリエーラはすでにほとんどの稼ぎを消尽《しょうじん》していた。彼はもう滅多に仕事をしなくなった。一家に残された現金収入の道は、ときおりアドリアーナが従事する、洋梨の収穫作業くらいのものだった。しかし、家計はもはや手の施しようがない状態まで悪化していた。イゴールとバルバラは、家のなかにいようが外にいようが、いつでもみすぼらしい姿だった。兄と妹をくらべると、兄のイゴールはより陰気だった。はかなげで、うつろな感じのする少年だった。痩せぎすで青白く、口数は少なかった。父親が家にいるときは、しじゅうびくびくしている様子だった。学校ではいじめの対象となり、ばかにされたり、叩かれたりしていた。それもあって、日を経るごとに、なおのこと内にこもりがちになった。バルバラは兄より活発で、やんちゃで、よく目端《めはし》の利く娘だった。

ふたりのことを、「不潔きょうだい」とか、「悪臭きょうだい」とか呼ぶ者もいた。子どもたちに食べるものを与えるためのお金を、母親がどうやって調達しているのかについて、悪意のある噂が広がっていた。地域一帯を管轄とするミランドラの社会福祉部は、子どもたちの状況を監督するためにソーシャルワーカーを派遣してきた。カリタース〔カトリック系の慈善団体〕は商品券や食料品を一家に提供した。もっとも、地域住民のあいだでは、トマトの缶詰や、パスタの箱や、肉屋が無償でサービスしたステーキ肉を、ロマーノが転売しようとするのを見かけたという声が絶えなかった。

数か月にわたって家賃を滞納し、モデナ通りの家を立ち退かされたガッリエーラ家は、ヴォルタ通りに立つ質素な公営住宅の三階に居を移した。通りの向かい側には、二階建ての、黄色い小さな一戸建てが立っていた。オッディーナ・パルトリニエーリとシルヴィオ・パンツェッタの夫婦が、未成年の娘ふたりとともに暮らす家だ。浅黒い肌の大男シルヴィオは、ロマーノをよく知っていた。サウジアラビアでロマーノといっしょに仕事をした経験のあるシルヴィオは、この薄っぺらで中身のない元同僚になんの敬意も抱いていなかった。だが、妻のオッディーナは、向かいの公営住宅に住む悲惨な一家の窮状に、ひどく胸を痛めていた。はっきりとした性格の女性で、数年前に大きな事故で片足の自由を失い、いまでは車椅子で生活を送っていた。それでも、熱心に奉仕活動に取り組み、助けを必要としている人には、いつでも手を差しのべる用意があった。

アドリアーナに憐れみを抱いたオッディーナは、食べものや服を譲ったり、一階の台所でいっしょに煙草でもどうかと彼女を誘ったりした。オッディーナはそこで、アドリアーナの愚痴に耳を傾けてやるのだった。アドリアーナは、イゴールとバルバラのほかに子が欲しいとは思わず、意図に反してふたたび妊娠したときには、中絶を選択した。ところが一九八九年の末、彼女はまたも身ごもった。今回は、産むことに決めた。赤ん坊はダリオと名づけられた。

ガッリエーラ家の最後の一員は、一九九〇年五月十六日、ミランドラ病院で生まれた。体重二キログラムに満たない未熟児だった。赤ん坊は数週間、保育器のなかで過ごした。生まれてから二年がたつころには、明るい色の瞳をした、ブロンドの幼児に成長していた。軽い斜視の気《け》があり、運動機能にもやや問題があった。しょっちゅうどこかにぶつかったり、なにもないところでつまずいたりした。活発で、素直に感情を表に出す子どもだった。問題が山積みの人生を送るいいとこなしの両親に、末っ子のダリオはささやかな喜びをもたらした。とはいえ、喜びの源が増えたことは、養う相手が増えたことと同義だった。家計はさらに逼迫《ひっぱく》した。加えて、長男のイゴールは精神面にも問題を抱えるようになっていた。地元の不良に目をつけられ、執拗ないじめ行為の標的にされた。十五歳のある日には、老齢の男性が運転する車の前に身を投げだしたこともあった。奇跡的に命は助かったが、何か所も骨折し、放課後に通っていた木工所の仕事を失った。

相変わらず、なにもかもが不足した生活を送るなか、ガッリエーラ家は隣人の善意によってかろうじて生きのびていた。だが、じきに公営住宅の家賃の支払いが滞りはじめ、自治体からはひっきりなしに督促状が送られてくるようになった。そして一九九三年九月二十七日、運命の朝がやってきた。執行人が立ち退き命令の書面を携えて、玄関の前に現れたのだ。荷物をまとめて出ていくまでに与えられた猶予は、わずか二、三時間だった。自治体から派遣されてきた男たちが階段をのぼったりおりたりして、目についたすべての家具をからっぽにしていく。ロマーノ・ガッリエーラには、どうすることもできなかった。一家の父親はただ、部屋の片隅にうずくまって泣きじゃくるばかりだった。五十六歳の男の肩に、妻と、三人の子どもと、過去に犯した無数の失敗がのしかかる。もう、なんの未来も見えなかった。同日午後、ガッリエーラ家はいくつかの旅行かばんを、白の古いタルボ〔仏シトロエン傘下の自動車メーカー〕に積みこんだ。当面はこの自動車が、一家の新しい住居となるだろう。それからロマーノは、末っ子のダリオの手を引いて通りを渡り、これまで何度も自分たちを助けてくれた、オッディーナとシルヴィオが暮らす黄色い小さな家を訪ねた。これで最後だから、あと一度だけ金を貸してほしいと頼むつもりだった。三百万リラがあれば、借金を清算できる。ロマーノはもう、やけくそだった。

　オッディーナは玄関先で、ロマーノに罵倒の言葉を投げつけた。「ア・ツェ・ウン・ボン・ダ・ニエントゥ」、彼女は方言でこう言った。救いようのない男だね。公営住宅の家賃すら払えないなんて、情けないにもほどがある。それからオッディーナは、まだ三歳にもならないダリオに視線を移した。新しい家を見つけて生活が落ちつくまで、オッディーナとシルヴィオがダリオの面倒を見ることになった。

　ダリオは泣きながら、黄色い小さな家のなかに入っていった。両親は車に乗って、長時間居坐っても文句を言われない駐車場を探しにいった。ダリオは狼狽《ろうばい》し、おびえていた。あまりに痩せこけたその姿に、オッディーナはあらためて驚きに打たれていた。おそらく、ガッリエーラ家の食事のせいだろう。あの家では、一回分の食事内容が、牛乳にひたしたパンひと切れということもめずらしくなかった。そこでオッディーナは、フグーのパスタや、小さく刻んだステーキで、信頼をかち得ようとした。ダリオはそれを、こんなごちそうは見たことがないとでも言うかのように、猛烈な勢いでむさぼり食った。二階には、清潔なシーツの敷かれた暖かなベッドが、ダリオのために用意されていた。その寝室で、夫婦のふたりの娘、ジュリアとクラウディアの姉妹がダリオをあやし、おやすみ前のおとぎ話を聞かせてくれた。

しかし、ダリオとの結びつきがいちばん強かったのは、じつは夫のシルヴィオだった。このいかめしい大男も、ダリオの前では、無愛想の仮面を脱ぎ捨てた。自分たち夫婦は男児に恵まれなかったこともあって、シルヴィオはことさらダリオをかわいがった。初秋のよく晴れた日には、白のキャンピングカーにダリオを乗せて、動物園や、リヴォルノの港や、ピサの空港に連れていった。ダリオは幸せそうにすくすくと育った。じつの両親は毎日会いにきてくれたし、幼稚園に入園したあとも大きなトラブルはなかった。

ほどなくして、ミランドラの社会福祉部が事態を把握し、ダリオの養育について問いただすために、責任者がオッディーナとの面会を要求してきた。里親になるためのプログラムに参加して、ダリオを正式に養子にするよう、行政はオッディーナに提案した。この案を受け入れるのであれば、月に数十万リラの給付金が支払われるという話だった。オッディーナはきっぱりと断った。お金はいらないし、いかなるプログラムにも参加するつもりはない。ソーシャルワーカーはめげずに食い下がったが、オッディーナは聞く耳をもたなかった。ダリオはご近所さんの、ガッリエーラ家の子どもであって、自分はただ、ダリオのじつの両親が経済的に自立して彼を迎えにくるまでのあいだ、ベッドと温かな食事を提供してやっているだけだ。田舎に暮らす人びとは、太古の昔からそうやって生きてきた。いつか歴史が終わるまで、私たちはそうやって生きていく。

ガッリエーラ家はその間、フィナーレ・エミリアの教会が所有する小さなアパートで寝起きしていた。一家が頼ったのは、困窮者や移民の支援者として知られる、教区司祭のジョルジョ・ゴヴォーニ神父だった。夫婦に仕事を斡旋し、一家が教会のアパートでの仮住まいを終えられるよう、神父は方々の伝手《つて》をたどっているところだった。

やがて季節は冬になり、クリスマス休暇がやってきた。十二月二十五日は、黄色い小さな家で、ふたつの家庭がいっしょに過ごした。リビングの大きなテーブルで食事をとり、庭の木の下で、ダリオのプレゼントの箱を開けた。ダリオはたいへんな喜びようだったが、あいにくのことにその日の夕方、高熱を出して寝込んでしまった。翌朝の九時半ごろ、誰かが家の扉を叩いた。ミランドラから派遣されてきた、ソーシャルワーカーの女性だった。もちろん、用件はダリオだった。聞けば、修道女が運営するレッジョ・エミリアの施設に、ダリオを引きとってもらえることになったという。修道女たちはすでに、受け入れの準備を済ませている。

オッディーナとシルヴィオは抵抗した。ダリオはこの家で元気に過ごしている。自分たちによくなついているし、ここならじつの両親も、毎日ダリオに会いにこられる。なのになぜ、そんな遠くの修道女のもとに預けなければならないのか？　しかし、ボローニャ少年裁判所の通達を突きつけられては、おとなしく従うほかなかった。長女のジュリアは必死の思いで涙をこらえ、ダリオの着替えをバッグに詰めた。

まだ熱の下がらないダリオは、ジュリアとシルヴィオとともに車に乗りこんだ。ソーシャルワーカーが運転する白のフィアット・パンダに先導されて、レッジョ・エミリアへ向かう。修道女の家で過ごすのは数日だけで、すぐに家に帰れるからと、ジュリアとシルヴィオは説明した。それが気休めに過ぎないことは、当人たちがいちばんよくわかっていた。一時間以上も走ってから、二台の車は赤いれんがが積みの建物の前で停まった。そこは「フランチェスコの会食室《チェナーコロ》」といって、貧困をはじめ、さまざまな問題を抱える家庭の子どもたちを養育する施設だった。修道女が扉を開いた。ダリオは修道女を目にするなり、小さな体に宿るせいいっぱいの力で、シルヴィオの首にすがりついた。ここに連れてこられたわけを、理解したようだった。どうにかダリオをシルヴィオから引き離すと、修道女はダリオを抱えて去っていった。修道女の腕のなかで、ダリオは激しく体を揺すり、絶望的な泣き声をあげた。押し黙り、打ち沈んだ表情を浮かべながら、シルヴィオとジュリアは家に帰った。

自分の息子が「フランチェスコの会食室」に連れていかれたことを知ると、ロマーノ・ガッリエーラは発狂したようになった。ソーシャルワーカーを誹《そし》り、罵り、こきおろした。ミランドラの地域保健所に怒鳴りこみ、悪魔憑《つ》きのように大騒ぎして、誰かれ構わず脅しの言葉を喚《わめ》きちらした。職員から追い出されそうになっても、入り口の柵にしがみついて離れようとしなかった。しかし、どうにもならなかった。ロマーノにできるのは、あらかじめ決められた時間に、レッジョ・エミリアまで息子に会いにいくことだけだった。もっとも、彼はすでに車も手放していたのだが……。約二十日後、シルヴィオ、オッディーナ、それにジュリアとクラウディアが、四人でダリオに会いにいった。ところが、ダリオはどこか上の空で、四人と再会してもろくに表情を変えなかった。修道女やソーシャルワーカーは、ダリオがトラウマに悩まされぬよう、四人はもう会いにこない方がいいと思っていた。

これは長期的な案件になりそうだった。ダリオは成年に達するまで、彼の養育を受け持ち、彼に未来を与えてやれるような家庭で過ごすべきだ。ガッリエーラ家の面々には、不定期の面会しか認めない方がよい。そして、このとおりの決定がくだされた。

家族から引き離されてから一年後の一九九四年末、「フランチェスコの会食室」に、研修期間中の若い心理カウンセラーがやってきた。二十六歳の女性で、名前をヴァレリア・ドナーティという。彼女は数か月前から地域保健所と協働していた。心理カウンセラーとしてのはじめての仕事のひとつが、ほかでもない、ダリオの養育家庭を見つけてくることだった。ダリオとドナーティの最初の面会はごく短く、ダリオが抱える心理的な問題について、ドナーティは診断をくだすにはいたらなかった。とはいえ、彼がひどく愛情に飢えた子どもであるという印象は、ドナーティのなかに強く残った。幼児期における愛情の欠乏は、彼女の専門分野でもあった。ドナーティはパドヴァ大学で発達心理学と教育心理学を学び、大学卒業後にミラノに移ってからは、児童にたいする暴力的、性的な虐待の診断について学ぶ講座に通っていた。ドナーティは数か月を費やして、ダリオのように手のかかる子どもを託すのにちょうどよさそうな夫婦を見つけてきた。マントヴァ県のゴンザーガという町に暮らすトニーニ夫妻――夫のエンリコと妻のナディア――で、すでに外国生まれの子どもふたりを引きとって育てているところだった。一九九五年の晩春、ダリオは「フランチェスコの会食室」をあとにして、夫妻のもとに身を移した。五歳になったばかりなのに、もう四つめの家族に引きとられることになったわけだ。

ロマーノ・ガッリエーラはまたしても怒り狂った。息子が修道女の施設に入れられただけでも、彼にはがまんならなかった。なのに今度は、まったくの赤の他人がダリオの親になるという。それはもはや、人の道に反した所業としか思われなかった。俺の息子をどうする気だ？息子を利用して儲けようとしてるのはどこのどいつだ？

公営住宅を立ち退かされ、いくつかの仮住まいを転々としていたガッリエーラ家だったが、ジョルジョ・ゴヴォーニ神父の援助のおかげで、ようやく定住の地を見いだした。マッサ・フィナレーゼを出てすぐのあたり、畑地の真ん中に通した道路沿いに立つ二階建ての住居で、シャワー、トイレ、キッチンは、アルバニアから移住してきたばかりの家族と共同で使用する。

畑のなかにぽつりとたたずむ、古ぼけた住まいだった。土地の言葉で「フマーナ」と呼ばれる濃い霧が降りると、車の往来が激しい本通りからはまったく見えなくなった。一年のほとんどを通じて発生する分厚い霧を、地元民は「ナイフで切れるような《アス・タイア・コル・クルテル》」と表現する。この貧相で湿っぽいアパートに、ダリオは月に一、二回、トニーニ夫妻に連れられてやってきた。そして、じつの両親のもとで週末を過ごしたあと、またトニーニ夫妻のもとへ帰るのだった。

ふたつの家庭が相互に不信感を抱くようになるまでに、さして時間はかからなかった。もちろん、そうした感情はどちらの家庭も、自分の家のなかでのみあらわにするにとどめてはいたのだが。トニーニ夫妻からしてみれば、ガッリエーラ家はなにもかも問題だらけだった。夫妻の見るところ、ダリオもじつの家族を訪れるのは乗り気でなく、週末の滞在を終えて戻ったときなど、いつも体が汚れているうえにおなかをすかせていた。反対に、ガッリエーラ家から言わせれば、ダリオは養父母の家がまったく気に入っておらず、とりわけマッテオの横暴に耐えかねていた。マッテオというのは、トニーニ夫妻が養育している子どものなかでいちばん年長の男児で、彼からよく乱暴を振るわれるのだとダリオは言っていた。

一九九六年九月、ダリオはゴンザーガからほど近いペゴニャーガの小学校に入学した。ダリオはすぐにクラスで注目の的になった。そもそも体の動かし方が、ほかの児童とは違っていた。ぎこちなく、力んでばかりで、いつもそわそわしていた。リュックサックをしょっているとき、まわりを気にせずに急に振り返って、近くにいる生徒にぶつかることがよくあった。ときどき、脈絡のない言葉を連ねて周囲を困惑させた。次第に、クラスメートはダリオを避けるようになった。授業中は、ぼんやりしているか、進行のじゃまをするかのどちらかだった。教師はやむをえず、彼を最前列の席に移動させた。二名いる担任のうちのひとりのリタ・スピナルディ先生は、授業に集中するよう、この小さな「粗忽者《ストラミナート》」に何度も注意を促した。リタ・スピナルディにとってとくに印象的だったのは、ダリオの瞳だった。どの科目にたいしても、興味や関心を示すことのない、とらえどころのない眼差しをしていた。からっぽの眼差し、新生児のような眼差しだった。ガッリエーラ夫妻の末っ子は、自分だけの世界を浮遊していた。心ここにあらずで、しょっちゅうノートを取り違えた。学習用具の管理すらままならず、机のうえはいつもごちゃごちゃだった。鉛筆や、消しゴムや、ペンケースや、あるいはノートが、ひっきりなしに床に落ちて、そのたびに授業が中断され、とまどいを含んだ笑い声があがった。しかし、運動機能の問題や集中力の根本的な欠如にもかかわらず、リタやその同僚は、補助教員をつけるという道は選ばず、ダリオの成長を辛抱強く見守ることに決めた。

ところが、クリスマス休暇の最中、トニーニ夫人はダリオの振る舞いに、なにやら不自然な点を認めた。学習への取り組みは、ますます困難になっていった。いままで以上に、平坦な場所で頻繁につまずくようになった。食が細り、夜はひどくうなされていた。そのうえ、唇のまわりに赤い染みのようなものができはじめた。おそらく、免疫機能の低下によるヘルペスだろうと養父母は推察した。

トニーニ夫人は、ダリオによくよく注意を払ってほしいと学校の教師たちに頼みこんだ。一九九七年一月、授業が再開して数日後に、すこし話がしたいからと、教師のひとりが夫人を教室のすみへ連れていった〔イタリアの小学校では生徒の送迎が保護者に義務づけられているため、特別な行事がなくとも、親は日常的に教師と顔を合わせる機会がある〕。

その教師は授業中、宿題の答え合わせをするためにダリオを教壇に呼んだ。すると、ダリオがふと、じつの家族のもとに帰っているあいだに起きた出来事について語ったという。それによると、兄のイゴールが妹のバルバラに「シーツの下でいたずら」をしており、それを見たダリオは恐ろしくなったとの話だった。

　トニーニ夫人は恐慌をきたし、ダリオを質問攻めにした。あの困窮家庭の屋根の下で、いったいなにが起きているのか？　そこでは、どんな類いの「いたずら」が行なわれているのか？しかし、ダリオの口からはなにも明らかにされなかった。そこでトニーニ夫人は、ただちにヴァレリア・ドナーティに連絡をとった。ダリオの養父母として自分たちを指名した、心理学の専門家だ。ドナーティは週二回、三か月にわたってダリオとの面談を続けた。面談を終えたダリオが帰ってくるたび、養母は息子に質問の雨を降らせた。

　ほどなくして、ロマーノ・ガッリエーラと妻のアドリアーナは地域保健所に呼び出され、週末のダリオの帰宅が二か月のあいだ停止されることを告げられた。激昂《げっこう》したロマーノは保健所の職員を脅迫した。俺の体にガソリンをかけて、あんたらの目の前で火をつけてやるぞ。そんなロマーノに、職員たちは何度も繰り返し、ここは辛抱してもらうしかないと説明した。

　ガッリエーラ家にたいする調査が始まった。地域保健所が聞き知った隣近所の噂によれば、バルバラは兄イゴールが見ている前で、ほかの男子と性行為に耽《ふけ》っているという。むしろ、ことによると、イゴールと交渉をもっているのかもしれなかった。

　そのあいだも、トニーニ夫人は、ダリオの具合がみるみる悪化していくのを目の当たりにしていた。ダリオはこの時期、黙りこくったまま窓の外を眺めていることがよくあった。話すときはぼそぼそと口ごもり、ろくに食べなくなった。なにかに怯えている様子で、ますます内にこもりがちになった。相変わらず、学習にはまったく身が入らなかった。

春になって、ようやくダリオは何事かを語りはじめた。一九九七年四月十一日の晩、ダリオはついに、看過するにはあまりに不穏な出来事を養母に明かした。前にイゴールが、ダリオをリビングのソファにうつぶせに寝かせ、「お尻のあたりを痛く」してきたというのだ。夫人は狼狽の極に達した。「お尻のあたり」になにをされたのか？　それは具体的にはどこを指すのか？　ダリオからそれ以上の説明を引き出すことはできなかった。

それまでいつもしてきたとおり、トニーニ夫人はこのときもドナーティに電話し、ダリオが口にした新しい言葉、新しい表現について、細大漏らさず報告した。翌週の、四月十五日火曜日の朝、ふたたびミランドラ社会福祉部の電話が鳴った。またトニーニ夫人だった。夫人は号泣していた。ダリオは養母に、じつの兄が男性器を見せてきたと告げた。夫人の疑念は確信に変わった。これが、横暴な父親に怯えて暮らす、はかなげで内気な少年の本性だ。この危険人物は、六歳の弟の前ですら、みずからの倒錯した欲望を制御できないのだ。その翌日、トニーニ夫人はもう電話はしなかった。ドナーティのオフィスに、じかに赴いたからだ。息を切らし、錯乱状態に陥ったようになって、夫人はいままででもとびきり最悪の報せを伝えた。ダリオはイゴールから、性的な暴行を受けている。ダリオが打ち明けたところによれば、イゴールはダリオにオーラルセックスを強要し――これで唇のまわりのヘルペスにも説明がつく――、事が済んだあとはダリオを脅して口止めをしたという。その数日後、またしてもぞっとするような報せがもたらされた。今度は、父ロマーノと母アドリアーナについてだった。このふたりもまた、ダリオを性的に虐待している。ロマーノは、この件については黙っているようにダリオに命じ、もし誰かに話したら、「もっとひどい目」にあわせてやると脅迫した。トニーニ夫人とドナーティからすれば、もはや疑いをさしはさむ余地はなかった。傍目には、貧しく孤立しているだけのあの家庭は、実際には、救いがたく下劣な衝動をいっさいコントロールすることのできない、おぞましい野獣の巣窟なのだ。

ヴァレリア・ドナーティとミランドラ社会福祉部の責任者は、ただちにモデナ検察と連絡をとった。検察は、三十一歳の若手検察官アンドレア・クラウディアーニを、本件の捜査のために派遣した。検察官はダリオにたいし、慎重に聴取を行なった。ダリオはうろたえる様子もなく、不穏な兆候が顕在しはじめた冬とくらべると、はるかに落ちついた態度ではきはきと答えていた。すでに陽気は温かくなり、夏が近づいている。五月十七日、数台のパトカーがひなびた田園地帯を疾駆《しっく》し、ロマーノ、アドリアーナ、イゴール・ガッリエーラのもとへ向かった。

音もなく走ってきたパトカーが、ミラッツォ通りという、ミランドラの小さな路地の両端を通行どめにする。数人の警察官が、十五番地の赤い集合住宅の中庭を横切り、表札に「スコッタ」と記されたインターホンをしつこく鳴らす。七月七日、時刻は午前四時半。

警官は四階にあがり扉を開けた。迎えたのは若い夫婦だった。男性は二十二歳、背が高く痩せ型で、耳が大きく頬骨の張った顔をしている。小柄な女性はタイ人で、目はアーモンド型、肌はオリーブのような褐色、髪は黒のストレートだった。ふたりとも眠たげで、困惑していた。男性はすぐに、しばらく前から具合が悪かった父方の祖母のことを思い出し、祖母の身になにかあったのかと質問した。屈強な体格で、サラセン人を思わせる長いひげを生やしているアンティモ・パガーノ警部は、首を横に振り「否《いな》」と伝えた。フェデリコ・スコッタさんとカエンペト・ランハブさんで間違いありませんね？　家のなかを調べさせていただきます。これが令状です。

スコッタは警官を招じ入れつつ、矢継ぎ早に質問を浴びせた。使い捨ての黒いゴム手袋をはめた警官たちは、事情はのちほど文書で伝えるとだけ返答し、黙って家捜《やさが》しに専念した。たんす、引き出し、トイレの小物ケース、台所、洗濯機。すべてが開けられ、持ちあげられ、中身が入念に取り出された。たんすのなかにしまってあった家族写真のアルバムは、問答無用で押収された。

同時刻、そこからそう遠くない赤いれんが造りのマンションの六階では、四十四歳のフランチェスカという女性が、目に涙を浮かべながら、まるきり同じ光景に立ち会っていた。フランチェスカはスコッタ夫妻の友人だった。八歳の娘のマルタを起こして、彼女のために着替えのリュックを準備するよう、警官たちはフランチェスカに言った。そのほかには、なんの説明もなかった。黒の手袋をはめて、黙々と家のなかを調べはじめる。誰に助けを求めたらよいかわからず、フランチェスカはミランドラに住む友人に電話をかけた。「アンナ、フランチェスカよ。家に警察が来たの。なんの用かわからないけど、写真をみんなもっていこうとしてる」。アンナには、なにがなにやらわからなかった。「写真って、なんの?」。フランチェスカは不安だった。この捜査は、娘のマルタとなにか関係があるのではないかと疑っていたからだ。母親は直感的に、警察が家に来たのは娘を連れ去るためだと見抜いていた。「どうか落ちついて、フランチェスカ」。電話を切る前にアンナが言った。「きっと、すぐにぜんぶはっきりするから」

そのころスコッタ家では、寝室から泣き声が響いていた。三歳のエリーザが、騒々しい物音で目を覚ましたのだ。生後数か月になる弟のニックは、こんな状況でもまだ眠っていた。警官はスコッタ夫妻に、子どもたちの荷物をまとめるように言った。ふたりの警官が、スコッタ家のゴルフGT〔フォルクスワーゲンの大衆車〕のキーを取りあげ、車のなかを調べにいった。それから、すでに日も高く昇ったころ、家族全員で警察署に来るように告げた。フェデリコとカエンペトは、ベビーカーをトランクに積みこんでから車に乗った。自宅と警察署を隔てているたかだか数百メートルの道のりを、パトカーに付き添われながら走っていく。

カエンペトはまだ、イタリア語がじゅうぶんに理解できなかった。警官は夫のフェデリコ・スコッタに向けて命令した。数分のあいだ、上の階で手続きを済ませるごく短い時間だけ、子どもたちを待合室で待たせておくように。三歳のエリーザは待合室の椅子で、赤ん坊のニックはベビーカーで待つことになった。上の階の事務所で夫妻を待っていたのは、ミランドラ社会福祉部の責任者だった。中肉中背で、ひげと髪はグレーに染まり、名前をマルチェッロ・ブルゴーニという。ブルゴーニの手には、裁判所発行の命令文書が握られていた。「虐待への重大な懸念」から、スコッタ家の子どもふたりを、親元から引き離すこととする。つい先日、マッサ・フィナレーゼに住むダリオという少年が、地域保健所の心理カウンセラーにこう語った。スコッタとその妻カエンペトは、マッサとミランドラの中間にあるアパートで、ダリオや夫妻の子どもらを、ガッリエーラ家の面々といっしょに暴行した。フェデリコはブルゴーニや警官を罵倒し、テーブルをひっくり返して、妻を連れて部屋から出ていこうとした。だが、数人の警官が扉の前に立ちはだかり、夫妻が外に出ることを許さなかった。子どもに別れのあいさつをするために、ようやく待合室へ下りていったとき、そこにふたりの姿はなかった。スコッタ家の子どもふたりは、自動車でどこかへ連れていかれた。フェデリコはへたりこみ、両手で頭を抱えこんだ。カエンペトは声をあげて泣いた。子どもから引き離されるのは、これで二度目だった。

六年前、バンコクのパブでふたりは出会った。十六歳のフェデリコは、父親のあとについてタイに来ているところだった。男やもめの父親は、夏のバカンスは毎年、タイにアパートを借りて過ごしていた。父と息子の関係は良好とは言いがたく、フェデリコは日中はひとりで時間をつぶしていた。町を散策し、ジムでムエタイのトレーニングに熱中した。八〇年代末、カエンペトがウェイトレスをしていたパブで、フェデリコは彼女と出会った。ふたりは同い年だった。店の外で会う約束を交わし、じきに交際を始めた。

イタリアに帰国すると、フェデリコはカエンペトに手紙を書くようになった。翌年の夏も、そのまた翌年の夏もタイに戻った。今度は、彼女を置いてイタリアに戻る気はなかった。ふたりはタイで入籍し、一九九三年二月にミランドラに移住した。まだ十八歳になったばかりだった。フェデリコは生体医学関連の企業で、警備員として働きはじめた。カエンペトはイタリア語を学びつつ、清掃の闇労働で家計を支えた。若夫婦がミランドラで深い親交を結んだのが、フランチェスカとマルタの母子《おやこ》だった。

フランチェスカは、ナポリのカサンドリーノという町の出身だが、七〇年代なかばからはエミリア・ロマーニャに暮らし、女手ひとつで男児を育てあげた。やがて彼女は新しいパートナーと知り合い、一九八九年に女児をもうけた。まもなくふたりの関係は破綻するが、その過程では、嵐のような諍《いさか》いが勃発した。非難と告発の応酬が続き、小さな娘の親権をめぐって激しい争いが繰り広げられた。最終的には、ソーシャルワーカーが仲介に入り、娘は母親のもとに残ることが決まった。フランチェスカの娘マルタは、イタリア人とタイ人の夫婦――彼らのもとにも、じきに赤ん坊が生まれる予定だった――によくなついていた。

カエンペトが妊娠したのは、十九歳になってまもなくのことだった。一九九四年三月六日に陣痛が始まると、フェデリコは妻を連れて病院へ駆けこんだ。その日の晩に、娘のエリーザが誕生した。

　数日後、フェデリコが午後九時ごろに家に戻ると、火がついたように赤ん坊が泣いていた。どうしてなのか、カエンペトは原因を説明することができず、いくらあやしても赤ん坊はおとなしくならなかった。フェデリコはエリーザを抱きかかえ、フランチェスカに助力を求めた。すでに赤ん坊ふたりを育てた経験のあるフランチェスカなら、どうにかできるかもしれないと思ったのだ。しかし、エリーザは夜が明けても泣きやまず、不安にとりつかれたフェデリコは、娘を救急病棟へ連れていった。医師はただちに、溢血斑《いっけつはん》、血腫、骨折などの症状を認めた。誰かに強く殴られでもしなければ、こうはならないだろう。フェデリコは妻に説明を求めた。いったい昨日、なにがあった？　カエンペトは、赤ちゃんは階段から落ちたのだと打ち明けた。すでに病院には憲兵が到着し、医師から説明を受けているところだった。フェデリコは妻の説明に納得がいかなかった。階段から落ちたなら、なぜすぐにそう言わなかった？　妻の沈黙の背後には、まだ別の事実が潜んでいる。ついに、カエンペトはわっと泣きだし、すべてを白状した。赤ん坊に乱暴したのは、カエンペトの友人のタイ人女性だった。カエンペトは昨日、この友人に会いにいった。カエンペトの証言によれば、女はカエンペトに売春を強く勧め、そのあがりの一部を仲介料として支払うよう求めたという。カエンペトが提案を拒絶すると、女は腹いせに小さなエリーザをひったくり、赤ん坊の体を壁に叩きつけた。このことは、夫には言えなかった。というのも、もしおおやけにしたら、タイにいるカエンペトの家族はただではすまないと、女に脅されていたから。フェデリコは怒り狂い、妻を罵倒し、お前とはもう別れると言い放った。

　カエンペトの友人のタイ人女性は告発された。一方で、憲兵は本件についてミランドラの社会福祉部にも報告していた。行政は予防的措置として、フェデリコとカエンペトの親権を一時的に失効させた。怪我の治療が終わったあと、赤ん坊は近隣の小村に暮らす家庭に預けられた。スコッタ夫妻には、娘を引きとるまでに段階的な手順を踏む義務が課された。こうして、ふたりはエリーザの養育先に通うようになり、数か月後には、一定期間エリーザの面倒を自宅で見ることも可能になった。一九九七年、エリーザが三歳のとき、じつの両親のもとへの完全な帰宅が実現した。両親の家では、生後数か月の弟ニックが、姉の帰りを待っていた。

　夏のはじめ、エリーザの帰宅を祝って、フェデリコ、カエンペト、フランチェスカとマルタは、リディ・フェッラレージへ日帰り旅行に行った。日中は砂浜でのんびりしたり、ポンポーザ修道院を訪ねたりした。みんなでいっしょにピッツェリアで昼食をとり、ウェイターに頼んで思い出の写真を撮ってもらった。夕方は海岸通りを散歩した。フランチェスカとマルタの母子《おやこ》は、遊歩道に沿って伸びる壁のそばで抱き合っているところを写真に撮ってもらった。ふたりが同じ写真に収まるのは、これが最後になった。

　はじめのショックから立ちなおると、フェデリコとカエンペトは、さっきまでエリーザが坐っていた椅子から立ちあがった。建物を出ようとしたとき、誰かから名前を呼ばれた。フランチェスカだった。声を立てて泣きじゃくっている。彼女もやはり、娘のマルタといっしょに、警察署まで連れてこられたという。フランチェスカはマルタをかき抱き、けっして行かせまいとしたものの、結局は言われたとおりにするしかなかった。マルタもまた車に乗せられ、どこやらへ連れていかれた。

スコッタ夫妻を告発した、マッサ・フィナレーゼに住むダリオという少年は、フランチェスカとマルタの名前も警察に告げていた。フランチェスカは気が気でなかった。「もし娘を奪われたら、私は自分の棺を注文する」。フランチェスカはそう繰り返した。三人は警察署の狭苦しい通路に坐りこみ、抗議の叫びをあげた。警官に追い払われても、何度でも戻ってきた。フランチェスカはかみそりの刃を持ち歩き、警官に叩き出されそうになると、これ見よがしに腕に切り込みを入れた。その場に放置されたスコッタ夫妻とフランチェスカは、自分たちの無実を主張して大声で喚《わめ》き、その様子を数人の野次馬や、翌日の記事のネタを集めている地方紙の記者が眺めていた。警察署と社会福祉部の事務所とボローニャ少年裁判所を往き来するあいだに、七月は過ぎていった。火照《ほて》り、憔悴《しょうすい》し、ほこりにまみれた三人は、まるで悲壮な巡礼者のようだった。誰ひとり、三人の話に耳を傾けようとも、三人と面会しようともしなかった。オスカル・ルイジ・スカルファロ大統領に謁見《えっけん》を請うために、八月一日にクイリナーレ宮〔ローマにある大統領官邸〕に参上したときも、大統領護衛騎馬憲兵にすげなく追い返された。

フランチェスカは深い憂鬱に沈んでいった。彼女とマルタのあいだには、心身の両面できわめて強い結びつきがあった。警察に力ずくで引き離されたその日まで、片時も離れて過ごしたことはなかった。夫と離婚したあと、社会福祉部はフランチェスカの家庭の事情を追跡するようになり、フランチェスカはソーシャルワーカーと鋭く対立した。心理学の先生のところに通ってみたら？　お父さんと会いたくはない？　そんなふうに言って、娘に余計なことを吹きこもうとする女たちが、フランチェスカは憎たらしくてならなかった。警察に引き離されるほんの二、三か月前、地域保健所はマルタにかんするレポートを作成した。「よくしつけられた少女で、母親とたいへん深い関係を築いている。おそらく母親は、いくぶん心配性にすぎるきらいがある」。レポートは母子《おやこ》について、そのように記していた。マルタの不在は、フランチェスカに耐えがたい苦しみをもたらした。親しくしていた人たちからも見捨てられ、この世でひとりきりになったような気持ちだった。あの日、夜明け前に警察が家に踏みこんできたとき電話をかけた友人のアンナは、この件には巻きこまないでほしいと彼女に告げた。自身も小さな娘の母であるアンナは、予期せぬ形で自分たちに累《るい》が及ぶことを恐れたのだ。同じようにして、日一日とたつごとに、ひとり、またひとりと、まわりから友人が消えていった。

フランチェスカとカエンペトは、服やおもちゃを段ボール箱に詰めて社会福祉部に持参した。しかし、ソーシャルワーカーの対応は冷ややかだった。荷物は禁止、プレゼントは禁止、メッセージは禁止。

この時期、イタリアの新聞は連日のように、全国各地で頻発する性的暴行の事案を伝えていた。トッレ・アンヌンツィアータでは、小学校に通う二十人の児童に暴力を行使した廉《かど》で、十七人の容疑者が逮捕された。カゼルタでは、学校の入り口近くでターゲットの品定めをしている小児性愛者について情報提供が呼びかけられ、懸賞金のために千万リラの予算が組まれた。フィレンツェではバールの店主が、未成年を招いてドラッグパーティーを開いたとして逮捕された。モンツァでは、四歳、六歳、十歳の三姉妹が、母親が経営する店で五人の人物にレイプされた。ミラノでは、九歳から十一歳までの六人の子どもに暴行を働いたとして六十八歳の男性が逮捕された。同じくミラノでは、十四歳以下の未成年九名に性的暴行を加えた容疑で、更生施設の指導員が刑事裁判にかけられることになった。そしていま、ここモデナにて、過去に類を見ないほどに衝撃的な事件が表面化しようとしているのだった。

八月も終わろうかというころ、スコッタ夫妻とフランチェスカはボローニャの少年裁判所に呼び出され、調書や命令文書を含む関連書類を引きとりにいった。ところが、係員は不注意にも、子どもたちの養育先の住所が記された黄色い付箋紙を、書類に貼りつけたままにしていた。こうしてフェデリコは、娘と息子が離れて暮らしていることを知った。エリーザは、三歳まで彼女の面倒を見ていた家庭に戻っていた。弟のニックは、モデナ県内のそう遠くない町に預けられていた。

少年裁判所を後にするなり、フランチェスカがフェデリコの耳もとでささやいた。マルタはレッジョ・エミリアの「フランチェスコの会食室」にいるわ。あの子のところへ連れていってもらえないかしら?

三人は車で「フランチェスコの会食室」に向かった。到着したとき、入り口の柵が閉じられた隣の中庭には、人の気配は感じられなかった。建物の正面《ファサード》、大きな木製の扉のうえに、二匹の狼のあいだに立つ聖フランチェスコを描いた、赤いプレートがはめられていた。そこには、ラテン語でこんな文句が刻まれている。「あなたの城壁のうちに平和があるように。あなたの城郭のうちに平安があるように」。カエンペトを車に残して、フェデリコとフランチェスカは施設の周囲を見てまわった。東側に、木の立ちならぶふたつめの中庭がある。中庭を囲む緑色の金網の向こうから、子どもたちの声が聞こえる。フランチェスカは立ちどまり、編み目の先をじっと見つめた。直後、彼女は息を呑んだ。ほんの数メートル先、松の木のあいだに、娘のマルタがいる。フランチェスカが二度か三度名前を呼ぶと、マルタは振り返り、母親の方へ駆け寄ってきた。「お母さんは、あなたのこと、忘れてないからね!」フランチェスカは涙をこらえ、マルタがいつもいっしょに寝ていた人形を金網の向こうへ放り投げた。いつ迎えに来てくれるのかとマルタから訊かれると、しばらくは無理だと返事をした。

だが、修道女のアンナリータ・フェッラーリがその場面を目撃していた。五十がらみの活力に満ちた修道女は、すぐに建物のなかに戻るようマルタに命じ、それから母親を叱りつけた。どうやって居場所を突きとめたのか？　誰が娘に会いにいってもいいと言ったのか？　いっしょにいる男はどこの誰なのか？　フランチェスカとフェデリコは、ぜったいにここにいてはいけない存在だった。いますぐここから立ち去るよう、修道女はふたりに厳命した。

帰り道、フランチェスカは気力を取り戻したように感じていた。目の細かい金網越しではあったけれど、彼女は娘と接触することに成功したのだ。しかし、その二日後、警察が逮捕令状を持参して、フランチェスカとフェデリコのもとへやってきた。罪状は「証拠隠滅」だった。ふたりはモデナのサンタンナ刑務所に収容され、裁判官が自宅拘禁の判断をくだすまで、一週間を牢屋で過ごすことになった。

一九九七年九月二十三日、エリーザとマルタは身体検査のために、婦人科医のクリスティーナ・マッジョーニと、その同僚のマウリツィオ・ブルーニのもとへ連れていかれた。マルタと対面したマッジョーニ医師は、このやや内気な少女の態度に驚きを覚えずにいられなかった。診察を受けているあいだ、マルタはまばたきひとつせず、医師の言うことにはなんでも素直に従った。八歳の子どもとは思えない従順さだった。なにをされても平然としていて、いっさい抵抗を示さない。傷の有無を確認するため触診しているあいだも、マルタは「うつろな」表情を浮かべ、ほとんど「解離症患者」のようにしていた。マッジョーニ医師の見解によれば、これは重い虐待を受けたことのある児童に特有の振る舞いだった。ミラノ検察の医療技術参与を務めていたころ、この手の事例にはいやというほどお目にかかったものだった。診察が終わるころには、医師はすでに確信を抱いていた。少女が受けた虐待の深刻さは、過去に診たどんな事例と比較しても群を抜いている。とはいえ、マルタが暴行を受けた時期を、たしかな根拠をもって特定することはできなかった。何年も前に始まり、ごく最近まで続いたとも考えられるし、あるいは、最後に暴行を受けた時期が、じつに四年前までさかのぼることもあるかもしれない。

診察が終わったあと、マッジョーニ医師はマルタに近づき、下の方に「しるし」があることを少女に告げた。それから、マルタの瞳をまっすぐ見つめ、どんな秘密も隠してはいけないと説き聞かせた。もし話すべきことがあるなら、どうか話して。

診察の結果が地方紙や全国紙の記者に漏れ伝わるまで、そう長い時間はかからなかった。フランチェスカとフェデリコは、娘たちが医師のもとを訪れた二日後に、テレビのニュースで診察のことを知った。ニュース番組では、「過去の暴行が色濃く疑われる、複数の有力な痕跡」があったとまで伝えられた。少女の体に残された重大な外傷は、将来の妊娠出産になんらかの悪影響をおよぼす可能性があるという。診察に当たった医師は、過去二十年の経験を振り返ってみても、ここまで痛ましい症例は見たことがないと公言していた。

自宅拘禁の処分を受け、アパートでひとり日々を過ごしていたフランチェスカは、担当の弁護士を除けば、誰かに電話をかけることさえできなかった。すでに彼女は、立ちなおりようのない苦悶に陥っていた。これまでは、性的な奉仕のために未成年を売り物にする儀式にフランチェスカが参加していたとする、見知らぬ少年の告発があるだけだった。それがいまでは、少年の告発を裏書きする、医師の診断書まで用意されてしまったのだ。

九月二十八日の日曜日、昼食の時間帯、エットーレ・サヴォカ弁護士の事務所にフランチェスカから電話があった。フランチェスカは泣きじゃくっていた。弁護士は彼女をなだめ、来週には自由裁判所〔個人の自由を制限する措置にかんして、迅速な判決を下す権限を有する裁判所〕の公判があるからと念押しした。

「自由なんてどうでもいいです」。フランチェスカは言い返した。「私はただ、娘といっしょにいたいだけ」

同日午後二時、スコッタ家の電話が鳴った。同じく自宅拘禁中のフェデリコは電話に出られないため、カエンペトが受話器をとった。フェデリコにも聞こえるよう、スピーカーホンに切り替える。フランチェスカは錯乱していた。酒に酔っているようでもあった。

「いままでありがとう。私は、もうだめみたい。しっかりね、最後まで負けないで」

フェデリコはなにか言おうとしたが、フランチェスカはすでに電話を切っていた。最悪の事態を予感して、スコッタ夫妻は警察に電話した。

そのあいだ、フランチェスカはメモ用紙にこんな言葉を書きつけていた。「私は無実です。娘に帰ってきてほしい。私の願いはそれだけです」

ミランドラの交通警察官アントニオ・プレスティは、国道一二号線沿いに立つ赤いれんが造りのマンションに到着するなり、すぐに視線を上に向けた。六階のベランダから、誰かが顔を出しているのが見える。同僚とともに急ぎ建物のなかに入ると、階段を駆けあがり、玄関のドアを開けようとした。ドアにはチェーンがかかっているだけだった。狭い隙間から家のなかを覗きこむと、ベランダの手すりにまたがっている女性が目に入った。プレスティと同僚はドアを蹴とばして家のなかに踏みこんだ。しかし、フランチェスカはもう飛び降りたあとだった。数時間後、ミランドラ救急病院の医師たちが、彼女の死を確認した。

翌日、マルタは学校に行かなかった。「フランチェスコの会食室」の修道女からは、大事な面会があると聞かされていた。マルタが最後に母親に会ったのは、一か月前のことだった。はじめのうちは母親が恋しく、早く家に帰りたいと修道女に泣きついていた。自分はなにもされていない。マルタはそう繰り返した。ところが、何週間かたつにつれ、それまでとは反対の感情が芽生えてきた。親元から引き離されてすぐに、マルタのもとには、地域保健所の若き心理カウンセラー、ヴァレリア・ドナーティが会いにくるようになった。マルタはドナーティや、修道女のアンナリータ・フェッラーリにたいして、母親と再会するのはすこし怖いような気がすると告白した。とくに、医師の診察のあとは不安が増した。マッジョーニ先生はマルタに向かって、「下の方に」問題があるとはっきり言った。なら、自分の身になにかが起きたことは間違いないわけだ。少女はその「なにか」を思い出さなければならない。なぜなら、ある種の忌まわしい記憶は往々にして、抑圧の対象となるものだから。マルタは頭が混乱してきた。修道女は、正直に話すようにと言って譲らない。しかし、いくらがんばったところで、マルタはなにひとつ思い出せないのだ。

だが、あの日の月曜はいつもとは違った。誰もマルタに、過去の出来事や母親について訊いてこなかった。午前中、ドナーティとソーシャルワーカーが「フランチェスコの会食室」にやってきて、アンナリータ修道女といっしょに、建物のひとけのない一角へマルタを呼んだ。あなたの母親は、もういない。そう告げられると、少女は修道女にしがみつき、そのひざに頭を乗せて、おいおいと泣き暮れた。マルタはそのまま眠ってしまった。じきに目が覚めると、ほかの子どもといっしょに遊びに行った。それからの数日間、いつ母に会えるのかとマルタから訊かれるたび、修道女はこう答えた。「お母さんは、死んだのよ」。アンナリータ修道女は毎回、マルタに同じ言葉を繰り返した。「もし、お母さんが良くないことをして、それを悔いているのなら、主《しゅ》はお母さんのそばにいますよ」

同じ時期、夜に修道女がマルタの部屋の前を通りかかると、少女がベッドのうえで祈りを捧げていることが何度かあった。「お母さんが、ちゃんと悔いているといいなと思って。そうすれば、イエスさまのところに行けるから」

「どうして?」。アンナリータ修道女はマルタに尋ねた。「お母さんは、なにか悪いことをしたのかしら?」

「わたしを叩くの。わたしがいい子にしてないとき」

少女にとって、それはじつに苦しみの多い秋となった。数週間にわたって、正反対の記憶と感情が、かわるがわる心に覆いかぶさってきた。修道女たちは、マルタの首が「ふくれあがっている」ことに気づいた。おそらく、精神の動揺に肉体が反応したのだろう。食事は不規則になり、学校では授業に集中せず、友だちと遊ぶことも少なくなった。夜はなかなか寝つけず、よく悪夢にうなされた。なにもなかったという確信と、記憶の遠い片隅に、開く勇気をもてない箱があるという疑念のあいだを、振り子のように揺れていた。箱のなかには、なにかおぞましいものが隠されているに違いない。愛情を込めて世話をしてくれる修道女たちが、箱のふたを開けるよう急かしてくる。十二月のとある晩、マルタは修道女のひとりに、暗がりと悪夢が恐ろしいと打ち明けた。誰かがわたしを、つかまえにくるかもしれない。

「誰があなたをつかまえるの？」

「わたしに悪さをする人たち」

「それは誰なの？」

「わたし怖い。恥ずかしい」

そして、マルタは徐々に勇気を奮い起こした。五か月以上にわたってまわりをうろうろするだけだった箱を開け、そのなかを覗きこんだ。マルタの母親フランチェスカは、現実と向き合うのを嫌ってベランダから身を投げ、娘にこの世界でひとり、苦悶と罪悪感を抱えて生きることを余儀なくさせた。あの人は、よくよく思い出してみれば、自分にとってそれほどいい母親ではなかった。過去に何度か、ミランドラ郊外のアパートに連れていかれた。そこにはふたりの男が暮らしていて、マルタは性的にもてあそばれた。ふたりはマルコとマッテオという名前だった。男たちはかわるがわる、写真を撮ったりビデオカメラをまわしたりして、ひととおり気が済むと、少女の母親に金を渡した。男たちのアパートには、フランチェスカの友人男性、フェデリコ・スコッタもいっしょに行くことがあった。アパートにはほかにも何人か子どもがいた。子どもたちの名前はなんといったか、アパートは正確にはどこにあったのか、マルタは必死に思い出そうとした。ただし、それは多大な困難をともなう作業だった。なにかがマルタをじゃましていた。トラウマか、恥の感覚か、あるいは恐怖か。

「ダリオという男の子を知ってる？」。心理カウンセラーと修道女はマルタに尋ねた。「あなたのことを話してくれたのは、ダリオなのよ」。しかし、マルタは思い出せなかった。少女はますます混乱し、ますます不安にとりつかれた。

ある日の昼下がり、「フランチェスコの会食室」の子どもたちは、指導員の大人といっしょにテレビアニメを視聴していた。アニメには、頭蓋骨が登場するシーンがあった。マルタは画面を見つめながら、軽い興奮を覚えていた。どうやら、記憶の断片を取り戻したらしい。お母さんも同じものをひとつもっていた。それに、マルコとマッテオの家にもいくつかあった。

心理カウンセラーのヴァレリア・ドナーティと、ミランドラ社会福祉部の責任者マルチェッロ・ブルゴーニは、身の毛もよだつ筋書きと直面した。不安を誘う言葉をダリオがはじめて口にしてから、すでに一年が経過していた。大人たちに疑念を抱かせずにはいない、子どもたちの継続的な沈黙、焦燥、興奮の先には、途方もなく複雑な世界へ通じる扉が隠されていた。この一年で、マッサ・フィナレーゼとミランドラのあいだでは、ひとり、またひとりと、浅ましい犯罪者の身元が特定されてきた。だが、彼らはたんに、数万リラで子どもを売買しているだけの小児性愛者ではない。おそらく、これはまだ氷山の一角なのだ。明るみに出すべき事態がどれほど巨大か、現時点ではとても見当がつかない。だが、これまでの証言から、ひとつたしかに言えることがある。海中に沈む世界には、人間らしさなど、ひとかけらも見られないということだ。

それは休み時間の出来事だった。場所は、ペゴニャーガのヴィットリーノ・ダ・フェルトレ小学校。ダリオの視線の先に、ふたりの男が姿を見せた。あたりには、一月はじめの肌を刺すような寒気が漂っている。ひとりは痩せていて、黒い口ひげに、かつらと思しき黄土色の髪を生やしていた。もう一方はがっしりしていて、髪は巻き毛だった。眼鏡をかけ、ヒールのついた奇妙なアンクルブーツをはいている。見る者の不安を誘う怪しい二人組は、どちらもジョルジョという名前だった。拱廊《きょうろう》つきの赤い校舎と道路とを隔てている灰色の古い門から、ふたりのジョルジョは誰にも気づかれることなく、学校の敷地内に入りこんだ。それから早足で中庭を横切ってきたかと思うと、気づいたときには廊下にいた。ダリオはその場で、石のように固まっていた。近くまでやってくるなり、男たちはダリオに、ついてくるよう命令した。ダリオは黙って従い、ふたりといっしょに外へ出た。校門のそばで三人目が待っていた。学校のなかにいる人びとは、誰もダリオたちに気づいていない。すこし離れた運動施設まで移動すると、くすんだ青の自動車が駐車場に停めてあった。少年は恐怖と混乱に襲われ、ひとことも口がきけずにいた。それでも、自動車のルーフに黄色いランプが設置してあるのは見逃さなかった。運転席に坐っている男を見て、ダリオはまたもぎょっとした。すこし前に、墓地で会った人だ。あのときは、すごく怖い目にあわされた。髪は白髪で、Tシャツとズボンは黒だった。頭にかぶっている帽子には、透明な黒のひさしと紋章の飾りがついている。ふたりのジョルジョがダリオを車内に押しこむと、車はアクセル全開でマッサ・フィナレーゼに向けて出発した。四十分ほども走ったころ、ひときわ大きなレストランの横で車は停まった。壁面全体にバラが描かれ、駐車場には砂利が敷きつめてある。なかに入るのをためらっているダリオの背中を、男たちの誰かが押した。ダリオはバランスを崩して倒れこんだ。店内の壁には暗い色合いの大きな鏡が何枚もかかり、窓には白いカーテンがおりていた。客はひとりもいない。ウェイター――フランコと名乗っていた――が男たちをテーブルに案内し、やがて食事を運んできた。そのあいだ、ダリオはパンひとつ与えられないまま、離れたテーブルでじっとしていた。食事が終わり、一行はふたたび車に乗りこんだ。街路樹が立ちならぶ長い道路を走ったすえに、車は墓地にたどりついた。

　ふたりのジョルジョはダリオの手を引いて、墓地のなかへ入っていった。近くにあるふたつの墓石の前で、ジョルジョは言った。「あれが見えるか?」。男ふたりが、脅すような口調で少年に問いかける。「あのなかに、お前のいまの親を埋める予定だ」。意図は明らかだった。心理カウンセラーや検察を相手に、ダリオは多くを語りすぎた。これからは、口を閉ざさなければならない。そして、ふたたび少年を車に乗せ、学校まで連れて帰った。到着したのは、チャイムが鳴って中庭が母親たちでごった返す直前だった。

　ダリオはどうすればいいかわからなかった。連中が脅迫のために接触してくるのは、今回がはじめてではない。クリスマスの直前にも、同じようなことがあった。あのときは、ダリオの実母であるアドリアーナ・ガッリエーラが、男たちといっしょにいた。ダリオは校門のかたわらで母を見ていた。こちらを見返す母親は、いかめしい表情を浮かべていた。アドリアーナは自動車から降りようとはせず、離れたところから息子を呼んだ。「ダリオ！　お父さんの具合が悪いの！」。すると、一方のジョルジョが校門に近づいてきて、ダリオの腕を引っぱり、自分たちと来るように命令した。しかし、ダリオはこのときは、クラスメート二名の助力もあって、男の手を振りはらい逃げだすことに成功した。

冬休みのあいだずっと、ダリオはこの出来事を自分の胸にしまっておいた。養母のトニーニ夫人には、いっさいなにも打ち明けなかった。だが、ダリオは今回、ふたりのジョルジョの好きなときに、好きなように行動できることを示してみせた。もしダリオが正直に話したら、彼らの好き母の身になにが起きるのだろう？　男たちは、トニーニ夫妻にも危害を加えるだろうか？　養父るいは、これまで何度もしてきたように、また家を変えなければならないのか？　トニーニ家を離れ、別の家族に引きとってもらわなければならないのか？

いつものように、午後四時十五分にトニーニ夫人が迎えにきたとき、ダリオは興奮し動揺している様子だった。「なにかあったの？」。夫人は訊いた。学校の前に停まった青い車、じつの母親、ふたりのジョルジョについて、ダリオは震える声で語った。要領を得ない話し方だったが、トニーニ夫人は深く問い詰めることはせず、その日のうちは息子をそっとしておいた。そして翌日、あらためて問いかけた。「なにがあったの？」

ダリオはこのとき、レストランや墓地での出来事も含め、トニーニ夫人にすべてを語った。夫人はペゴニャーガ小学校に電話した。年長の養子ふたりも同じ学校に通っていたため、夫人は教師や守衛のことをよく知っていた。電話に対応したのはリタ先生だった。授業中、正門の柵には鍵がかけてあるかとトニーニ夫人は質問した。ふだんは開けたままだとリタ先生は答えた。そこでトニーニ夫人は説明した。すでに二回、不審者が息子に近づいて脅迫してきた。一度など、校外へ連れ出されている。子どもたちが登校してきたあとは、校門の鍵を閉めておくわけにはいかないだろうか？「もちろん、そうしましょう」。夫人に安心してもらえるよう、リタ先生は力を込めて言った。

だが、もはやなにをしたところで、ダリオの心を落ちつかせることはできそうになかった。恐怖が心に深く根を張り、少年は自分の殻に閉じこもっていった。トニーニ夫人は、この哀れな少年をどう慰めてやったらよいのかわからなかった。養母として彼を迎えいれてからすでに三年がたち、ガッリエーラ夫妻が親権を喪失したあとは、ダリオは名実ともに夫人の息子になっていた。夫人はいつもどおりヴァレリア・ドナーティに連絡し、自分の心も粉々に砕けそうだと訴えた。夫人の話を聞きながら、ドナーティもまた深く苦しみ、大きな不安に駆られていた。自分の無力さを痛感し、少年を救う手立てがないことを幾度も思い知らされた。

ダリオがシーツの下の「いたずら」についてはじめて語ってから一年が、両親と最後に会ってから十一か月が、一家が暮らすマッサ・フィナレーゼの家を憲兵隊が包囲し、ガッリエーラ夫妻と長男イゴールが逮捕されてから八か月が過ぎていた。一九九七年五月十七日、留置場に連れていかれたときは、全員が泣いていた。家宅捜索した憲兵は、数冊のポルノ雑誌を押収した。イゴールはじきに、容疑の一部を認め、病的で邪悪な性向を明らかにした。ダリオの証言は、根も葉もない作り話ではなかったわけだ。たしかに兄弟は、たがいの陰部を触りあった。

だが、イゴールはすぐに、はじめに「いたずら」しようと言い出したのはダリオの方だと主張して、責任を弟に押しつけようとした。陰部に触れはしたものの、それより先へは進んでいない。妹のバルバラ？　そう、たしかに、妹にも触ろうとしたことがある。しかしたちまち手を引っこめた。母親のアドリアーナに叱られたからだ。父ロマーノによる性的暴行にかんしては、イゴールはただ、自分はなにも知らないとしか言わなかった。ひとつだけ、記憶に残っている出来事といえば、いつかの晩、ダリオがうめくようにして、もう寝させてくれと父に懇願する声が聞こえたことくらいだった。

一方で、両親はすべての告発をきっぱりと否定した。だが、末っ子の証言はふたりを深刻な苦境に立たせた。一九九七年、ダリオは勇気を奮い起こし、ガッリエーラ家の外で起こったそのほかの出来事についても打ち明けた。それには、ダリオとそう年齢の変わらない、ほかの子どもたちも関係していた。トニーニ夫人はダリオの口から語られるすべての事柄を熱心に手帳に書きとめ、心理カウンセラーに逐一報告した。ヴァレリア・ドナーティはダリオとの面会を通じて、その内容を確認し、細部をつまびらかにしていった。父ロマーノは何度か、マッサ・フィナレーゼのどこかにある家にダリオを連れていった。そこにはある夫婦が住んでいた。妻はローザ、夫はアレスという名前だった。その家で耳にした父親と女のやりとりを、ダリオははっきりと覚えていた。「子どもは置いていく。金をもらおうか」。それから父ロマーノは去っていった。

このローザは、奇妙なことが好きな奇妙な女だった。もし私を満足させてくれたら、私の子どもにしてあげる。ローザはダリオにそう言った。なんでも好きにしていいし、学校にも行かなくていいのよ。この夫婦も、隣人のぶしつけな視線に悩まされることのない、人家もまばらな郊外に暮らしていた。ダリオはこの家にいるとき、火かき棒でローザを叩き、彼女と性行為に及ぶことを強要された。その様子を、夫のアレスがインスタントカメラで撮影した。ダリオが記憶しているのはそこまでだった。なにしろ、この出来事が起きたとき、ダリオはまだひどく幼かったのだ。それはガッリエーラ家が公営住宅を立ち退かされる前、ダリオがじつの両親と暮らしていた時代の話だった。つまり、ダリオが三歳のころの記憶ということになる。それでもいくつかの細かい点は、しっかりと脳裏に焼きついていた。ロマーノが迎えにくると、夫婦はダリオの奉仕への謝礼として、ロマーノに金を支払っていた。

ドナーティは聴き取りのあいだ、ダリオの反応を注意深く観察していた。少年の精神状態は最悪といってもよかった。夫婦の行ないは少年の心に、けっして癒えない傷を与えたようだった。

ローザとアレスの夫婦について語ったあと、ダリオはつと立ちあがり、ドナーティのオフィスの窓を開けた。ここから飛び降りたい、死んでしまいたい。少年はドナーティにそう言った。ドナーティはダリオをひざのうえに乗せて慰めてやった。父親がそんなにも邪悪なら、息子を友人に売り払うほどに良心を欠いているなら、どうして母親は息子を守ろうとしなかったのだろう？　答えはダリオが教えてくれた。母アドリアーナも、姉バルバラも、その呪われた家に通っていたのだ。あのふたりも、火かき棒で叩かれることを喜んでいた。

養母は怒りに猛《たけ》り立った。それまでは、息子にまともな服を着せることも、まともなものを食べさせることもできない、あの痩せ細った無学な母親に、憐れみと蔑《さげす》みの入り交じった感情を抱いていた。しかしいまは、ダリオの前でも隠しようがないほどの、純粋な怒りにとりつかれていた。いったいどうしたら、そんなおぞましい真似ができるのだろう？　あの母親を育てた怪物は、どれほど倒錯していたのだろう？　「そんなこと」におとなしく「参加する」ほどに夫の言いなりになるなんて、あの女はどこまで意思が弱いのだろう？

　ダリオは養母の言葉を聞きながらうなずいていた。いまでは彼も怒っていた。しかし、心は罪悪感――性的暴行を受けた人びとの多くが、完全な被害者であるにもかかわらず抱いてしまう感情――にさいなまれていた。一家の友人、ローザとアレスとは誰なのか？　どこに住んでいるのか？　かすかな記憶を再構成すべく、ダリオは懸命に頭をしぼった。マッサ・フィナレーゼのどこかであることは間違いない。しかし、その「古くて大きな」家の正確な場所を思い出すことは、どうしてもできなかった。ローザという女は既婚者で、子どもはいない。外見は覚えていなかった。髪は栗色だったような気もする。インスタントカメラのシャッターを押していた夫のアレスは、ダリオの養祖父、つまり、トニーニ夫人の父親に似ていた。「大きくて、ひげを生やした」男だった。

　警察は捜査を開始した。ロマーノ・ガッリエーラの訪問相手として特定されたのは、五十がらみの、大柄で体格のいい男だった。タトゥーがあり、髪は黒く、バイク乗りに似合いの黒いひげを生やしている。マッサ・フィナレーゼの出身だが、名前は「アレス」ではなくアルフレードだった。なじみのバールの客からは、「アルフレドーネ」〔でっかいアルフレードの意〕、あるいは「フレドーネ」のあだ名で呼ばれていた。ろくな噂のない人物で、検察が発行する犯罪証明書には、恐喝から隠匿にいたるまで、市民と国家にたいする罪がずらりと並んでいた。働くことはほとんどなく、いつもカードで遊んでばかりいる。考えるより先に手が出るタイプで、運悪くまわりに居合わせた人びとは、そのごつごつした肉厚の手で、順繰りに張り手を食らうのがつねだった。ひとりふたりの若い女に生活の面倒を見てもらい、ひものような暮らしを送っているのだという噂もあった。ガッリエーラ・ロマーノは、この悪漢からさまざまな用事を言いつけられる、使い走りのひとりだと見られていた。

フレドーネは当時、マッサ・フィナレーゼから車で十五分以内の距離にある、スコルティキーノの田園地帯に立つ家に暮らしていた。警察が調べたところ、この家にはほかに、マリア・ローザという女性が住んでいることがわかった。ミランドラ警察のアンティモ・パガーノ警部がふたりを逮捕しにやってきたとき、ローザは腰を抜かしそうになるくらい驚いた。フレドーネの方はそうでもなかった。警察にも、家宅捜索にも、独房で過ごす晩にも、フレドーネは慣れっこだった。「ロマーノがね……まあ、間違いであることを祈りましょうや」。ガッリエーラ・ロマーノが末っ子と問題を起こし、いまは牢屋に入れられているのだと聞かされたとき、フレドーネはパガーノ警部にそう語った。一方のローザはひどく動揺しており、自分たちがなにをしたのかと何度も警官に問いかけていた。フレドーネは笑みを漏らした。「落ちつけ。どうせ明日には家に戻れる」。フェッラーラの刑務所まで連れていかれてようやく、ローザは自分に向けられた告発の中身を知った。告発によるとローザとフレドーネは、ほかの被疑者と共謀して、一年前に刑法に導入されたばかりの条文、「性的暴行にかんする法規」を犯したのだった。着替えのバッグさえ持ちこむことを許されなかった独房で、ローザは床にくずおれた。

モデナ刑務所に勾留されたフレドーネの顔から、とうとう笑みが消えた。

十日後、ダリオは検察官から、疑わしい人物の顔写真がずらりと並ぶアルバムを見せられた。ある男性の写真を指さしたものの、すぐに前言を取り消した。このなかに、アレスはいない。ところが、養母といっしょに部屋を出た直後、やっぱり戻ると少年は言い出した。ふたたびアルバムを開くと、腕に子どもを抱えている大柄な男性の写真を指さした。フレドーネだ。

少年は勇気を奮い起こした。その勇気はいまや、増水した川のごとく奔流していた。沈黙の数か月を過ごしたあと、少年はヴァレリア・ドナーティのおかげで、もう恐れる必要はないと悟った。自分は安全なのだ。みずからの悲劇を語ることは簡単な作業ではない。しかし、そうすれば重荷から解放され、健やかな心持ちで生きていける。こうして、ダリオはふたたび、自分を暴行した大人の名前をいくつも明かした。そのうちのふたりを、地元紙は「レディRと、販売業を営むその友人」と表現した。ダリオはじつの両親に連れられて、このふたりのアパートにも何度か足を運んでいた。レディRとその友人は、赤と黒のヴェスパを乗りまわす若いカップルだった。ふたりの家には、ほかの子どもの姿もあった。両親は数時間、ダリオをこの家に置き去りにした。少年はここでも、あらゆる暴行に荷担させられた。しかし、家の住所や、レディRらの素性を特定することはできなかった。

そして、共犯者の名前が列挙された長いリストのなかに、「フランチェスカ」という女と、「フェデリコ」という男がいた。被害者のリストのなかには、「エリーザ」と「マルタ」なる少女がいた。ヴァレリア・ドナーティの同僚がケアしている未成年のなかに、まさしく「エリーザ」と「マルタ」という名の、三歳と八歳の少女がいた。ふたりともミランドラに暮らしていて、近所に暮らし、それぞれの親は友人付き合いをしていた。エリーザの父親はフェデリコ、マルタの母親はフランチェスカという。保健所に保管されているエリーザの関係書類は、生後間もないころの殴打の事件について伝えていた。マルタの書類には、両親の離婚をめぐるいざこざの記録があった。少女たちはマッサ・フィナレーゼから一五キロも離れた場所に住んでいるのに、ダリオはこのふたりのことを知っていた。

第五章

一九九七年の夏、ダリオの告白から三か月もたたないうちに、マッサ、ボンデーノ、ミランドラにおよぶ半径一五キロの範囲まで、小児性愛のネットワークは拡張していた。七月十一日、ラジオがパフ・ダディの新曲「アイル・ビー・ミッシング・ユー」をひっきりなしに流していたころ、ダリオは社会福祉部の一室で、ヴァレリア・ドナーティや彼女の同僚といっしょに、モデナの予審判事アルベルト・ジロルディと面会していた。多大な困難をともないつつも、少年はみずからが被った性的暴行について、ジロルディ判事に語って聞かせた。

数日後、ロマーノ、アドリアーナ、イゴール、ローザ、「フレドーネ」ことアルフレード、スコッタ夫妻、マルタの母であるフランチェスカの八名にたいし、予備審問の終了と裁判実施の決定が告げられた。しかし、フランチェスカは九月に自殺してしまうため、実際に裁判にかけられるのは七人となった。モデナ検察は手はずをことごとく整えていた。検察にはダリオの証言があり、エリーザとマルタにたいする医師の診断書もある。エリーザとマルタもまた、じきに重い口を開くだろう。捜査終了の時点で、検察はすでに、被告を壁際に追いつめた気になっていた。

ところが、同時期のある一日、ヴァレリア・ドナーティが血相を変えて、アンドレア・クラウディアーニ検事のもとへやってきた。緊急の要件だという。トニーニ家のひとりとして夏のバカンスを過ごしたあと、ガッリエーラ家の末っ子はドナーティに、新たなエピソードを打ち明けた。今回、ダリオの語りの背後には、これまでにも増して忌まわしいなにかが潜んでいた。クラウディアーニ検事はすべての作業を中断して、ドナーティの報告に注意深く耳を傾けた。

ダリオはまた別の人物に言及した。名前は「ジョルジョ」、実父ロマーノの知り合いで、ダリオはこの人物の家に連れていかれたこともある。ジョルジョは「市長」だとダリオは説明した。だが、ぜったいに確かかと言われると自信がもてなかった。実際、ダリオはすぐに訂正した。たぶん、ジョルジョは「医者」だろう。あるいは、それも違うかもしれない。少年は混乱していた。というのも、実際には彼は、ふたりの「ジョルジョ」を知っていたから。ひとりめは、父ロマーノに連れられて訪れる家に住む紳士で、こちらのジョルジョは金《かね》と引き換えに、ダリオやマルタに暴行した。もうひとりのジョルジョは既婚男性で、その妻は黒髪を三つ編みにしていた。ドナーティとトニーニ夫人はひとまず、たぶん市長でたぶん医者だという、ひとりめのジョルジョに関心を集中させた。ダリオが頭のなかを整理する助けになるよう、この人物を「ジョルジョその一」と命名した。トニーニ夫人はダリオの説明を聞いて、「ジョルジョその一」はむしろ、教会の聖職者にぴたりと合致することを指摘した。夫人の推測は正しかった。この人物と、同名の相棒である「ジョルジョその二」を、ダリオはなによりも、誰よりも恐れていた。

あるとき、男たちはダリオに向かって、お前は地獄で焼かれることになると告げた。以来、ダリオは恐ろしい悪夢にうなされるようになった。「地獄」。この言葉が、おぞましい記憶がしまわれた屋根裏部屋の揚げ戸を開けたようだった。この屋根裏部屋には、じつの両親にまつわる記憶が保管されている。そう、ダリオがガッリエーラ家から引き離される前の、父ロマーノと母アドリアーナにかんする最後の記憶だ。ドナーティのなかで警告灯が反応した。すこし前に、ダリオがなにげなく口にした出来事を、ドナーティは思い出した。いまよりもっと幼いころ、ダリオは誰かの——たぶん親戚の——葬儀に参列した。葬儀の最中、ひとりの女性が棺を運んでいる光景が、ダリオの心に強い印象を残していった。これらふたつの出来事を、結びつけて考えることはできないだろうか？　地獄について語ったふたりのジョルジョと、葬儀の記憶とのあいだには、なにか関係があるのでは？　そのとおりだとダリオは言った。ふたつの記憶には関係がある。いまならそれを説明できる。

場所は墓地、時刻は夜半。「市長のジョルジョ」はガウンを着ている。まわりには何人かの大人がいる。ロマーノ、アドリアーナ、イゴール、バルバラ、フェデリコ、フランチェスカ、ローザ、カメラマンの「アレス」。大人たちは虎や、豹や、吸血鬼のマスクをかぶっている。儀式か、葬式か、あるいはそれに類するなにかを執り行なっているところだ。棺のふたを開け、墓地へ連れてきた子どもたちをそのなかに閉じこめる。ダリオ、エリーザ、そしてマルタは、それぞれ別の棺に入れられ、胸のうえに十字架が置かれる。なかは暗く、ふたが重いため外に出ることもできない。ダリオの華奢な両腕で押したところで、木と金属でできたふたはぴくりとも動かなかった。棺のなかで泣いたことや、外にいる大人たちの笑い声が聞こえたことを、ダリオはまだ覚えている。やがて、誰かがふたをどかしてくれた。視界にふたたび、不気味な大人たちの姿が映り、冷たい夜気が肺に流れこんでくる。厳《おごそ》かな身振りでもって、「市長のジョルジョ」がダリオらに告げた。これでお前たちは、悪魔の子どもに生まれ変わった。するると、彼はまわりの大人に合図して、ダリオたちを叩かせたり、棒で打たせたりした。

しかし、ジョルジョはほんとうに市長なのか？　それとも医師？　白いガウンを着て儀式を執り行なっていたというなら、別の職種と考えた方がいいのでは？　ダリオはすこしずつ、ジョルジョにかんする細かい情報を付け加えていった。身長は一七〇センチくらい。恰幅はよく、髪は濃い灰色の縮れ毛で、眼鏡をかけている。ヒールのついた男性向けの靴をはいている。件《くだん》の儀式のあいだ、男はダリオにナイフを握らせ、黒猫を殺すように命令した。ダリオは力なく猫に切りかかった。軽い傷は負わせたが、それ以上はできなかった。結局、とどめを刺したのはイゴールだった。げらげらと笑いながら見守っていたアレスが、猫の死骸をつかみとり、それを食べようとするかのように顔に乗せた。

一連の出来事のなかでも、猫の殺害はとりわけ少年の心をかき乱した。ダリオは動物が好きだったし、トニーニ家の飼い猫には深い愛着を抱いていた。墓地で行なわれた儀式では、一匹の犬も含め、複数の動物が犠牲になった。動物に危害を加えるのは、ダリオにとって耐えがたい苦しみだった。

ダリオは何度か、ヴァレリア・ドナーティの前で、前後を忘れて泣き沈んだ。どこぞの墓地の墓石のあいだで、少年がほかにもどれほどの恐怖に見舞われたのかは、神のみぞ知ることだった。問題の墓地がどこにあるのか、ダリオは覚えていなかった。しかし、敷地内に教会が立っていたことは、はっきりと記憶している。

「ジョルジョその一」と「その二」をめぐるダリオの告白の後、ミランドラ警察署のアンティモ・パガーノ警部はただちに捜査を開始した。しばらくは、警察の資料室とバッサの役所を往き来する日々が続いた。まずは、「マッサ・フィナレーゼ墓地」の捜査に集中した。自治体の北側、アルベロ通り沿いに位置する墓地だ。アルベロ通りはブラーナ運河から田園地帯に向かって伸びる二車線の道路で、エミリア・ロマーニャとロンバルディアの州境から数キロの場所を走っている。パガーノはメモ帳に、墓地は「長方形に近い形状」であり、まわりを壁に囲まれていることを書きとめた。正面の入り口には鉄製の柵があった。パガーノ警部が現地を訪れた日、正面の柵は閉まっていた。しかし、最近になって整備されたと思しき南側の区画にまわってみると、駐車場に面した第二の入り口があった。墓地を貫く通路の先に、教会が立っている。ダリオが話していたとおりだ。教会の内部には、大部屋がひとつあるきりだった。小さな祭壇が設えられ、天井には地味な造りのシャンデリアがぶら下がっている。警部は教会をあとにして、墓地を貫く通路の反対側、正面の柵の方へ歩いていった。左手に見える通用門に、死体運搬人の仕事道具が積みあがっているのが目にとまった。通用門のすぐ横に、いくつかの部屋が連なった建物が立っている。納骨堂だ。警部はそのなかにも入ってみた。ふたのうえに十字架があしらわれた木製の古い棺がひとつと、いくつかの納骨箱が並んでいる。いちばん大きなものでも、長さが一メートルを超える箱はない。パガーノ警部は周辺の住宅を訪ね、十人前後から話を聞いた。しかし、奇妙なことに、なにか不審なものを見かけたという証言は、誰からもまったく得られなかった。ただ、市中の情報提供者から、サイクリストの集団がある日の午後遅く、墓地の内部で怪しい動きを目にしたことを知らされた。もっとも、そのサイクリスト集団に直接話を聞くことは叶わなかった。

ダリオが言うには、「ジョルジョその一」は鐘楼のそばに暮らし、儀式の執行にいそしんでいるという話だった。そこでパガーノ警部は、県内の教会や墓地の関係者のなかに、ジョルジョという名前の人物がいるかどうか虱《しらみ》つぶしに調べていった。

条件に合致する人物はふたりいた。ひとりは、ミランドラからそう遠くないコンコルディアの墓地で、死体運搬人をしている人物だった。もうひとりはドン・ジョルジョ・ゴヴォーニといって、「危険地帯《ホットスポット》」の中心部、スタッジャとサン・ビアージョの教区司祭だった。パガーノ警部は教区の名前を見て驚きに打たれていた。警部はこの土地の人間ではなかったが（出身はナポリで、モデナに移住してきたのは仕事のためだった）、スタッジャやサン・ビアージョ周辺のことはよく知っていた。一度ならず、仕事ではなくプライベートで、教会の祭礼や、生者がプレゼピオ〔キリスト降誕の場面を再現したもの。通常は人形の模型を指す〕を演じるミサに出席したことがあった。警部の記憶では、田園地帯の小さな教会を束ねるあの教区司祭の外貌は、ダリオの描写と多くの点で一致していた。縮れ毛で、太っていて、眼鏡をかけている。それに加えてもうひとつ、警部はある特徴を覚えていた。なにかの祭式に出席していたとき、神父の祭服の下から、最近ではあまり見かけなくなったアンクルブーツが覗いていたのだ。かくして、日曜日の昼食前、午前中のふたつのミサが終わったころに、警部は私服姿で教区に向かった。ドン・ジョルジョや信徒たちの姿はすでになく、教会のなかに残っているのは、個人的に祈りを捧げている三人の婦人だけだった。教会両脇の司祭館のいずれにも鐘楼が附属していることを、警部は車に乗りこむ前に確認した。サン・ビアージョの教会の聖具室は、糸杉の立ちならぶ小道をはさんで墓地に隣接していた。ダリオの証言そのままではないか。パガーノ警部は前年の葬儀カレンダーを入手した。埋葬作業、および、埋葬にともなって生じる廃品の処理のための、古い遺体の発掘作業の何件かは、まさしく、ダリオがガッリエーラ家に戻っていた期間に行なわれていた。警部は周囲を見まわした。ドン・ジョルジョの教会のほど近くに、一棟の家畜小屋と何軒かの住居がある。一瞬、戸を叩きたい気持ちに駆られた。どんな人物が住んでいるのか確認し、いくつか質問してみたかったからだ。だが、すぐに思いとどまった。あの神父は界隈の有名人だ。それに、多くの住人から愛されている。人口が千人にも満たないこの小さな自治体で、神父にかんする個人的な事柄や、墓地で起きている不審な出来事について聞いてまわったりすれば、たちまちドン・ジョルジョ本人の耳に入ってしまうだろう。いまは目立たずにいた方がいい。素性は伏せたまま、内々に捜査を続けるのだ。

ドン・ジョルジョ・ゴヴォーニは、バッサ・モデネーゼでは名の知れた慈善活動家だった。社会福祉部の職員も、ドン・ジョルジョの活動のことはよく知っていた。ドン・ジョルジョは長きにわたってガッリエーラ家を支援してきた。公営住宅を立ち退かされた一家のために、アッバ・モット通りのひなびたアパートを見つけてきたのも、ほかならぬジョルジョ神父だった。住居を手配してやっただけではない。ガッリエーラ家が車を手放してからは、社会福祉部で行なわれる審問に何度も同伴したり、はては、モデナに事務所を構える弁護士のもとへ、長男のイゴールを送り届けてやったりしていた。生まれ育った町よりもはるかに大きな都会では、通りの名前と番地がわかったところで、青年がひとりで目的地へたどりつけるものでもなかった。はじめのうち、ダリオはジョルジョ神父のことを知らないと言っていた。だが、のちに訂正した。「ジョルジョその一」、ガウンを着た市長、小児性愛者の一団に指示を与えるサディスティックな暴行者は、まさに彼だ。やつは、あの怪物は、彼以外ではありえない。いまや、検察にとってはすべてが明らかだった。いかなる公助にも値せず、教会に通う習慣さえないあの愚図ども、釘のように痩せこけた子どもたちが町をぶらついているというのに、慈善団体から支給された食品を転売して煙草を買うようなあの父親に、教区司祭はなぜああも親切に接していたのか。答えは明白だ。神父にとって価値のある「なにか」を、あの一家は所有していた。小さな子ども。ダリオに触手を伸ばすまでの、ドン・ジョルジョの手の込んだ遣り口は、いわゆる「チャイルド・グルーミング」そのものだった。これは小児性愛者のあいだで広く共有されている餌付けの技法で、小さな獲物に飛びかかる前に、まずは家族や親戚と近づきになって、障害なく事におよぶための理想的な状況を作りあげることをいう。今回のケースにおいては、ジョルジョ神父がしたことはそれ以上に周到だ。態度も行動も風変わりなこの少年に近づくために、ガッリエーラ家の全員が、経済的、心理的に自分に依存するように仕向けたのだから。ほどなくして、新聞各紙は次々と、本件について大々的に報じるようになった。子どもとのセクシー・パーティー、現場には聖職者も。少年が司祭を告発、「この人です」。聖職者ドン・Gは、バッサの教区に所属している模様。会合の様子は撮影され、「セット」には教会の祭礼用具も。神父の言葉「信徒たちよ、私は潔白だ。だが、われわれの前途には暗雲が垂れこめている」

トラットリア・ダッラ・マルタ――トラック運転手、農大、工場労働者らのたまり場になっている、マッサ・フィナレーゼから車ですぐの、サン・フェリーチェ・スル・パナーロの食堂――のいつもの席で食事をとっているドン・ジョルジョ・ゴヴォーニは、自分に向けられた非難をさして気に留めていないようにも見えた。新聞は、はっきりと名指しこそしなかったものの、記事のそこかしこに明白な手がかりを忍ばせていた。「聖職者」というのがジョルジョ神父であることは、土地の人間であればすぐにわかった。モデナ検察は毎日のように、神父の問題行動をリークしていった。そうした情報に触れるにつれて、町や周辺の教区では、ひとり、またひとりと、神父にかんする疑念を表明する者が増えていった。だが、ごく近しい友人の前では、神父は努めて平静を守って（あるいは装って）いた。なにもかも、ばかげた誤解さ。神父はいつも、よく通る声で、肩をすくませながら、そんなふうに言っていた。遠からず、真実が明るみに出るはずだ。この界隈で、神父ほど顔が広く、神父ほど広く愛されている人物はほかにいなかった。神父の世間的な名声が、悪意ある噂にたいする防壁となっていた。

神父は半世紀以上におよぶ生涯を通じて、国家の法律とも、幾千の教区民とも、けっして仲違いすることなく日々を送ってきた。六〇年代後半からずっと、サン・フェリーチェ、フィナーレ、マッサ、カンポサント、スタッジャ、サン・ビアージョの教会で、洗礼を施し、堅信の秘跡を授け、結婚式を執り行ない、死者を埋葬してきた。あたり一帯のどの教区、どの祈禱所でも、なにかしらのミサをあげたり、ピクニックを企画したり、子どものためのスケート場を作ったりしたことがあった。だが、教区の住人がドン・ジョルジョを、ほかの修道士とは違う特別な存在と見なしていた背景には、もうすこし別の理由があった。エミリア・ロッサの中心部、農場にも工場にも勤勉な労働者が集まるこの土地で、ドン・ジョルジョは庶民に寄りそって生きてきた。祭壇の向こう側から説教を垂れ、魂に祝福を捧げるだけの聖職者ではない。多くの住人と同じように、まだ暗いうちに寝床を離れ、朝から晩までトラックを走らせて生活の資を稼いだ。いまでは誰もが、親しみと敬意を込めて、ドン・ジョルジョを「トラックの司祭さん」と呼んでいた。

ドン・ジョルジョは一九四一年、フィナーレ・エミリアから南に下ってすぐのドディチ・モレッリにて、トラック運転手の父のもとに生まれた。ジョルジョは三人きょうだいの次男だった。やがて信仰の道を歩むであろうことは、幼少期に早くも予見されていた。戦後すぐ、六歳のジョルジョは叔父に連れられて、サン・ジョヴァンニ・ロトンドまで巡礼の旅に出かけた。巡礼から戻ったとき、叔父は親類一同に向かって、旅先で目の当たりにした出来事について語って聞かせた。それはこんな話だった。ピエトレルチーナのピオ神父〔一八八七―一九六八。カプチン会の司祭で、サン・ジョヴァンニ・ロトンドの修道院で暮らしていた。聖職者として数々の功績を残し、二〇〇二年に列聖される〕が、群衆をかきわけて、ジョルジョ少年の前でいきなり立ちどまった。この高名な神父は、巻き毛の少年の小さな瞳をまっすぐ見つめ、片手を少年の額に当ててこう言った。「きみは将来、司祭になるね」。聖者の予知は的中した。五〇年代はじめ、小学校の第五学年を終えるなり、ジョルジョ少年は母親に、近く誓いを立てるつもりであること、モデナのそばのノナントラにある古い神学校に移り住む予定であることを告げた。困難をともなう、勇気ある選択だった。冬は凍えるような寒さに耐え、学期中は一度も家族に会えなかった。自分は神から召し出されたのだという、強固な、むしろ頑迷とも呼ぶべき信念がなければ、けっして乗り越えられないような試練だった。

五年後、ジョルジョはスータン〔カトリックの聖職者の平服〕を授かり、一九六六年、正式に聖職者となった。ところが、それに並行してジョルジョ神父は、若くして亡くなった父親の仕事を引き継ぐべく、トレーラートラックの免許も取得した。ミサの予定がないときは、発足して間もないエミリア地方の協同組合のために、ビートや小麦の運送に精を出した。あるいは、ミランドラやサッスオーロに届けられたドイツの土くれを、陶器の製造企業に運ぶこともあった。この時代、昔気質《かたぎ》の職人が集まるこの地域は、イタリア経済の発展の原動力となりつつあった。ひととおり仕事を終えると、ジョルジョはトラック運転手から神父に戻り、トスカネッロの葉巻をくわえながら、聖書の教えを説き、教区民の諍《いさか》いをとりなし、祭りや、記念日や、巡礼の準備に夜を更かした。活動的な人物で、いつも忙しく立ち働いていた。椅子に腰をおろしているのは、田舎の食堂でミネストローネと一杯のワインを胃に流しこんでいるときくらいのものだった。そうした食堂のひとつが、八〇年代なかばにサン・フェリーチェ・スル・パナーロに移転してきた、トラットリア・ダッラ・マルタだった。この店は神父の作戦本部であり、休息の地でもあった。

ちょうどこの時期、バッサの平野にも、徐々に外国からの移民が流入してきた。その後の数年間に、イタリア半島の沿岸に大挙して押し寄せてくるであろう、アフリカ系の移民集団の第一波に属す人びとだった。

じきに、二十世紀のはじめから放置されていた多くの廃屋が、モロッコ人《マルキン》や黒人《ネガル》に占拠されるようになった。これらの外国人は日中、起業家や農場主のために労働力を提供し、夜には野菜がいっぱいに入ったプラスチック袋を提《さ》げて、電気もガスも通っていないあばら屋に戻っていった。事態を重く見た「トラックの司祭さん」は、資産価値のない不動産の所有者を調べあげ、賃貸物件として貸し出すように働きかけた。所有者は家賃収入を得るかわりに、建物を改修し、腹をすかせた不潔なムスリムを住まわせることに同意した。年を追うごとに、移民たちの労働力としての重要性は増していった。

アフリカ人であろうとなかろうと、身のまわりにいる貧しい者には分け隔てなく手を差しのべた。そして、一九九三年、ドン・ジョルジョはガッリエーラ家の援助を始めた。食べものや、イゴールとバルバラのための古着を、神父はたびたび一家に届けた。ボランティア活動に従事する友人たちによれば、神父はよく空を見上げ、土地の言葉でこんなふうにつぶやいていたという。クエル・ロマーノ・リ、アル・ディス・ナ・ヴルタ・ネアンク・ペル・ズバリ、「あのロマーノというのは、間違ってもほんとうのことを言わない男だ」。フィナーレの自治体が一家を公営住宅から追い出したときや、善意の隣人のオッディーナ・パルトリニエーリが末っ子のダリオを預かることになったとき、ドン・ジョルジョはろくでなしのロマーノを罵倒した。これまで何度も、立ちなおる機会を与えたのに。それでも神父は一家のために、アッバ・モット通りの貧相なアパートを見つけてやった。ゴムボートでイタリアに渡ってきたアルバニア人の家族が、ガッリエーラ家の新たな隣人となった。そしていま、神父が半世紀を費やして築きあげた名声を、もう顔も覚えていないようなあの末っ子が、一夜にして瓦解《がかい》させようとしていた。

そのあいだもモデナ検察のオフィスでは、ドン・ジョルジョ・ゴヴォーニにかんする捜査資料がすこしずつ積みあがり、それまで誰ひとり気づかずにいた、神父の暗黒面を明るみに出そうとしていた。この得体の知れない一味の秘密を、今度はマルタが打ち明けてくれはしないかと、検察は長らく心待ちにしていた。十二月三十一日、母親から引き離されて約六か月後、ついに少女は語りはじめた。一九九八年一月、一連の長い訴訟の、第一回公判が始まった。

第六章

マッサ・フィナレーゼの実家で私を迎えてくれたとき、ロレーナはとても快活で友好的な女性に見えた。髪はショートで、瞳は澄んだ青に染まり、身なりは質素で、化粧はしていなかった。彼女は敬虔なカトリックだった。汚い言葉、場違いな表現は、けっして口にしなかった。子どもたちを取り返すための裁判所との闘いについて、目に涙まで浮かべながら何度も繰り返し話してくれたときでさえ、その端正な言葉遣いに変わりはなかった。

このときはロレーナのほかに、彼女の三人の兄弟、エミディオ、ジュリアーノ、ジュゼッペ・モルセッリが、私との面会に応じてくれた。三人とも、小児性愛者として甥や姪に告発され、刑務所で数年を過ごしたあとだった。ロレーナの父エンツォも有罪判決を受けたひとりだが、彼は数年前に亡くなっていた。一家全体が、この事件から致命的な痛手をこうむっていた。一九九八年以後、モルセッリ家の六人の孫が実家に戻ってくることはなく、ロレーナの義妹であるモニカは刑務所のなかで没していた。ロレーナの三人の兄弟は、いまだにこの経験から立ちなおれずにいた。何年にもわたって積み重なった失望と憤怒が、むっつりとして口数の少ない五十過ぎの独身男に、消しようのない刻印を残していた。三人はもう結婚する気もなければ、子どもをもちたいとも思わなかった。いまでは彼らの人生は、母リーナを中心にまわっていた。八十歳という年齢にもかかわらず、リーナは活力と闘争心に満ちた女性だった。おそらく、この事件に巻きこまれたことで、ほかの誰よりも人生を大きく変えられたのがリーナだった。一九九八年から九九年にかけての数か月のあいだに、リーナは家族全員を失い、ほとんどひとりきりになってしまった。五人の孫は親元から引き離され、夫と三人の息子は逮捕された。娘のロレーナは、末っ子のステファノだけは奪われまいとして、フランスへ逃げていった。リーナはいま、質素なリビングのテーブルに就《つ》いて、たくさんの古い写真や、何年にもわたって書いては送り、書いては送りしてきた孫宛ての手紙――かならず送り主のもとに返送されてきた――を眺めていた。

しわくちゃになった封筒を私に差し出しながら、リーナは言った。「ヴェロニカに、私のいちばん大きな孫に会いにいくなら、どうかこの手紙をもっていってちょうだい」

だが、手紙よりもなによりも、私は訴訟の資料が欲しかった。さもなければ、ここから先に進むことはできない。年老いた婦人の涙や美しい言葉には左右されることなく、この事件にかんする私の考えを形成する必要がある。そもそも私は、モルセッリ家の知り合いではない。私はこの人たちのことをなにも知らない。理不尽な仕打ちを受けた善意の人びとという印象を受けたのはたしかだが、それで満足するわけにはいかなかった。モルセッリ家の人びとは、子どもに暴行した嫌疑で告発された。血のつながった子どもにたいし、身体的、心理的な虐待を加えたのだ。私が生まれ育った社会において、これほど忌まわしく、これほど恥ずべき犯罪はほかになかった。自分の第一印象を鵜呑みにするのは危険すぎる。できるかぎり多くの視点から、検証を加えなければ。

「行きましょう。あなたに紹介したい人がいるの」。ロレーナが言った。エミリア平野に突然に吹きつけてきた横殴りの雨のなかを、私たちは車に乗って、すぐ近所の礼拝堂へ向かった。神父のドン・エットーレ・ロヴァッティが、フィナーレ・エミリアの教区民を半世紀前から受け入れてきた場所だ。神父は物腰の柔らかな老人だった。例の事件のことは、初期段階から休まず追いかけており、ほかの誰よりも詳しい事情に通じていた。この出会いが、私たちの調査の転機となった。一連の訴訟や、この事件について為され、語られ、書かれたすべての事柄を、ドン・エットーレはもれなく頭に叩きこんでいた。傍目には、この出来事にとりつかれてしまっているようにも見えた。入手しうるかぎりのすべての資料を集めたあと、神父は徹底的な検討に取り組んだ。関係者の名前や、あれやこれやの出来事が起きたとされる日付を、逐一記憶していった。事件に巻きこまれた人たちのなかには、もともとの知り合いや、事件のあとに知り合った相手が多く含まれていた。なかでも、ドン・ジョルジョ・ゴヴォーニは年来の友人だった。ドン・ジョルジョの死後、ドン・エットーレは一冊の書物を上梓した。『ドン・ジョルジョ・ゴヴォーニ——慈愛に殉じ、人間の法に殺された男』。少部数だけ刷った初版はまたたくまに品切れとなり、そのまま市場から姿を消した。出版社が増刷に踏み切らなかった理由のひとつに、親元を引き離された子どもたちの弁護士による、法律を盾にした圧力があった。ドン・エットーレが主張するところによれば、バッサ・モデネーゼの小児性愛事件は一個の「大ぼら」にほかならなかった。五つの訴訟が行なわれ、何人もの被告に有罪判決が下されたが、訴訟を通じて明らかになったことはひとつもない。あの訴訟は要するに、未成年者を出しに使って遂行された、太古より続く闘争だった。すなわち、国家対教会の闘争だ。かかる争いの戦場として、エミリア・ロマーニャほど象徴的な土地があるだろうか？　ここでは「赤い」行政が、福祉の現場の内部にまで、反教権の不毛なイデオロギーを持ちこんでいるのだから。

「司法関係者の知識や思考の背景には、ある確信が存在する。つまり、家族はつねに誤るという確信だよ。それにたいして、国家はつねに正しいのさ」。礼拝堂の玄関の、木製の古い扉の前でドン・エットーレが言った。フィナーレ・エミリアに夕闇が降りつつある。「やつらは家族を破壊しようとしている。共産主義者が私有財産を破壊しようとしてきたようにね。心理カウンセラーや地域保健所のソーシャルワーカーは、哀れな主《しゅ》の無能をさらけ出してやろうと画策した。父なる神より、自分たちの方が優秀であることを見せつけたかったわけだ」

　神父にとって、十六人の子どもの引き離しは、数世紀前に異端審問所が繰り広げた蛮行に勝るとも劣らない、ある種の魔女狩りの帰結だった。ただし、両者の目的は正反対だ。現代の異端審問官の目的は、キリスト教会が伝達してきたなによりも神聖な価値——家族の価値——を貶《おとし》めることにある。信仰とは無縁の基準によって運営される公設の機関で学ぶ方が、子どもにとってはよほど有益であることを、やつらは人びとに信じこませようとしているのだ。

　率直に言って、承服しかねるものがあった。たしかに、二十世紀後半、共産主義とカトリック教会は鋭く対立してきた。だが、事件を構成する数々の性的暴行が、（神父が主張するように）虚偽であれ、（モデナ検察や裁判所が主張するように）真実であれ、本件を左翼と教会の勢力争いに還元するのは無理がある。それに私は、自分でもどうしてかわからないが、詳しいことはなにも知らないこの事件の背後に、なんらかの論理、なんらかの筋道が潜んでいるように思えてならなかった。はたしてその「論理」は、黒い僧服を身にまとう優しげな眼差しの老神父の解釈と比較して、より単純で直線的なのか、あるいは、より複雑で多面的なのか。この時点では、私にはなんとも言えなかった。

ドン・エットーレは、絶版になった自著を私に譲ってくれた。読みはじめるなり、とんでもない幸運にめぐり合ったことに私は気づいた。この人物は六年にわたって、驚異的な根気と粘り強さを発揮して、訴訟資料の収集、選別、筆写に取り組んでいた。日付、判決文の引用事項、調書の番号、戸籍簿の記載内容など、ありとあらゆる情報がまとめられている。三〇〇ページを超える備忘録であり、一般読者向けに編まれたとは思えない綿密な年代記だ。だが、この事件と真剣に向き合いたいと願う者にとっては、これほど充実した手引き書はほかになかった。名前も、場所も、木の根も、幹も、枝も、すべてがここに記されている。豊富な参考資料が明快な記述を支え、脇道にそれることなく議論が展開していく。どのページを繰ってみても、実際の出来事や、調書に記録された言葉に忠実たらんとする態度が見てとれた。きわめて貴重な仕事であることは間違いない。ただしその議論は、ある明確な仮説を揺るがぬ前提としている。一九九七年二月から一九九八年十一月までに執行された、子どもたちの親元からの引き離しはすべて、社会福祉部、捜査機関、および、その協力者である心理カウンセラーのヴァレリア・ドナーティと同僚たちによる、一連のはなはだしい誤謬《ごびゅう》の帰結である、と。ドン・エットーレの目にはこの事件は、およそ信じがたい集団ヒステリーの類いとして映っていた。実力も経験も不足した専門家が、小児性愛者の一味を発見したと思いこみ、結果として、いくつもの家庭を粉みじんに破壊したのだ。だが、ドン・エットーレはドン・ジョルジョをはじめ、被告の多くと友人関係にあった。しかも、（直接的または間接的に）数十人もの人びとを巻きこんだこの訴訟に、神父自身も進んでかかわりをもっていた。神父が利用した資料に偏りはないのだろうか？　なにか重要な細部を見落としたり、あえて書き落としたりしてはいないだろうか？

この面会から間もないある日の朝早く、ドン・エットーレは梗塞で急死した。

数週間後、ドン・エットーレの友人だったアントネッラという学校教師が、司祭館の二階にある神父の部屋へ、私を案内してくれた。ドン・エットーレが寝起きしていたのは、小さく慎ましやかな部屋だった。木製の古びたベッドの頭上の壁に、イエス・キリストと教皇ヨハネ・パウロ二世の肖像がかけられている。ほかに目につく家具といえば、壁一面を覆っている、木製の大きな戸棚くらいだった。アントネッラが戸棚を開くと、私は驚きのあまり、その場に棒立ちになった。四段組の棚はすべて、手のひらほどの幅のフォルダーでいっぱいになっていた。モデナ裁判所、ボローニャ控訴院、ローマ破毀院《はきいん》〔イタリアにおける最高位の司法裁判機関〕の判決文に加え、地域保健所の調書や資料が、各フォルダーにびっしりと詰まっている。神父の寝床だった古びたマットレスに腰かけ、私はこの紙の山をつくづく眺めた。とりあえず、相棒のジャーナリスト、アレッシア・ラファネッリに電話をしよう。神父が遺した資料があれば、私たちは前に進める。

第二部

沈んだ世界

第七章

ある晩、私たちはボローニャ郊外のアパートを訪ねた。フェデリコ・スコッタは私たちを、薄暗いキッチンに隣接した小部屋へ招じ入れた。この家の住人である学生たちが部屋を横切り、気のないあいさつを送って外へ出ていく。あとでわかったことだが、そのアパートはスコッタの住居というわけではなかった。使用が認められているのは、シャワーとキッチンのみ。スコッタのほんとうの寝所は、庭に駐《と》めてある古ぼけたキャンピングカーだ。パートタイムの夜間警備員の給料では、アパート（シャワー、キッチン）の使用代と食費のほかには、いくらかの煙草代をひねり出すのがせいいっぱいだった。

フェデリコ・スコッタは、いささか過剰とも思えるほどに、丁寧で礼儀正しい人物だった。実際に顔を合わせる前に、何度か電話でやりとりしたときは、会話の始めと終わりに、かならず「すみません、ご迷惑じゃなかったでしょうか」と口にした。そこに存在しているだけで、誰かを不快にしたり、損害を与えたりするのではないかと、つねに気を揉んでいるようだった。言葉を発するときは毎回、両手をあげて肩をすくめた。自分の言葉の重みを、対話相手に感じさせまいと気遣っているような仕種《しぐさ》だった。「記憶違いでなければいいんですが」「誰のことも悪く言うつもりはありません」「もうひとつ、付け加えてもよろしいでしょうか」「どうか許してください、そこはほんとうに覚えていなくて」。こうした前置きを抜きにしては、語りはじめることさえままならなかった。あまりにも、感じやすい男性だった。いつでも、誰にたいしても。

建物の入り口を夜っぴて立ちん坊で見つめつづけるという、身をすり減らすような重労働に従事しているせいなのか、スコッタの体は痩せこけ、眼窩《がんか》は落ちくぼんでいた。私と二歳しか変わらないはずだが、はるかに年嵩《としかさ》に見えた。生は彼の頭のうえを、矢のように飛び去ってしまったのだ。二〇〇八年に出所して以来、明日の見えない、その場しのぎの労働で生きのびてきた。時給は四ユーロ五〇セントで、三か月か、六か月か、十二か月ごとに契約更新の時期を迎える。雇用者の気が変われば、瞬く間に道ばたに放り出される。

保護観察の期間が終わってから数年後には、協同組合に職を得たこともあった。エミリア・ロマーニャ各地の薬局に、医薬品を配送する仕事だった。配送先の店舗がリストアップされた注文書には、モデナ県のさまざまな自治体の名前が記されている。スコッタは機械的に配送をこなしていった。だが、サッスオーロのある薬局を訪ねたとき、血が凍ったようになった。何年も前の記憶が、鮮烈によみがえった。

一九九七年夏、フェデリコ・スコッタの娘エリーザと息子ニックは、親元から引き離された。ところが、役所の文書に貼られた付箋紙に、養育先の名前と住所が書いてあることにスコッタは気がついた。付箋紙を剝がされる前に、彼は名前と住所を暗記した。エリーザは、ミランドラのそばに暮らす、かつての養育者のもとへ戻されていた。まだ赤ん坊だったニックは、まさしくいま、スコッタが医薬品を届けようとしている土地へ送られていた。引き離しの処分が執行された直後、スコッタはすぐに子どもたちに接触しようとはしなかった。それがどれほどのリスクをともなう行為か、よくわかっていたからだ。そこでスコッタは12番にダイヤルし、「テレコム・イタリア」の契約者情報照会サービスに問い合わせた。ニックの養育家庭の姓と住所を知らせたところ、息子ニックの新しい両親は、薬局を営んでいることが判明した。ただ、いくら居場所がわかったからといって、本人のもとを訪ねるつもりはなかった。かつての経験が、スコッタに苦い教訓を残していた。あのときは、友人のフランチェスカが娘マルタに会いにいくのに同伴しただけで、自分まで逮捕される羽目になった。同じ過ちを繰り返せば、その代償は高くつくだろう。いずれにせよ、すでに親権を失った身としては、わが子にいらぬ苦しみを与えることは本意ではなかった。やがて小児性愛の件で実刑判決が確定し、たとえ会いたいと思っても、刑期を終えるまではどうすることもできなくなった。

十五キロの体重と数本の歯を失い、鬱と不安にとりつかれて刑務所を出てきたスコッタを、いたずら好きの運命があのトラックに乗せ、あの町の、あの薬局へ向けて走らせた。街路樹の立ちならぶ大通りに車を停めると、スコッタは箱を抱えて薬局のなかに入った。日曜のその時間、店内に客はなく、ナイキの青のジャージを着た青年がひとりで店番をしていた。青年と目が合った。若いころの自分と瓜二つだ。十七年前、ミランドラ警察署でベビーカーに置き去りにしてきた息子が、カウンターの向こうから笑いかけてくる。短く刈りこんだ黒髪とかすかにつりあがった目は、別れた妻でタイ人の、カエンペトから受け継いだものだ。

「オーナーはいますか?」。フェデリコが尋ねた。

「いまは留守です。ぼくが預かりますよ、ここの息子ですから」。青年はそう答えた。

スコッタは笑みを浮かべ、礼を言い、外に出た。それからトラックに乗って、数百メートルだけ走り、目についた駐車スペースにトラックを停め、声をあげて泣きくずれた。罪の意識で心がずたずたになっていた。四十を目前にして、未来への展望のひとつもなく、刑務所で過ごした過去だけが肩に重くのしかかっている。家族を養うことも、同じ仕事を数年のあいだ継続することもできない、人生の落伍者だ。すでに子どもたちは別の家庭で成人し、スコッタの顔を見たところで、どこの誰かもわからない。スコッタに会いたいと思ったことなど、一度たりともないだろう。スコッタは煙草に火をつけ、自分の人生を振り返った。

夜中に警察が家に押しかけ、エリーザとニックを連れ去っていったとき、フェデリコ・スコッタは二十二歳だった。仕事は順調だった。だが、やがて事件の情報とスコッタの写真が新聞に掲載されると、勤め先であるミランドラの生体医学関連企業は彼を解雇し、多くの友人や同僚が彼のもとを去っていった。家賃を払えなくなったスコッタは、妻のカエンペトを親戚の家に預け、自身はキャンピングカーでひとり暮らしをするようになった。訴訟を待つあいだは、祖母から経済的な援助を受けていた。

捜査が終了するとただちに、弁護士はスコッタをミランドラの事務所に呼びつけた。「フェデリコ、これは有罪になりそうだぞ」。あいさつもそこそこに、弁護士はずばりと言った。ダリオの証言に加え、娘エリーザと、近所に暮らす少女マルタの身体を調べた医師の診断書が、スコッタを不利な立場に追いこんでいた。検察は戦闘態勢を整えている。新聞もまた然りだ。おまけに当時のイタリアでは、小児性愛との闘いは、正真正銘の十字軍さながらの様相を呈していた。スコッタと小児性愛者の一味を磔《はりつけ》にする材料がことごとくそろっている以上、告発から身を守るのは至難の業というほかなかった。「答弁取引〔軽い罪を認めるかわりに、そのほかの罪を免責するよう検察側と交渉すること〕という選択肢も、考慮に入れた方がいいだろうな」。弁護士は肩をすくめ、そのように結論づけた。だが、スコッタに言わせれば、答弁取引など論外だった。自分は逃げも隠れもしない。無実を証明するために、正面から訴訟に立ち向かうのだ。スコッタに迷いはなかった。子どもたちとまたいっしょに暮らせることを、スコッタは確信していた。あのころの彼は、自分の正しさを信じて疑わない、向こう見ずな若者だった。だが、一九九八年に開かれた最初の数回の公判からもう、事態が悪い方向へ進んでいることは明らかだった。弁護団はドナーティの適格性にねらいを定めた。ダリオ、エリーザ、マルタの証言に、心理カウンセラーのドナーティが少なからぬ影響をおよぼしていることをほのめかし、本件のような複雑な事案を担当するには、彼女はあまりに若く、経験も不足していると主張した。さらに弁護団が強調して言うには、「マッサ・グループ（ガッリエーラ家、ローザ、アルフレード）」と「ミランドラ・グループ（スコッタ、自殺したフランチェスカ）」のあいだにどのようなつながりがあるのか、検察はなにひとつ明らかにできていなかった。

しかし、弁護団が築いたバリケードの向こう側では、戦時下の兵器工場が、次から次へと傍証を製造していた。まずは、ダリオの手になるスケッチだった。法廷で公開されたぞっとするような作品の数々は、少年が深いトラウマに悩まされていることの明白な証《あか》しだった。耐えがたい苦痛を受けたすえに、縛られたまま絶命した子どもたち。棺に閉じこめられた、あるいは、頭蓋がぺしゃんこになった子どもたち。短剣を握りしめた、耳のとがった怪物たち。背中から羽を生やしたヴァンパイア。その頭上の吹き出しに書きこまれた「アレス」の文字。

鑑定人の証言によると、少年は想像力に富むタイプではなく、「精神病の兆候も認められない」とのことだった。そして、ダリオの語りに認められる数々の欠落、逡巡《しゅんじゅん》、変心にもかかわらず、検察官のアンドレア・クラウディアーニは裁判官に、少年の言葉はたしかに信用するに足るものであると納得させた。「ダリオはおびただしい量の事実に言及しました。人物、場所、家族、住居、習慣、自動車、オートバイ、それらの色、さまざまな人物による詳しい活動内容と状況を明示したのです。恐慌に値する、数々の複雑な出来事について証言し、それらはたがいに整合性がとれています……さらにダリオは、オーラルセックスや男色行為、鉄や革を用いたサドマゾ的性行為、棺に子どもを閉じこめる悪魔的儀式などを強要されたと証言しました。すでに見てきたとおり、ダリオの証言にかんしては、これまで度重なる検証が行なわれています。各証言に相応の根拠があると考えられる以上、そこにいくつかの誤りが含まれていたからといって、証言全体が信用できないと結論づけるのは妥当でしょうか？」

ガッリエーラ家の人びとは潔白を主張しているが、そもそもこのような家庭に属す者の言うことなど、いったいどうやって信じろというのか？　地域保健所は一家のことをすっかり調べつくしていた。更生施設の指導員が聴き取り調査をした、マッサの極貧家庭に出自を持つ十四歳の少年によると、この少年はガッリエーラ家と知り合いで、一度だけ家を訪ねたこともあるという。そのときはパーティーのような催しが開かれ、参加者は酒をあおり、バルバラや母アドリアーナを相手に性行為に耽《ふけ》っていたらしい。少年はさらに、自分はアルフレードのことも知っており、この人物の「少女への偏愛」はつとに有名であると断言した。のちに、少年はみずからが語った内容の一切合切を撤回したが、そんなことは重要ではなかった。アルフレードとローザの家ではインスタントカメラが押収された。ダリオや小児性愛の現場を撮影した痕跡はなかったものの、プラスチック製の男根をもって卑猥なポーズをとっているアルフレードの写真なら何枚か見つかった。その男根は、アルフレードの私物から発見された。

アルフレードについて証言したのはダリオだけではなかった（もっとも、ダリオはその人物を「アレス」と呼んでいたのだが）。「ミランドラ・グループ」に属す、フェデリコ・スコッタの娘エリーザも、ヴァレリア・ドナーティとの面談のなかでアルフレードの名前に言及していた。三歳の少女による継ぎはぎだらけの語りによれば、父フェデリコ、友だちのマルタ、その母フランチェスカらといっしょに、少女はある家を訪れ、猫たちと遊び、画用紙いっぱいに絆創膏の絵を描いたという。エリーザがアルフレードの名を口にしたのは、その話をしている最中だった。不穏な兆候はまだあった。エリーザの養母の証言によると、彼女は以前、裸の男性を描いてみてくれとエリーザから頼まれたことがあった。さらに、エリーザが一時帰宅を終え、じつの両親（フェデリコとカエンペト）の家から戻ってくると、その臀部にはいつも赤みがさしていたという。事実、ミラノの医師――クリスティーナ・マッジョーニと、その同僚のマウリツィオ・ブルーニ――は、少女の臀部に不審な裂傷を確認していた。

被告がみな、「経済的な困難をはじめとして、さまざまな問題を抱えた家庭に属し、サブカルチャー的な文脈に容易に導かれうる深い欠乏状態にあった」ことを、裁判官は容易に察した。こうした人びとに、「市民的、文化的な規範に則ってみずからの行動を評価する能力が、じゅうぶんに備わっていない」ことは明らかだった。そのようなわけで、フェデリコ・スコッタとロマーノ・ガッリエーラによる、すべては社会福祉部の陰謀だとする叫びは、保身のための無益で痛ましい主張に過ぎないと判断された。じきに、無数の傍証がサイクロンを形づくり、共犯者もろとも彼らをなぎ倒すだろう。真実を偽り、明白な事実を否定しつづけてもむなしいだけだ。残る問題はふたつしかない。マッサとミランドラが二〇キロも離れていること。ガッリエーラ家、スコッタ夫妻、フランチェスカの交友関係が、依然としてはっきりしないこと。

マッサ・グループとミランドラ・グループのつながりを突きとめたのは、両者のいかがわしい過去を掘り返して検証を行なった、ミランドラ警察のアンティモ・パガーノ警部だった。警察署に保管されている資料を調べたところ、マルタの母親――性的暴行の罪を暴かれ、司法と対峙することから逃れるためにバルコニーから身を投げた、あのはかなげなナポリ女――は約二十年前、トラック運転手のたまり場になっているサン・ノロスペロの安酒場「バール・ブレンネロ」で、娼婦として働いていた。バールはとうの昔に閉店していたが、パガーノ警部はかつての経営者とコンタクトをとり、この店ですくなくとも二度、ドン・ジョルジョ・ゴヴォーニが食事をしていったという証言を引き出した。かくして、フランチェスカと神父が知り合いだった可能性が濃厚になった。事実、迫害者ジョルジョの家でフランチェスカを見たと、ダリオは証言していたではないか。捜査の網の目にかかるのが遅れたために、「トラックの司祭さん」はいまのところは、訴訟に巻きこまれていなかった。だが、それも時間の問題だ。いずれにせよ、検察と警察は、ドン・ジョルジョの動向につねに目を光らせていた。なにもかも、つじつまは合っている。裁判所は、心理カウンセラーのヴァレリア・ドナーティ、社会福祉部の責任者マルチェッロ・ブルゴーニ、「フランチェスコの会食室」の代表アンナリータ・フェッラーリ修道女らを、それぞれの立場にふさわしい能力を備えた、優れたバランス感覚の持ち主として評価していた。

一九九八年四月十日、槌を振りおろす音が六度響き渡り、裁判は結審した。ガッリエーラ家の三名（ロマーノ、アドリアーナ、長男イゴール）、ローザ、アルフレード、フェデリコ・スコッタは全員が有罪となり、懲役四年から十三年の実刑判決が下された。ダリオの両親（ロマーノとアドリアーナ）、および、エリーザとニックの両親（フェデリコ・スコッタとカエンペト）は、親権を喪失した。

「フレドーネ」ことアルフレードは相変わらず、ならず者にふさわしい不遜さをひけらかしていた。とはいえ、胸中はけっして穏やかではなかった。小児性愛の告発と、それに続けて言い渡された有罪判決は、彼の心に明白な傷痕を残していた。グラデーションの入ったサングラスをかけて町をぶらつき、些細《ささい》なことで隣人の鼻面《はなづら》に拳をお見舞いしていた強面《こわもて》のフレドーネも、気の置けない友人の前では、不安と憔悴《しょうすい》の色をあらわにした。彼のような男でさえ、かかる不名誉な烙印は、おいそれと受け入れられるものではなかった。くそったれ……たしかに俺は女好きだ……盗みもやるさ……だが、誓って言うが、子どもの体なんぞに興味はない。彼は友人の前で、そう吐き捨てた。それまでの人生で、フレドーネは数々の罪を犯してきた。しかし、子どもに手出ししたことはけっしてなかった。

第一審でフレドーネに懲役十三年の判決が言い渡されてから、およそ二週間後のことだった。フレドーネが暮らすマッサの家の隣人たちは、二階のバルコニーの手すりから、太くがっしりした男性の腕が飛び出ているのを発見した。バルコニーの床に倒れこんだフレドーネが、苦しそうに息をしている。現場に駆けつけた救急隊員は、玄関のドアを蹴破ってなかに入った。フレドーネは仰向けに横たわっていた。すでに脈はとまっている。フランチェスカの自死から七か月後、ふたりめの死者が出た。だが、ふたりでは終わらなかった。

第八章

バッサの小児性愛事件の裁判が結審する数週間前、一九九八年三月十六日の午前九時十五分、マッサ・フィナレーゼのカルロ・アルベルト・ダッラ・キエーザ小学校の校門前で、ミランドラからやってきた一台の車が停まった。車から降りてきたのはふたりの警察官と心理学者のヴァレリア・ドナーティ、それにソーシャルワーカーのマリア・テレーザ・マンブリーニだった。四人は校長が待つ校舎内へ入っていった。警察は校長に、三年B組のある女児生徒にかんする、親元からの隔離命令文書を提示した。校長は四名を教室に隣接した部屋へ案内し、栗色のまっすぐな髪の女児が出てくるのを待った。少女の名はマルゲリータ・ジャッコ。ふたりの教師に付き添われ、じきに少女は姿を見せた。

大人たちは二、三の言葉を交わし、それからドナーティとマンブリーニが、マルゲリータと話をするために腰をおろした。ふたりの女性は、この日は家に帰れないことを女児に説明した。大人たちがあなたのことを、安全な場所へ連れていく。あなたと、あなたの家族について、いくつか知らなければいけないことがあるから。

先生たちの励ましを受け、少女は胸が震える思いだった。「だいじょうぶよ、マルゲリータ。私たち、あなたをずっと待ってるから」。マルゲリータを乗せた警察の車両は、レッジョ・エミリア南部の小さな町に向けて出発した。そこには、社会福祉部がマルゲリータのために見つけてきた保護施設がある。施設を運営している夫婦は、「フランチェスコの会食室」の修道女とも関係が深く、里子の養育を天から与えられた使命のごとく考えていた。名前をララとジョヴァンニといい、どちらも五十二歳だった。

夫妻は二階建ての大きな家を所有しており、そこに、マルゲリータよりも年長の子どもたちが暮らしていた。夫のジョヴァンニは、定年を間近に控えた学校教師だった。妻のララは、家の子どもたち――血のつながった子どもと里子の双方――の面倒を見るために、専業主婦として家政をきりもりしていた。あらゆる年代の、さまざまな問題を抱えた子どもたちを育ててあげてきたララだったが、マルゲリータを預かることには難色を示していた。基本的に、新しく子どもを受け入れるときはいつも、段階的な手続きを踏むことになっている。新しい家庭の一員となるにあたって、子どもたちの心理的な負担を可能なかぎり軽減するためだ。ところが今回のケースでは、事前の通知もなにもなしに、唐突に六か月間の養育を要請されたのだった。当初、ララはこう言っていた。「だめです。むりです。申し訳ありませんが」。里子の養育を始めてからすでに約二十年が経過し、ララも夫も、絶え間ない家族の入れ替わりに疲れを覚えはじめていた。そろそろ保護施設の活動も控えめにしようかと、このごろはよく話し合っていた。夫妻のそんな思いなどお構いなしに、地域保健所は要請を出してきた。今回は緊急の案件だという。せめて一か月だけでも預かってもらえないだろうか？「わかりました。一か月なら、引き受けましょう」。期間は一か月きっかり。それ以上は対応できない。ララが受け入れをためらうのは、件《くだん》の少女の背景にある事情が、相当に厄介に思えたからでもあった。数日前、社会福祉部の職員二名が、ララのもとへ説明に赴いていた。それによると、いまだ検証は済んでいないものの、マルゲリータが大人たちに打ち明けた内容は、性的虐待の可能性を強く疑わせるものだという。しかし、実際に受け入れを開始し、最初の数日間が過ぎたころには、ララは安堵のため息をついていた。マルゲリータは穏やかで明るい性格だったし、この拡大家族のもとでの生活を気に入っているようだった。ヴァレリア・ドナーティはただちに、オフィスでの面談の日程を組み、養母にたいしては、マルゲリータの言うことに注意深く耳を傾けてほしい、むしろ、彼女が口を開くよう積極的に促してほしいと要求した。これまでのところ、少女と心理カウンセラーの面談は、快調に進んでいるとは言いがたかった。

隔離から一週間後、季節外れの雪が降った春の一日、ララはマルゲリータを連れて、婦人科医クリスティーナ・マッジョーニが待つミラノへ向かった。車のハンドルを握る養母の胸には、不安が渦巻いていた。出発前、ドナーティ、そしてソーシャルワーカーのマンブリーニは、少女に直截《ちょくせつ》な質問を投げかけていた。「あなたは、自分が大人たちに悪さをされたと思う?」。少女の答えは、疑念を抱かせるに足るものだった。「わたし、わかんない」。マッジョーニ医師は親切で丁寧な女性だった。マルゲリータがリラックスできるよう、あれこれと配慮してくれた。診察で使う「望遠鏡みたいな」道具を見せ、優しく、ゆっくりと、少女に抵抗されることもなく検査を進めていった。だが、診察が終わるなり、マッジョーニは少女に顔を近づけてこう言った。「大人はあなたを傷つけた。でも、安心して。そのせいで、あなたの未来が台なしになることはない。あなたはちゃんと、子どもを産める」

車に戻り、ボローニャ方面に伸びる高速道路に乗ると、ようやくマルゲリータは緊張をゆるめたようだった。ララは一度、サービスエリアに車を停めた。暖かな車中にマルゲリータを残して、雪降りしきるなか、少女のために食べものを買いにいく。食事を終えると、車はふたたび出発した。その数分後には、マルゲリータは深く寝入ってしまった。この一週間のストレスと不安は、少女の心に相当な圧力をかけていたに違いなかった。

それまでの二か月間、ミランドラ社会福祉部、ボローニャ少年裁判所、そしてモデナ検察の三者は、本件について慎重に調査を進めていた。事の起こりは、一九九八年一月二十二日の午後零時十五分、マッサ・フィナレーゼの小学校の廊下で交わされたある会話だった。授業の終わりを知らせるベルが鳴ったあと、校舎の入り口に立っていた三年B組の担任に、ある女児生徒の母親であるアントニアという女性が話しかけた。娘のクラスメートにかんする、きわめて重大な相談事があるため、ふたりきりで話をしたいという。アントニアの娘とそのクラスメートは、よくいっしょに遊ぶ友人同士だった。ふたりとも、ヴォルタ通りに立つ公営住宅の、同じ建物に暮らしていた。タニア（アントニアの娘）が三階、マルゲリータが二階だった。だが、しばらく前からタニアは母親に、マルゲリータの奇妙な振る舞いについて話すようになっていた。マルゲリータはよくビッグジムとバービーの服を脱がせ、人形をいやらしい姿勢で重ね合わせて、うめき声をあげたり、およそ九歳の少女には似つかわしくない言葉を発したりした。兄が恋人とオーラルセックスをしているのを見たという話まで、マルゲリータはタニアに語って聞かせていた。アントニアは不安になった。いったいこのクラスメートは、どんな家庭で生活を送っているのか？　マルゲリータはしょっちゅうタニアのうちで食事をごちそうになり、朝はいつもタニアといっしょに、タニアの家の車で学校に送ってもらっていた。それでも、少女がどんな家族と暮らしているのか、アントニアはほとんどなにも知らなかった。

こうして彼女は、マルゲリータの母親マリアに、この件について話してみようと決心した。だが、アントニアがいくら懸念を伝えても、マリアは軽く受け流すばかりだった。マルゲリータは父母の寝室の大きなベッドで寝ることが多いのだが、父サントには、夜遅くまでビデオを見る習慣がある。おおかたあの子は、テレビの画面を横目で盗み見たのだろう。別に大騒ぎするような話ではない。しかし、アントニアはその説明に納得がいかず、今度は学校の教師を相手に同じ話を繰り返した。そして、教師は教師で、本件をジョヴァンニ・マッカフェッリ校長に報告した。

校長はジャッコ家のことをよく知っていた。このあたりには、ジャッコ家と同様に、カンパニア州にルーツをもちながら、マッサに移り住んでもう何年にもなる家庭が多く見られた。マッカフェッリ校長の小学校には、そうした家庭の子どもたちが何人も通っていた。だが、マルゲリータの名前を覚えている理由はそれだけではなかった。いまから三年前の一九九五年、マルゲリータが第一学年の生徒だったとき、少女は入学早々に学校を休みがちになり、欠席日数を高々と積みあげていった。校長は両親を学校に呼び出した。しばらく入院していたとか、何度も引っ越しをして娘を学校にやる余裕がなかったとか、両親はあれこれ言い訳を並べた。年度末、マルゲリータの出席日数は正規の日数の半分にも届かず、少女は第一学年をやりなおさざるをえなくなった。その後も状況はさしたる改善を見せなかった。むしろ実情は反対だった。無断欠席がやむ気配は一向になく、マルゲリータの学習進度はどんどんと遅れていった。

担任からの報告を受けたマッカフェッリ校長は、社会福祉部の責任者マルチェッロ・ブルゴーニにあらためて連絡をとった。少女を取り巻く状況を検討した地域保健所は、「当該の児童は文化的な欠乏状態にあり、言語、学習能力の発達に問題を抱えている」と結論づけた。マルゲリータはナポリ方言でしかコミュニケーションがとれなかったため、授業のあいだは補助教員が隣の席に坐っていた。ある隣人が打ち明けたところによれば、ジャッコ家には晩にパブに通う習慣があり、そこにマルゲリータも連れていっているということだった。パブでは「ゲイの」歌手がショーを披露するのだが、マルゲリータの父はこの歌手に、下着をプレゼントしたことがあるらしい。朝の七時に起床して登校の準備をするのは、宵《よい》っ張《ぱ》りのマルゲリータにとってたいへんな苦行だった。父や母といっしょにベッドで遅くまでビデオを見ているという話だが、それがどんな内容なのかわかったものではなかった。隣人の娘と遊ぶときは、兄の「ピストル」について語ったり、「愛の言葉」を教えたりした。

マッカフェッリ校長はこのような事情を踏まえ、ミランドラ警察署に宛ててレポートを作成した。そのなかで校長は、「マルゲリータはよく、両親や兄といっしょに自宅でアダルトビデオを視聴している」旨を強調した。そのレポートは最終的には、ダリオ、エリーザ、ニック、マルタに暴行を加えた小児性愛者を相手に訴訟に臨んでいる、モデナ検察のオフィスにたどりついた。またしても、マッサ・フィナレーゼから新たな懸念が報告されたわけだ。だが、捜査官が関心を引き寄せられた理由はそれだけではなかった。ジャッコ家は、ヴォルタ通りの公営住宅に暮らしていた。それはまさしく、あのガッリエーラ家が、一九九三年に立ち退き命令を受けるまで暮らしていた場所だった。小さなダリオは、人生の最初の数年を、ジャッコ家のすぐそばで過ごしていたのだ。ジャッコ・サントとガッリエーラ・ロマーノは、同じ集合住宅の隣人だったことになる。当然、両者は顔見知りだったに違いない。アンティモ・パガーノ警部は捜査を開始した。

サントとマリアのジャッコ夫妻は、一九七六年にナポリ県からバッサへ移住した。サントはアフラゴーラ、マリアはカサヴァトーレの生まれだった。どちらも、貧困とカモッラ〔ナポリを根城とする強大な犯罪組織〕が我が物顔でのさばる土地だ。ふたりが知り合ったのは、マリアが十三歳、サントが十七歳のときだった。付き合いはじめてから二年後、マリアは親元を逃げだして、サントの両親の家に身を寄せた。両家の親はあわてて顔合わせの場を設け、ただちに結婚式の準備を進めるよう手配した。十六歳で、マリアは早くもひとりめの娘を身ごもった。マリアが二十歳のとき、夫妻は明るい未来を求め、モデナ行きの列車に乗った。

エミリア・ロマーニャに到着すると、取っ手のような大ひげを生やしたサント青年は、すぐにれんが積み工として働きはじめた。やがて、青年は小さな工務店を設立した。事業は順調で、すこしは懐に余裕も生まれた。ただ、ジャッコは競馬に入れあげており、賭け事にかかわる出費が家計の重い負担となっていることも事実だった。黒髪で小柄のマリアは、一日の大半を家に閉じこもって過ごしていた。誰か付き添いの者がいなければ、けっして外出しようとしなかった。ひとりでは道に迷い、右も左もわからなくなって、気が動転してしまうからだ。車は運転せず、自転車にも乗らなかった。そもそも、家族がひとり、またひとりと増えていくなかで、やるべきことは屋根の下にいくらでもあった。故郷から遠く離れたポー平原のど真ん中に、ジャッコ夫妻は見事、極小のナポリを再現してみせた。子どもと若者でごった返すこの家の会話では、基本的にナポリ方言しか使われなかった。マルゲリータは一九八九年、六人きょうだいの末っ子として生まれた。両親はこの娘を、ほかの誰よりもかわいがった。夫婦の大きなベッドで寝たがる娘を、マリアは快く受け入れた。マルゲリータが小学校に通う年齢になると、読み書きの勉強を一度もしたことのないこの母親は、末っ子にもほかの子どもたちと同じようにさせることにした。つまり、学校には、時間に余裕があるときだけ、本人が行きたいときだけ通わせることにしたのだった。朝早くの起床を強《し》いることが忍びなく、マリアはよく、娘を遅くまで寝かせておいた。欠席日数が積みあがっていくことも、教師の心象を悪くすることも、マリアはとくに気にかけなかった。

ジャッコ夫妻のそのほかの子どもたちは、すでにみな大きくなっており、なかには自分の子どもがいる者までいた。マルゲリータの兄のなかには、軽微な犯罪を犯した経験がある者がひとりだけいた。この兄の一件を別にすれば、一家はこれまでなにひとつ、警察に目をつけられるようなことはしてこなかった。

ところが、ミランドラ警察はいま、この家のなかでなにが起きているのかを知ろうとしていた。なかでも気になるのは、ジャッコ家の隣人が学校の教師に話したビデオの内容だった。そこで警察は一計を案じた。校長からのレポートを受領した一か月後、昼食を終えて間もない時間帯に、警察はジャッコ家が暮らす公営住宅へやってきた。サントはちょうどシャワーを浴びてバスルームから出てきたところだった。洗面台の鏡越しに、中庭を横切っていく警察官の姿が見えた。窓から外を覗くと、表の通りに五、六台のパトカーが停まっていた。誰か自殺したかな。ジャッコはすぐにそう考えた。ところが、警察は彼の家の呼び鈴を鳴らした。刑事が言うには、サントとマリアに、ある強盗事件に関与した嫌疑がかけられているとのことだった。

「あなたが店に入っていって、奥さんが運転席で待っているのを見たという目撃証言があるんです」

気の触れた人間でも見るような目つきで、サントは刑事たちの顔を凝視した。

「映画の見過ぎなんじゃないか？　俺の妻は免許ももってないんだぞ」

刑事はいっさい取り合おうとしなかった。家宅捜索が、自分たちのなすべき仕事だ。「ジャッコさん、火器はどこですか?」。刑事のひとりがそう尋ねた。

「俺は土建屋だ、鉄砲職人じゃない」。アフラゴーラ生まれのれんが積み工は、得意の皮肉をせいいっぱい利かせて反駁《はんばく》した。

「軽口を叩いても、どうにもなりませんよ」

しかしサントは、家捜《やさが》しが終わるのを待つあいだ、一部の刑事がビデオカセットを押収していることに気がついた。そのほとんどは、マチステ、エルコレ、サンソーネといった、古いアクション映画やスペクタクルの類いだった。こんなもの、強盗となんの関係があるんだ? ガレージに積まれていたビデオのなかからは、裸の女性がパッケージに印刷された一本が見つかった。それは自分のビデオだと、サントの息子のひとりがすぐに警察に説明した。父親は肩をすくめた。この手のビデオのひとつやふたつ、どんな家にだってあるだろう。それにしても不可解だった。アダルトビデオと誘拐のあいだに、いったいなんの関係がある? 二時間後、サントはミランドラの警察署に連行され、夜遅くに帰ってきた。だいじょうぶ、警察もじきに、とんだ取り違えであったことに気づくだろう。

一か月後、末っ子のマルゲリータが文字どおり学校から消えてしまったとき、両親がこれらふたつの出来事を結びつけて考えることはなかった。むしろ、はじめのうちジャッコ家は、誰かがマルゲリータを誘拐したのだと確信していた。やがて、心理学者とソーシャルワーカーがやってきて、次のように説明した。予防措置として、マルゲリータは親元から引き離されることが決まりました。夫妻は今後、週一回、市の職員との面談に出席する必要があります。サントとマリアには、なにがなにやらわからなかった。とくにわからないのは、心理学者がしきりに口にする耳慣れない言葉だった。しょにせーあい？　しょーにせーあい？　いったいどんな意味なのか、見当もつかなかった。

「子どもに性的な暴行を加えることです」。心理カウンセラーは説明した。

サント・ジャッコは、納得がいかない様子だった。「そういうのは、〈変態〉と言うんだと思ってたが……」


晩春のとある夕方、夕食を終えたララとマルゲリータは、施設内の小さな部屋で、ふたりきりで顔を合わせていた。少女がこの家に暮らしはじめて、すでに二か月が経過していた。自分を受け入れてくれた、この優しく穏やかな女性に、マルゲリータはすこしずつ信頼を抱くようになっていた。そしてとうとう、ふたりきりで話がしたいと、ララに頼みこむまでになったのだった。マルゲリータは告白した。前に一度、誰かから、乱暴を振るわれたことがある。フィナーレ・エミリアのバールにいた人。マルゲリータの兄がバールの上階に暮らしているので、両親は彼に会うためによくこの店に通っていた。兄の家にあがるとき、両親はときおり、マルゲリータをバールに残して店のゲーム機で遊ばせていた。ひとりきりで。あるとき、男性がマルゲリータをトイレに連れていき、彼女の体の下の方を触ってなにかをした。

「その男の人は、誰だったの？」。ララが訊いた。

「コーヒーをもってきてくれる人」

なら、おそらくはバリスタだろう。それで、バールの名前は？

「覚えてない。〈塔《トッレ》〉かな……〈城《カステッロ》〉だったかも」

ララはモデナ県の電話帳のページを繰った。フィナーレ・エミリアの、バールの項目に目を走らせる。〈王の宮廷《ラ・コルテ・デル・レ》〉という店がある。

「そう、そう、そこ！」。マルゲリータが言った。

ララは狼狽を抑えつつ、自分の身に起きたことをすべて書き出すようにマルゲリータに言った。ひょっとしたら、細部を思い出すための手助けもしたかもしれない。マルゲリータはまだ、すべてを話したわけではない。ララには、それを聞き届ける責務がある。

「自分の父親にかんして、言いたくないこと、言えずにいることがあるはずです」。心理カウンセラーのドナーティは、何度目かの面談の終わりに、ララに向かってそう言った。「もし、それをあなたに打ち明けるようなことがあれば、その内容を私にも伝えてください」

かくしてマルゲリータは、トイレで悪さをしてきた謎の男が、彼女の父親、サント・ジャッコと話しているのを見たことを、自身の日記に書きつけた。マルゲリータは父親が怖かった。以前、母親が不在で、寝室に父親とふたりきりだったとき、アダルトビデオを見せられたこともある。こうした理由、そして、いまはまだ口にできないそのほかの理由から、少女はもう父親に会うことも、ほんとうの家族のもとに戻ることも、ぜったいにいやだと思っていた。


マルゲリータが受けた性的暴行にジャッコ家の誰かがかかわっているという証拠はなにひとつなかったが、それとても、時間と忍耐が解決するであろう問題だった。ミランドラの市職員にはよくわかっていた。子どもはいつもそうなのだ。暴行を受けた直後は、数週間または数か月、心理的な殻に閉じこもる期間が続く。重い口を開くまでに、マルゲリータは二か月、ダリオは三か月、マルタにいたっては半年を要した。これはまったく正常なことであり、いぶかしむ理由はどこにもない。被害者の子どもたちは、逆しまの世界を生きることを余儀なくされた。

というのも、子どもたちの恐るべき敵は、本来であれば彼らを愛し、守ってやらなければいけないはずの人びとなのだから。すでに子どもたちは、正しいことと間違っていることを、はっきりと区別できる年齢には達している。しかし、わが身に起こったことを理解し整理するための、理性的、感情的な能力についていえば、まだまだ未発達の部分がある。

大事なのは、子どもたちと共感《エンパシー》を抱き合うこと。何週間も何か月も、粘り強く面会を重ねること。思い出して語ることを子どもたちに促せる立場にある人びとと、友好的な関係を構築すること。それができれば、「知らない、わからない、覚えていない」という、言葉と身振りによるメッセージからなる堅牢な壁に、かならず穴を穿《うが》つことができる。大人がすべきは、耐えること、問いを重ねること、子どもたちの内心を見つめること、真実を語る勇気と力を見いだせるよう、子どもたちを助けることだ。それは言い換えれば、自由になるための、より良く生きるための勇気と力だ。あるいは、ときにそれは、忘れるための勇気と力でもあるかもしれない。大人は問いかけをやめてはならない。あるときは優しく、あるときは決然と。しかし、いずれにせよ、粘り強く。やがて、子どもはおずおずと、ほとんどささやくようにして、最初の打ち明け話を聞かせてくれるだろう。こうして、恥ずべき、おぞましい物語が明るみに出る。地域保健所のカウンセラーの前では善良な一市民を装うことに余念がなかった親たちの、ほんとうの姿が暴露される。このやり方は専門家のあいだで、「段階的な打ち明けの技法」と呼ばれている。アメリカの「児童研究所」や「児童への暴行およびネグレクト研究センター」といった研究機関で、この手法は日常的に利用されている。心理学者たちはこの手法を使って、何百という連続暴行犯を特定してきた。

忘れてはならないのは、ヴァレリア・ドナーティの存在だった。ほんの四年前、研修生として地域保健所に入所したばかりの三十歳の心理カウンセラーは、凡百の専門家には望むべくもない、類いまれな資質を備えていた。まだ若く、経験も乏しいにもかかわらず、ドナーティは人の心や状況を瞬時に読みとることができた。そうして彼女は、沈黙――「ある種の沈黙」とドナーティが呼ぶところのもの――の背後に、強靭な魂だけが踏みこむことのできる暗がりの世界が隠れていることを直観するのだ。

今回の小児性愛事件が発覚したのも、大部分は彼女の功績と言ってよかった。ダリオ、エリーザ、ニック、マルタ、そして今度はマルゲリータが、ドナーティのおかげで、新しい安全な人生を獲得した。子どもたちは将来、けっして諦めずに真実を追求しようとしたドナーティの不屈の意志を、心からの感謝とともに讃えるだろう。たとえ、子どもたちの両親から、傲慢だとか、虚言症だとか、なんらかの個人的見返りのためにありもしないことを子どもたちに語らせたのだとか非難されたとしても、マッジョーニ医師が女児たちに行なった診断の結果に照らせば、人として、研究者として、ドナーティが卓越していることは明らかだった。いままでは子どもたちは彼女のことを、「ヴァレリアのお姉ちゃん」と呼んでいた。「ヴァレリアのお姉ちゃん」は、子どもたち一人ひとりの心の扉を開く方法を知っている、マスターキーのような存在だった。ヴァレリア・ドナーティは、子どもたちの無意識の暗がりへ忍び足で近づき、このうえなく繊細な手つきでトラウマを触知し、防衛機制や抑圧のメカニズムを解除し、そうして子どもたちを解放し、心の負担を取り除くのだった。

モデナ検察にとってドナーティは、勇気ある専門家にして恩人だった。訴訟で全面的な勝利を得られたのは、ドナーティから提供された証言があったからこそだった。モデナ裁判所の裁判官は判決文のなかで、ドナーティの「能力とバランス感覚」を称賛した。子どもたちの証言は、裁判所付きの専門家が、「クライテリア・ベースド・コンテント・アナリシス〔基準にもとづく内容分析〕」という手法を用いて鑑定した。これは、発言の整合性、自発的な修正や言い足し、自己にたいする非難、語りのうちに認められる現実性を帯びた細部（たとえば暴行を受けた瞬間の身体感覚）の分量など、一連の指標にもとづいて、被害者の証言の信憑性や純粋性を判定するのに利用される手法だった。ここでもやはり、ドナーティによって提出された解釈は正確であることが認定された。

マルチェッロ・ブルゴーニはドナーティを中心に、心理学者とソーシャルワーカーのチームを編成した。少年裁判所、検察、警察はこのチームと共同戦線を張り、小児性愛者を巣から狩り出すべく奔走した。ひょっとしたら、イタリアの、そしてヨーロッパのどこかの都市で暗躍している、真の黒幕までたどりつくことができるかもしれない。強力な秘密組織による資金援助を受けた犯罪者の一味が、バッサのような田舎の路地にまで触手を伸ばしてきたという筋書きが、徐々に現実味を帯びてきた。

ベルギー発の犯罪報道が、こうした疑惑に正当性を与えていた。その二年前の一九九六年二月、ベルギー国民はマルク・デュトルーの蛮行を知ったばかりだった。十一人の少女を凌辱《りょうじょく》した廉《かど》で、デュトルーは妻ともども逮捕された。被害にあった少女のうち、四名は死亡した。マルシネル〔ベルギーの自治体。事件当時のデュトルーの居住地〕の怪物のニュースは世界を駆けめぐり、事件の詳細が明らかになるにつれ世論は震撼した。すでに一九八五年、デュトルーは五人の未成年を誘拐し暴行した容疑で逮捕されていた。一九八九年に、裁判所が禁固十三年の判決を下したにもかかわらず、デュトルーは一九九二年に釈放された。再逮捕にいたる前、警察は一度ならず明白な兆候を見過ごし、本来なら救えたであろうふたりの少女の命が失われた（このふたりは餓死した状態で発見された）。警察当局の対応は、表面的で穴だらけの、その場を取り繕うだけのものに終始した。警察のこうした態度を目の当たりにした国民は、あるまっとうな疑念を抱かずにはいられなかった。この常軌を逸した犯罪行為の共犯者や首謀者が、当局の内部に隠れているのではあるまいか……？　デュトルーの逮捕から数か月後、正当な裁きを求めて、約三十万人もの市民がブリュッセルの広場を埋めつくした。人びとはデモ行進しながらこう叫んだ。イル・ソン・パルトゥ、ドゥマスコン・レ！「やつらはいたるところにいる、本性を暴いてやれ！」

この大事件はイタリアでも、一九九七、九八年を通じて、新聞の紙面を賑わせていた。とくに、またもベルギーで、三百四十人の子どもが巻きこまれた別の事件が明るみに出たときには、デュトルーの記憶が強烈に喚起された。小児性愛者の危険性に社会が気づきはじめたこの時期、世界の検察や政治関係者は、もうひとつの脅威に直面していた。インターネットの出現と並行して、オンラインチャットと非合法ポルノサイトが誕生し、あらゆる年齢の未成年の画像や動画が広範に売買されるようになったのだ。インターネットの登場以前、児童ポルノはＶＨＳの形態で、閉じられたサークルの内部でのみ流通していた。それがいまや、ますます多くのユーザーにとってアクセス可能な状況が生まれ、コンテンツの提供者は指数関数的に増加していた。新聞はことあるごとにこの件について報道した。ミラノ検察は小児性愛者との戦争に臨むために、ピエトロ・フォルノ検事の主導のもとに戦線を構築し、北イタリアの多くの検察がミラノに続いた。

そのあいだ、フィナーレ・エミリアでは、マルゲリータを暴行した男を特定すべく、警察が精力的に動いていた。男はいつも、耳まで届く奇妙な帽子をかぶり、まわりからは「ジュリー」と呼ばれていたという。

第九章

一九九八年の夏、イタリアをはじめとするヨーロッパの大部分は、例年にない熱波の襲来を受けていた。七月二日は、まさしく焼けるような暑さだった。各地の温度計が、いままで見たことがない数値を示した。サッカーの世界にとっても、それは灼熱の一日だった。フランス・ワールドカップの準々決勝、ホスト国フランスとイタリアの試合が始まる瞬間を、人びとはいまや遅しと待ち受けていた。

この日の午前九時半ごろ、マッサ・フィナレーゼからほど近いパヴィニャーネの田舎家で、電話がしつこく鳴り響いた。ジュリアーノ・モルセッリが受話器をとった。ジュリアーノは窯《よう》業《ぎょう》所の工員として働く、三十七歳の男性だった。受話器の向こうからは女性の声が聞こえてきた。ミランドラの地域保健所で、未成年課の責任者を務めているベナーティだった。

「モルセッリさん、明日の面会を早めることになりました。すみませんが、娘さんといっしょに、今日の午前にいらしてください。お待ちしています」

ジュリアーノはため息をついて、娘のクリスティーナを呼んだ。額がとても広く、大きな丸い眼鏡をかけた、八歳の栗毛の少女だった。

「行くぞ。俺たちのこと、ミランドラで待ってるらしい」

少女はただちに事態を察した。泣きながら自室に駆けこみ、ベッドの下に隠れようとする。「ほら、出てこい」。父親はなんとか娘を説き伏せようとした。だが、クリスティーナは動かなかった。ベッドの下で泣いている。いくら言っても聞かないので、最後は腕をつかんで引きずり出した。ジュリアーノも泣いていた。

パヴィニャーネからミランドラまでは、車で十五分の距離だった。道中、ジュリアーノ・モルセッリとその妻モニカ・ローダは、娘の不安を取り除くよう心を砕いた。お父さんとお母さんには、解決しなければいけない問題がある。だから、ミランドラの社会福祉部はすこしのあいだ、クリスティーナを別の家庭に預けることに決めた。でも、すぐに家に戻れるはずだ。問題が解決するまでのあいだも、お父さんとお母さんは、会いたいときはいつでもクリスティーナに会いにいける。ジュリアーノはそう説明した。

ジュリアーノとモニカの夫妻は、どちらもマッサ・フィナレーゼの生まれだった。結婚して十年になるが、しばらく前から折り合いが悪くなっていた。子どものころに髄膜炎《ずいまくえん》を患って以来、モニカはずっと虚弱体質で、いまも健康上の問題や精神的な不安に悩まされていた。長女クリスティーナのあとに、モニカは妊娠七か月でリッカルドを出産した。この息子は生まれつき精神運動の遅れを抱えていた。産後、モニカの体調はなかなか回復しなかった。それまでは散発的だった癲癇《てんかん》の発作が頻発し、ますます程度がひどくなった。突然に興奮にとりつかれ、ときにはクリスティーナに当たり散らした。モニカは不安だった。夫が工場で働いているあいだに、また発作に襲われたらどうしよう？　モニカとクリスティーナがふたりきりで家にいるとき、一度そういうことがあったのだ。それにいまは、つききりで世話をしなければいけないリッカルドもいる。そこで夫妻は、ジュリアーノの母であるリーナに、リッカルドを預けることにした。

それから、モニカはクリスティーナを連れて自分の母親のもとに移り住んだ。ふたりが家に帰ってくるのは週末だけだった。この選択は、少なからぬ軋轢《あつれき》を生んだ。ジュリアーノはいまの状況も、姑《しゅうとめ》のことも憎んでいたが、向こうは向こうで、ジュリアーノのことを嫌っていた。彼としては、モニカと娘にはもっと長いあいだ、パヴィニャーネの自宅で過ごしてもらいたかった。だが、日に日に悪化する妻の健康状態を考えるなら、現状を受け入れざるをえなかった。一家を悩ませているのは夫婦間の問題だけではなかった。クリスティーナは言語運用に難があり、ミランドラの小児神経精神医学課に支援を頼んでいた。

言語療法のプログラムを担当するヴェロネージ医師は、家庭環境が少女に強い心理的ストレスを与えていることに、早い段階から気がついていた。おそらく、母親の態度に起因するところが大きいのだろう。弟のリッカルドが生まれ、母親が赤ん坊の世話で手いっぱいになると、クリスティーナの心の動揺は目に見えて深刻になった。自分はもう、誰からも必要とされていないのではないか、誰からも愛されていないのではないかと、クリスティーナは医師の前で不安を吐露した。そこで、ヴェロネージ医師は言語療法を中断し、同僚のエンマ・アヴァンツィに少女を託すことにした。診断書には次のように書きこんだ。「ネグレクトの経験と漠然とした不安により、憂鬱性の強い心理的苦痛を感じている」

アヴァンツィは注意深く少女と向き合った。当時のメモには、クリスティーナには「生気がない」と記してある。率先してなにかをしようという気がなく、いつも悲しげで、ひとかけらの自尊心も持ち合わせておらず、自分を不細工だと思っている。面会の際は、ときおり「奇妙な」振る舞いにおよぶことがある。興奮し、体を動かす欲求に駆られ、トイレに行かせてほしいとひっきりなしに要求してくる。カーペットのうえでおもちゃで遊ぶときは、ほかの子どもとは違う姿勢をとる。クリスティーナはたいてい、「足を広げて」遊ぶのだ。おまけに、少女はおもちゃをいじくりながら、ひどく奇妙な物語を語って聞かせた。それは怪物がたくさん登場する、苦悶に満ちた物語だった。『ヘンゼルとグレーテル』よろしく、ふたりの子どもが魔女につかまり、危うく食べられそうになってしまう。だが、クリスティーナの物語は、「いつまでも終わらなかった」。奇跡のような解決にも、前向きな結末にも、けっしてたどりつくことがなかった。

アヴァンツィ医師は、問題の原因は少女の母親にあると推定した。突発的な怒りや、幼い赤ん坊への過剰な配慮を背景に、母モニカはクリスティーナをないがしろにしているのだ。クリスティーナは母親よりも、父親になついているようだった。だが、父親について話すときの姿勢や表情を観察するかぎり、少女はなにかを隠していた。父親がプレゼントをくれたことや、『タイタニック』を観に映画館に連れていってくれたことを話すときも、クリスティーナの口調はすこしも熱を帯びなかった。だが、なによりもアヴァンツィを不安にさせているのは、すでに一九九八年の春を迎え、クリスティーナが神経精神医学課のプログラムに通うようになってから二年がたつというのに、状況になんの進展も認められないという事実だった。むしろ、状況は相当に悪化していた。ふつうの子どもは、宗教や公教要理《カテキズム》の授業中に、いきなり取り乱して泣いたりしない。ふつうの子どもは、レゴの家を舞台にして、怪物や悪い両親の物語を創作したりしない。クリスティーナが作るレゴの家では、三つのベッドがすべてつなげられ、家のなかに柵があり、「おしっこ」をしたり「うんち」をしたりする人がいて、床のうえに血の跡があり、住人は「カニューレやストロー」を常用している。そして、レゴの家でクリスティーナがシャワーを浴びていると、父親が彼女のことを、おかしな目で見てくるのだった。

アヴァンツィ医師は社会福祉部の知人に助力を求めた。そうして紹介されたのが、新進の心理カウンセラーであるヴァレリア・ドナーティだった。ドナーティの評判は、アヴァンツィも耳にしたことがあった。マッサとミランドラの子どもたちをめぐる事件で、大きな功績を立てた女性だ。かくして、アヴァンツィはクリスティーナのことを彼女に話した。この少女は、知能に欠陥があるのではない。精神病者ではないし、気が触れているわけでもない。それでも、少女を前にしたときのアヴァンツィの困惑は大きく、同業者のドナーティに助けを請わずにはいられなかった。「この仕事に就《つ》いて十六年になりますけど、こんなケースはいままで一度もなかったんです。どう思いますか?」

協議のすえ、クリスティーナを一時的に別の家庭に預けることが、最良の選択だろうという結論が出た。家族から干渉を受ける心配のない、中立的な環境に少女を移してやることで、より適切に状況を判断できるようになるはずだ。

ミランドラの地域保健所に到着すると、父、母、娘の三人は、すぐに未成年課に案内された。ジュリアーノは室内を見まわした。これから数日のあいだ娘の面倒を見ることになる家庭と、ここで面談する予定なのだ。だが、室内には誰もいなかった。夫妻はモニカ・ベナーティのオフィスで、何枚かの書類にサインさせられた。そのあいだクリスティーナは、別の部屋で遊んでいた。夫妻がベナーティの部屋を出ると、クリスティーナはすでに連れていかれたあとだった。いったいなにが起きたのか、モルセッリ夫妻はすぐには理解できなかった。それから、地域保健所の廊下で、ジュリアーノの母親であるリーナに会った。リーナは泣いていた。赤ん坊のリッカルドともども、彼女も保健所に呼び出されていた。医師の診察があるとかいって、保健所の職員はリッカルドを連れ去った。どうやら事態は、思っていたよりずっと深刻なようだった。

七月二日、クリスティーナは近隣の自治体に暮らす家庭に預けられた。母親役を務めるのは、市民活動家のジルダという女性だった。ジルダはすぐに、クリスティーナがさまざまな問題を抱えた少女であることに気がついた。はじめに、少女の髪の毛にショックを受けた。ずいぶん前から洗髪していないらしく、まるで油でも塗ってあるように見えたのだ。全体的に不健康そうで、ろくに面倒を見てもらっていない印象を受けた。衛生観念や食事の作法など、他人と共同生活を送るうえでの基本的なルールを、ほとんど身につけていなかった。家のなかでも、男性に裸を見られることを極度に嫌がり、着替えるときは部屋のなかに閉じこもった。夜はよく悪夢にうなされ、ときおりジルダに、父ジュリアーノの夢を見たと語って聞かせた。夢のなかで、彼女は父親に暴行され、体の下の方を触られたという。そのあいだ、母モニカは部屋の扉の向こう側に立って、聞き耳を立てているらしい。数日後、ソーシャルワーカーが彼女をミラノに連れていき、婦人科医クリスティーナ・マッジョーニの診察を受けさせた。その結果、心理カウンセラーの疑念が裏づけられた。そこには「しるし」があった。クリスティーナもまた、大人から「悪さ」をされていた。

ジュリアーノとモニカには、なにがどうなっているのかわからなかった。子どもたちがどこにいるのか、どうすれば会いにいけるのか、いつ戻ってくる予定なのか、誰もなにも教えてくれなかった。引き離しから数日後には、ボローニャ少年裁判所から通知が届いた。それによると、クリスティーナにたいして「家庭内できわめて有害な行為が繰り返されていた」懸念があるため、今後二か月間、両親の親権が停止されるとのことだった。クリスティーナとリッカルドは、それぞれ別の家庭に預けられているとも書かれていた。

　こうして、ジュリアーノは姉のロレーナに助けを求めた。ロレーナは、モルセッリ家の五人兄弟のうち、二番目の年長者だった。ジュリアーノは三番目で、ロレーナの十九か月あとに生まれてきた。歳の差はわずかでも、性格はまったく違った。子どものころから、ロレーナはつねにほかの兄弟を支配する立場にあった。母リーナと父エンツォが、工場に働きにいっていたり畑で果物を収穫していたりして不在のとき、物事の段取りを考え、決定をくだし、長兄のエミディオも含む兄弟全員に指示を出すのは、ロレーナの役目だった。

　なにか問題が起きたとき、モルセッリ家の兄弟はいつも彼女を頼った。ロレーナ・モルセッリは、背は小さく、栗色の髪はつねにショートで、濃い青の瞳をしている、決断力と闘争心に富む女性だった。姪（クリスティーナ）と甥（リッカルド）が社会福祉部に連れていかれたと知って、ロレーナは血相を変えた。いったい役所はなんの権利があって、そんな暴挙に出たのだろう？　数日待ってもクリスティーナにかんする情報が入ってこないので、ロレーナはミランドラの担当部局に電話して説明を求めた。ソーシャルワーカーのオデッテ・マグリが電話に出たが、まったく要領を得ない対応だった。ロレーナは猛《たけ》り狂った。クリスティーナの引き離しによって、弟と義妹がどれほどの苦悶を味わっているか、ロレーナにはよくわかっていた。

誕生日や、なにかの記念日の類いにしか顔を合わせる機会はなかったし、クリスティーナにたいするモニカの厳しすぎる態度には辟易していたものの、それでもロレーナは、このはかなげで頼りなげな女性のことをいつも気にかけていた。彼女の目には、モニカは誰かの母親というよりも、世間知らずのうぶな娘にしか見えなかった。

ロレーナは地域保健所のオフィスを訪ねた。議論した。口論した。しかし、どうにもならなかった。アヴァンツィ医師が受けた報告によると、クリスティーナは暴行を受けていた疑いがある。したがって、少女を親元から引き離し、事態をより詳しく検討することが必要なのだ。

「それにね、モルセッリさん。子どもはいつだって、ほんとうのことしか言いませんから」

ヴァレリア・ドナーティと捜査員らの仕事は、徐々に実を結びはじめていた。ひとり、またひとりと、犯罪者集団の構成員が特定されていった。『ガッツェッタ・ディ・モデナ』や『イル・レスト・デル・カルリーノ』といった新聞は、検察から情報が公開されるたびに続報を伝えた。地域版には、なおのこと詳しい情報が掲載された。これまでに、すくなくとも十二名の犯罪者が特定されていた。容疑者となるとさらに多い。小児性愛に耽《ふけ》る犯罪者集団が存在するという事実は、もはや疑いようがなかった。地域一帯のマップに、警察は犯罪者のネットワークを書きこんでいった。

だが、ダリオが心理カウンセラーに語って聞かせた悪魔的儀式については、まだ検証がすんでいなかった。詳細な、あるいは信頼するに足る証言を提供するには、エリーザ・スコッタはまだ幼すぎた。マルタ、マルゲリータ、クリスティーナの三名は、なおも確証を与えるのをためらっていた。覚えていない。三人はそう言っていた。おそらく、証言することで引き起こされる結果と向き合うのが、恐ろしくてならないのだろう。

一九九八年の、夏のバカンスの時期を前にして、ダリオがふたたび口を開いた。養母のトニーニに彼が語ったところによると、例の怪しい二人組、「ジョルジョその一」と「その二」が、また学校にやってきたという。用務員に手引きされて、ふたりは今回も難なく学校の敷地内に入ってきた。ただし、前回と違って、ダリオを学校の外に連れ出そうとはしなかった。休み時間のあいだ、誰もいない教室で、ふたりはダリオのことを待っていた。誰かが自分の名前を呼んでいるのをダリオは聞いた。ダリオのクラスを担当する女性教諭、リタ・スピナルディの声だ。「こっちに来て。あなたのお友だちが待ってるから」。リタ先生はそう言って、ダリオの腕を力まかせにぐいと引いた。

どういうことかわからなかった。「友だち」って誰のことだろう？ どうして先生は、こんな乱暴なやり方でぼくを引っぱるのだろう？ 教室に足を踏み入れるなり、ダリオは心臓がとまりそうになった。「ジョルジョその一」が近づいてきて、ダリオにキスをした。少年はじたばたと暴れ、男を思いきり蹴とばした。するとリタが激昂《げっこう》し、平手で何回かダリオを叩いた。自分の席につくよう、リタはダリオに強要した。ダリオの席のすぐそばには、「ジョルジョその二」が坐っていた。外ではクラスメートたちが遊んでいる。不安とためらいを感じつつ、ダリオは自分の席に向かった。リタはふたりと共犯だった。素直に言うことを聞いて、ふたりがいなくなるのをおとなしく待っている方がいい。ダリオは今度も、明確かつ強烈なメッセージを受けとった。他言は無用。さもなくば、自分自身と、新しい家族全員に、恐ろしい災難が降りかかるだろう。

にわかには信じられないような話を聞かされて、養母は当惑した。あのリタ先生が。この件

警察の捜査によれば、ふたりはマントヴァ県からは、ここマントヴァ県からは、

とリタ先生のあいだに、いったいなんの関係があるというのか？　警察の捜査によれば、ふたりのジョルジョはバッサ・モデネーゼの人間である可能性が高い。ここマントヴァ県からは、車でも四十分はかかる土地だ。どんな経緯で、リタ・スピナルディは男たちと知り合ったのか？　息子に手をかけ恐怖を味わわせている、ロマーノ・ガッリエーラやそのほかの犯罪者どものネットワークは、いったいどこまで広がっているのか？　そんなにも多くの共犯者が存在するということが、はたしてほんとうにありえるのか？

ダリオによれば、リタ先生が男たちを校内に招じ入れたのは、今回がはじめてではないという。前にも一度、ダリオがトイレの個室に入ったとき、目の前にふたりのジョルジョがいたことがあった。男たちはダリオを押さえつけ、ダリオは口のなかに切り傷を負った。血を吐き出すよう、男たちはダリオに命令した。平手打ちし、この話を聞いて、トニーニはふと思い出した。そういえば、前に学校に迎えにいったとき、口のなかを切ってしまったと息子が言っていたではないか。あのときトニーニは、まさしくリタ先生に、なにがあったのかと尋ねたはずだ。するとリタ・スピナルディは、これくらいの怪我はなんでもないと言わんばかりに、こんなふうに答えたのだ。「食事中に舌を噛んだんでしょう。それか、休み時間に遊んでいたときにやったのかもしれませんね」

事実は違った。今度もまた、あの忌まわしい「ジョルジョその一」、ダリオの夜を悪夢で満たしている怪物の仕業だったのだ。リタはジョルジョの存在を隠した。リタはジョルジョの思いどおりにさせた。なぜなら、リタはジョルジョの「恋人」なのだから。リタはダリオや生徒たちに不当な仕打ちを与えてきた。リタはダリオを、一度ならず罰してきた。平手でダリオの頬を打ち、上を向いたまま立たせたり、両腕を上げたまま立たせたりした。ダリオが宿題の

ノートに、「ジョルジョその一」と「その二」の似顔絵を描いているのを見つけると、ダリオのことを嘘つきと呼び、ノートを没収した。リタ・スピナルディは、トニーニが思っているような人物ではなかった。これですべてのつじつまが合う。リタはいつも、問題の矮小化《わいしょうか》を図り、自分はなにも見ていないと言い張っていた。息子を苦しめている不安はこんなにも明白なのに、どうして担任の教員がなにも気づかずにいられるのか？　あの悪魔的な計画に、彼女もまた呑みこまれていたわけだ。ダリオのノートに、何ページか破かれた跡がある理由がこれでわかった。

数日前から、リタ先生は学校に来ていなかった。難しい手術を受けるために入院していたからだ。退院日には、同僚が車で病院まで迎えにいった。

「リタ、ひとつ伝えておくことがあるの。警察があなたについて調べてる。たぶん、ダリオの関係だと思う。玄関の前にいきなり警察が来たらびっくりするだろうから、あらかじめ教えておきたかったのよ」

いまだ残る手術の痛みをこらえながら、リタ・スピナルディは言った。

「私を調べてどうするの？　教師になって二十八年、トラブルひとつなくやってきたのに」

疲れ果てて家に帰ると、リタはそのままベッドに身を投げた。しばらくして、四〇度の熱と玄関の呼び鈴のせいで目を覚ました。訪ねてきたのは、ミランドラ警察署のアンティモ・パガーノ警部だった。警部は、リタ・スピナルディにかんする捜査書類一式を携えていた。ダリオのクラスの何人かの保護者に聴き取り調査を行なったところ、リタは生徒に体罰を加えていることが発覚した。両腕を上げたまま、ときには数時間も立たせたり、髪の毛を乱暴に引っぱって、鼻面を思いきり叩いたりするらしい。そうしたわけで、警部は令状を携えて、リタの自宅に出向いたのだった。

この時期、警察の訪問を受けたのはリタだけではなかった。数週間後には、スタッジャとサン・ビアージョにある、ドン・ジョルジョ・ゴヴォーニのふたつの司祭館に、パトカーが列をなしてやってきた。検察はもう秘密裏に行動するのをやめにしていた。モデナからフェッラーラにいたるまでの自治体では、もはや道ばたの石ころでさえ、「トラックの司祭さん」が事件に関与していることを知っていた。

ドン・ジョルジョは留守だった。司祭館からすこし離れた場所を白のフィオリーノ〔フィアット社のライトバン〕に乗って走っていたとき、神父は警察に呼びとめられた。建物のなかに足を踏み入れるなり、警部は書棚に視線を注いだ。そこには『愛の百科事典』全二巻が並んでいた。押収する前に警部は手早くページをめくり、性交の様子を描いた数点の挿絵を確認した。

次にパガーノは、あらゆる形と色合いの靴でいっぱいの部屋を指さし、ドン・ジョルジョにこう尋ねた。「これはあなたのものですか？」。神父はうなずいた。部屋には、ヒールのついたベージュのアンクルブーツもあった。ダリオが言っていた靴かもしれない。パガーノはただちに押収させた。がらくただらけの物置小屋で発見された、女性用のカーニバルの仮面にいたっては、いったいどうコメントしたらいいのか？　司祭の家にこんなものが置いてある理由を、いったい誰が説明できるというのか？

引き出しのなかには、いくつかの鍵の束がしまわれていた。ドン・ジョルジョが管理する住居のものだ。そのうちの四つは、公営住宅を立ち退かされたガッリエーラ家に神父が手配してやった、アルバニア人家庭と共用の住宅の鍵だった。それぞれの鍵に貼られたラベルには、「ロマーノの住居」「ロマーノのキッチン」「イゴールの部屋」「アルバニアの子どもたちの部屋」と記されている。この鍵も押収するよう警部は指示した。

次に警部の注意を引きつけたのは、九つの当座預金に対応する九つの小切手帳と、五〇〇〇万リラから一億リラにいたるまでの、さまざまな価格の国債の領収証だった〔当時の為替レートで、五〇〇万リラは約三五万円、一億リラは約七〇〇万円〕。最近では、エメルなる人物を宛先として、およそ四〇〇〇万リラの小切手が振り出されている。おそらくアルバニア人だろう。しかし、どうにも納得のいかない点がある。片田舎の教区司祭が、これほど多額の金とこれほどたくさんの預金口座を有し、おまけに、自由に差配できる物件をこれほど多く抱えているというのは、どう考えてもおかしいではないか（神父は運送会社のオーナーでもあるのだが、警部はその点は深く考慮しなかった）。イタリア自動車連盟に問い合わせたところ、ここ数年のあいだにドン・ジョルジョの名義で登録したナンバープレートの総数は四十七にのぼる。たいへんな数だ。神父の仕事机にはパソコンが置いてあった。

「あなたのものですか？」。捜査員が神父に訊いた。

「友人からの貰い物です」

巡査が電源を入れて、インターネットの検索履歴をチェックした。直近の三つの検索ワードは、「幼女」「ハード」「子どもの友だち」だった。ドン・ジョルジョ・ゴヴォーニは、きわめて厄介な事態に追いこまれつつあった。

聖母被昇天の祝日《フェッラゴスト》〔八月十五日〕の一週間前、「フランチェスコの会食室」でのヴァレリア・ドナーティとの面会の際に、マルタは新たな証言を口にした。母親がバルコニーから身を投げてからほぼ一年、知らない男たちの家に連れていかれて暴行を受けたと告白してからは八か月が経過していた。少女が心理カウンセラーに語ったところによると、彼女は母親に連れられて、墓地を訪れた経験があるという。マルタはそこで、足首まで届く白と黒の長衣《ながぎぬ》を着た大人たちに引き合わされた。大人たちは「墓を掘り出し」、マルタの眼前に死骸をさらした。遺体は「顔が血まみれ」で、片方の腕が欠けていた。その亡骸は、「わたしに悪さをした男の人」のものだった。この時点で、マルタはすでに怯えきっていた。だが、大人たちはさらに、この死者はやがてよみがえるのだと説明し、けっして消えないトラウマを少女の心に刻みつけた。少女はほかにも、墓地で「大人たちがわたしに悪さをしている」あいだ、たくさんの頭蓋骨、「ほんものの」頭蓋骨が、自分のまわりをぐるりと取り巻いていたことを覚えていた。その出来事が起きた場所の名前はわからなかったし、それがどこなのか地図上に指し示すこともできなかった。それでも、この悪魔的な儀式に居合わせていた子どもが、自分ひとりではなかったことは覚えている。ドナーティはすぐさま検察に駆けつけ、検察官のクラウディアアーニにこの件を報告した。これで、数か月前のダリオの証言の裏づけがとれた。マルタが語った儀式の内容は、ダリオの証言にぴたりと合致する。これは偶然ではない。偶然であるはずがない。

九月、ジャッコ夫妻とモルセッリ夫妻は、子どもたち――マルゲリータ、クリスティーナ、そして赤ん坊のリッカルド――との面会を許可するように社会福祉部と少年裁判所に要請した。この要請は却下された。子どもたちの身になにが起きたのか、「もうすこしはっきりと理解する」ことが必要だからというのがその理由だった。そのあいだに、子どもたちは移り住んだ先の学校で新学期を迎えていた。カウンセラーのドナーティやアヴァンツィ医師は、子どもたちと定期的に面会を重ねていた。子どもたちの苦痛や不安は深刻化していた。言語化することに困難を覚えているようではあったが、その振る舞いには、憂慮すべきさまざまな兆候が認められた。

ある日のこと、歴史の授業の最中に、クリスティーナは教科書のイラストを見て、ヒステリーの発作かと思うほどに取り乱した。そこにはキリスト教の地下墓所《カタコンベ》の図解があり、内部で行なわれている埋葬の儀式について解説されていた。この手の話題をクリスティーナはひどく恐れた。養母のジルダは、クリスティーナとどう接したらいいのかわからなかった。公教要理《カテキズム》の教師によると、授業で悪魔について取りあげたとき、クリスティーナが急に喚《わめ》き出したこともあったという。嘘だ、悪魔なんていない、いるわけない、悪魔が子どもを連れ去るなんてありえない。クリスティーナはそう絶叫した。悪魔のイメージにとりつかれているのは、マルゲリータも同じだった。悪魔は生きた存在で、人間のなかに隠れて暮らしているのだとマルゲリータは確信していた。かかわりをもったすべての大人に、少女は悪魔について語って聞かせた。学校の先生、教会で告解を聴いてもらう司祭、「フランチェスコの会食室」の修道女、養母のララ。そして、カウンセラーのヴァレリア・ドナーティ。父サントと母マリアの家でほんとうに起こったことを話すのを、マルゲリータがこんなにもためらうのは、悪魔に連れ去られることを少女が恐れているからだとドナーティは直観した。

「いつも悪魔のことを話すのね」。ドナーティはマルゲリータに言った。「もしかして、悪魔を見たことがあるの？」

少女は両腕を大きく広げ、ドナーティの目をまっすぐ見つめた。「ようやくわかってくれた！」

一九九八年十月の最終週、親元から引き離された七人の子どものうち、じつに三人が、捜査の転機となる決定的な証言を提供した。最初に勇気を奮い起こしたのはダリオだった。複数の家族間での性的暴行や、墓地での悪魔的な儀式について語ったあと、ダリオは一同を慄然《りつぜん》とさせるエピソードを打ち明けた。とある晩、まだ六歳になったばかりのころ、墓地での儀式に参加している最中に、ダリオは人を殺した。父ロマーノが少年にナイフを握らせ、「アルバニア人の子ども」を殺すよう教唆《きょうさ》したのだ。大人たちはそのあとで、遺体の傷口を「縫いなおし」、母親の家に遺体を届けた。気は確かかと問いかけるような目つきで、母親は大人たちをにらみつけた。子どもの遺体などもってきて、いったい私にどうしろというのか？　死んだのなら、もう用はない。そこで、儀式に参加した大人たちは子どもの亡骸をばらばらにして暖炉で燃やした。捜査員たちは、ダリオが数か月にわたってその物語で彼らを導いてきた真っ暗な井戸の、底の底を見た思いだった。小児性愛者集団は、究極の罪に手を染めていた。殺人。このような倒錯から喜びを引き出すとは、もはや悪魔の所業としか形容のしようがない。かくも卑劣な行為を子どもに強制させることができるなら、間違いなく、みずからの手を血に染めた経験もあるはずだ。パガーノと同僚たちは、失踪届が出されている人物のリストを見直す必要を痛感した。だが、ダリオの証言から推察されるように、本件の被害者が外国人であるならば、身元の特定はきわめて困難であることも予想された。

　ダリオの次はマルゲリータが、何か月も胸のうちにしまいこんでいた記憶を「解放する」ことに成功した。父サントが彼女を暴行したことは事実である。サントは彼女を「いやな場所」に連れていった。そこには彼女のほかにも、数人の子どもがいた。子どもたちは全員、長衣に着替え仮面をつけるよう強要された。サントに連れていかれる場所は、フィナーレ・エミリアの墓地のこともあれば、町のランドマークである、十五世紀建造の「ロッカ・エステンセ城」

のこともあった。そこが、儀式に用いる衣服の隠し場所だった。大人たちは悪魔風の衣装に着替え、「イエスさまをけなすようなひどいこと」を言うように子どもたちに命令した。親たちは商品のように自分の子どもをやりとりし、墓石のあいだで性行為に耽っていた。

クリスティーナの証言はなおのこと衝撃的だった。父ジュリアーノと母モニカに慈悲はなかった。なにしろ、ほとんどすべての親戚が、この件に掛かり合いになっていたのだ。モルセッリ家の男たちに娘の小さな体を提供した。何度も彼女に性的な暴行を加えたうえ、父ジュリアーノ、伯父（叔父）のエミディオやジュゼッペが、毎晩のようにパヴィニャーネの家にやってきて、ときには力ずくでクリスティーナをベッドから引きずり出した。祖父エンツォ、穢《けが》れた血筋が退廃した環境に根を張って、人間よりは獣に近い存在を生んだのだろう。むしろ、この連中は獣以下だ。いったいどこの世界に、わが子をこんな目にあわせる獣がいるというのか？　モルセッリ夫妻は猫を殺し、その血をクリスティーナにむりやり飲ませた。ときには、猫の血を直接「注射する」こともあった。夫妻はクリスティーナを車に乗せて、薄暗い路地に向けて出発した。ほぼ毎晩、同じことが繰り返された。中が「まっくらな」自動車が、道なりに何台も連なっていたのをよく覚えている。しばらく町中を走ったあと、自動車の一団は墓地に到着した。マルゲリータが言っていたフィナーレ・エミリアの墓地ではなく、同地の分離集落であるマッサ・フィナレーゼの墓地だった。柵の前までやってくると、大人たちは柵の向こう側にロープを投げて柵を乗り越え、子どもたちに手を貸して同じようにさせた。

敷地内では大人たちが、修道服と、「悪魔のような頭巾」を身につけて待ち構えていた。何人いたか、どんな顔をしていたかは、あいにくクリスティーナは覚えていない。一味の「リーダー」は、父ジュリアーノの兄である、伯父のエミディオだった。性的暴行のあとは、子どもたち全員を「悪魔の子ども」に変える儀式が執り行なわれた。悪魔の子どもを従えて「世界を支配する」ことが、大人たちの目的だった。数か月前、「嘘のお葬式」と亡骸の掘り出しについて語ったダリオの証言と、見事に一致する内容だ。ダリオと同様に、クリスティーナもまた、動物に危害を加えることに深い罪悪感を覚えていた。

アヴァンツィ医師はクリスティーナの語りに、注意深く耳を傾けた。子どものころからずっと、アヴァンツィ医師はマッサ・フィナレーゼに暮らしていた。親戚の何人かは、まさしくその墓地に埋葬されている。クリスティーナはその場所の外観を画用紙に描いてみせた。正門と、駐車場に面した通用門を描き、その内容を言葉で説明する。かなり鮮明に記憶しているようだ。それから、ダリオとマルタの証言を裏づける、新たな事実を告白した。大人たちは、金銭をやりとりしていた。父ジュリアーノと母モニカは、「グループのリーダー」、すなわち伯父エミディオから、「たくさんの」金を受けとっていた。おそらく、クリスティーナを連れてきたことへの謝礼だろう。

黒ミサの執行者のなかには、伯父エミディオのほかに神父もいた。だが、クリスティーナはその人物の名前をなかなか思い出せなかった。たしか、ピエトロ。ドン・ピエトロ。クリスティーナのほかにも、墓地には何人か子どもがいた。そのなかには、四人のいとこの姿もあった。ヴェロニカ、ピエトロ、フェデリコ、アウローラ。みんな、ロレーナ伯母さんの子どもたちだ。四人を連れてきたのもジュリアーノだった。ただし、子どもたちの両親に勘づかれぬよう、ジュリアーノは一計を案じていた。昼のうちに、姉ロレーナの家に行って、クリスティーナといっしょに遊ばせるからといって四人を引きとり、深夜遅くになってから、ロレーナの家に送り届けるのだ。ジュリアーノは毎度、姉に向かってあれこれの言い訳——たとえば、自分の家で子どもたちが眠りこけてしまったとか――を並べていた。

この新情報はたいへんな反響を呼び起こした。サタンに献身を誓う異常者のグループに一族全体がかかわっているという事実を、仮にモルセッリ夫人（ロレーナ）が知らなかったとしても、四人の子どもを週に何度も外出させ、帰宅が夜半過ぎになっても大目に見るなど、まともな母親のすることだろうか？　四人の子どもの心の傷に、母親が気づかないなどということがありえるだろうか？　心理カウンセラーのチームは検察に情報を提供し、検察はミランドラ警察署に捜査を要請した。だが、マッサ・フィナレーゼではもう、人目につかないよう捜査を展開するのは難しかった。ガッリエーラ家、アルフレード、ローザ、ジャッコ家について調べていたときや、ロマーノおよび一味の共犯者としてダリオが言及した人びとの名前と住所を割り出そうと試みたとき――これはあいにく不首尾に終わった――に、警察はすでに大々的な捜査と現場検証を実施していた。モルセッリの一族は人数も多く、交友関係も広かった。それにこの一家は、「トラックの司祭さん」こと、ドン・ジョルジョ・ゴヴォーニとも親しい付き合いがあった。

ロレーナの父エンツォは、マッサの住人のなかでも最年長の部類に属す古株だった。兄エミディオは、地元でスーパーマーケットを経営していた。弟のジュリアーノは控えめな人物だが、モニカとの結婚や親類縁者との軋轢《あつれき》は、ご近所さんのお喋りやうわさ話に格好の題材を提供してきた。末の弟のジュゼッペは、「ロックンローラー」として三つのバンドに所属し、夜ごと地元の店をまわって演奏を披露していた。当のロレーナは、昼は幼稚園の教諭として働き、それ以外の時間は教区の活動に積極的に取り組んでいた。教区の集会所で催されるイベントには、夫のデルフィーノとともに欠かさず顔を出すようにしていた。

ロレーナはこの土地で、公的機関が果たすのと同様の役割をこなしてきた。三十九歳で、仕事のキャリアはすでに二十年におよぶ。幼稚園の教諭として、これまでに百人を超える子どもを育て、それぞれの家庭と親交を築いてきた。ロレーナと夫デルフィーノはかつて、「ルルドおよび世界の聖地の、イタリア全国病人搬送連盟」でボランティアを務めていた。ロレーナは看護師、デルフィーノは担架係の役職に就《つ》いていた。一九八六年十二月、ふたりは結婚した。翌年に長女のヴェロニカが生まれ、その後にふたりの男児ピエトロとフェデリコが、そして一九九五年には次女のアウローラが生まれた。

生まれて間もない子どもたちの面倒を見るのは、基本的にロレーナの役目だった。夫のデルフィーノは子どもたちを、自分の手に負える生き物ではないと認識していた。オムツの替え方も知らなかったし、替えてやろうという気を起こしたことがそもそもなかった。ロレーナは子どもたちに、カトリック信仰に則《のっと》った教育を授けた。朝は幼稚園か学校へ子どもたちを送っていき、昼になれば迎えにいく。そのあとは、ボーイ（またはガール）スカウト、スイミング、サッカー、バレーボールといった習い事が始まり、そこへさらに、教区の集会所の無数の活動が加わるのだった。食事を用意するのも、寝かしつけるのもロレーナだった。寝る前にはかならず、ベッドのふちに腰かけて、祈禱を唱えるようにしつけていた。

ロレーナにとって、週の第七日〔日曜日〕はミサと祈禱のための神聖な一日だった。たいするデルフィーノは、主《しゅ》のもとへは平日に伺うことにして、日曜日ははるかに世俗的な事柄のために充《あ》てていた。そう、サッカーだ。それはデルフィーノの病《やまい》であり、情熱だった。ミランドラの「ミラン・クラブ」の仲間といっしょに、デルフィーノはよく、バッサから車で二時間もかかるサン・シーロのスタジアムまで観戦に出かけた。そこはバレージ、バッサ、マルディーニ、ファン・バステン、ドナドーニのミランが、イタリアを、そしてヨーロッパを統《す》べる場所だ。子どもたちが成長し、いくらかは物事がわかるようになってくると、デルフィーノは赤と黒のマフラーを子どもたちの首に巻きつけ、スタジアムに同伴させるようになった。スタジアムに行かない日曜は、家に一台しかないテレビを夕方から独占し、ニュースとスポーツ中継に見入っていた。友人は多く、誰からも好かれる人物だったが、自分の時間と自分の場所がなくてはやっていけない質《たち》でもあった。

一九九八年の秋、長女ヴェロニカは中学校の第一学年、ピエトロは小学校の第四学年、フェデリコは第二学年に通いはじめ、末っ子のアウローラは幼稚園に入園した。マッサの南地区、小さな道の突き当たりに立つマンションの、二階の3LDKに一家は暮らしていた。

コヴェッツィ家とモルセッリの親類一同のあいだに、警察はなんのつながりも見つけられなかった。ジュリアーノも、その兄弟も、父エンツォも、モルセッリの一族に前科者はひとりもいない。だが、いとこの名前に言及したときのクリスティーナの態度は、確信に満ちていた。墓地にはいとこたちもいた、そこはぜったいに譲れない。社会福祉部の職員や刑事たちは、できるだけ多くの情報をかき集めた。職業や、職場と自宅の住所も調べあげた。警察の手入れは、十一月十二日木曜日の夜明け前に決行されることになった。

その前日、十一日水曜日の午前、デルフィーノは新車の「ランチャ・デドラ」を引きとりにいった。時速二〇〇キロまで出るのだという父親の説明を聞いて、子どもたちは有頂天になった。午後、子どもたちは父親に連れられて、すこし前に夫を亡くした父方の祖母の家に栗を食べにいった。ロレーナは別行動だった。マルゲリータについてなにか新しい報せがあるか訊くために、ロレーナはジャッコ家を訪ねていた。ジャッコ夫妻はもう七か月前から、マルゲリータと顔を合わせていなかった。町内ではしばらく前から、マルゲリータの引き離しの件が、人びとの口の端《は》にのぼっていた。ジャッコ家と親しい付き合いがあったわけではないが、弟のジュリアーノがまったく同じような悲劇に見舞われていたこともあって、ロレーナはジャッコ家に深い同情を寄せていた。

オッディーナ・パルトリニエーリ――ガッリエーラ家のかつての隣人で、しばらくダリオを預かっていたこともある婦人――が、この引き離しにはどこか不審なところがあるという噂を町内に広めていたものの、本件に巻きこまれた人びとに疑いの眼差しを向ける者は少なくなかった。ガッリエーラ家は貧窮家庭と見なされていたし、ジャッコ家はよそ者で素性が知れないし、ジュリアーノは……ジュリアーノは、まあ、一部の人びとの目には風変わりに映る男だった。いつもおかしな帽子をかぶっているし、その奥方（癲癇《てんかん》持ちのモニカ）にいたっては、まともどころの話ではなかった。

その晩、ロレーナは子どもたちを寝かせたあと、いつもより早く眠りについた。年長の三人は子ども部屋で、末っ子のアウローラは両親の部屋の小型ベッドで眠っていた。午前五時四十分ごろ、アウローラがベッドで身を起こした。「お母さん、おしっこ」。ロレーナは娘を抱いてトイレに連れていき、それからまたベッドに寝かせた。眠りなおす前、喉に渇きを感じた彼女は、キッチンに行ってコップに水を注いだ。だが、ちょうどそのとき、玄関の呼び鈴が鳴り響き、ロレーナの心臓は跳ねあがった。こんな時間に、いったい誰が？

「奥さん、ご安心ください、警察です」

窓から外を覗くと、中庭に数人の刑事が見えた。家のなかに入ってきたので、何人いるのか数えてみた。七人。

「私の兄弟になにかありましたか?」。ロレーナが尋ねる。

「いいえ。すみませんが、ご主人を起こしていただけますか? 捜査令状はここにあります」

ロレーナは刑事たちを寝室に案内した。夫婦のベッドでは、デルフィーノがぐっすりと眠っている。刑事たちはデルフィーノを起こし、服を着替えるよう夫妻に求めた。話し声と明かりのせいで、子どもたちも目を覚ました。子ども部屋でなにかささやく声が、ロレーナの耳にも聞こえる。夫妻は刑事に促されてリビングに移動した。テーブルのうえに、数枚の用紙が広げてある。ロレーナはマーカーの引いてある言葉に目をとめた。「頭巾」「悪魔」「墓地」。なんのことやらわからない。

「モルセッリさん、あなたの姪御さんから告発がありました。お子さんを着替えさせてください。警察署までご同行願います。あなた方が捜査対象になっているわけではありませんので、そこはご心配なさらず」

母のリーナに電話をさせてほしいと、ロレーナは刑事に頼んだ。自分と夫がミランドラ警察署に行っているあいだ、ここで孫の面倒を見てもらうつもりだった。

「だめです。お母さまと会うことも、話すことも、いまは許可できません。あなた方全員、警察まで来てもらいます」

ロレーナは抵抗した。いったいなにが目的なのか? 刑事たちはなにをしに来たのか? 家のなかはすでに朝日に明るく照らされていた。刑事はそれ以上の情報を与えようとはしなかった。家族写真のアルバムを調べ、子どもたちの洗礼、聖体拝領、誕生日の様子を記録したビデオカセットと、雑誌『キリスト者の家庭』一部を押収した。その号には、バッサの小児性愛事件について論評している記事が掲載されていた。さいわい子どもたちが朝食をとることは許可された。ただし、食事中に両親と会話をすることは許されなかった。やがて、デルフィーノがしびれを切らして言った。「もういい。さっさと行くぞ」

一家を乗せた数台の車が警察署に到着すると、若い女性が近づいてきた。女性は微笑み、こう自己紹介した。ヴァレリア・ドナーティです。地域保健所で、心理カウンセラーをしています。二階にあがって書類にサインするよう、警察は夫妻に要請した。デルフィーノがロレーナの方を振り返る。「俺が行くから、お前は残れ。子どものそばにいるんだ」。なにか恐ろしいことが起きようとしている。全員が同じ予感を抱いていた。

ロレーナは椅子に坐った。そのまわりを、まだ眠気でうとうとしている子どもたちが取り巻いている。アウローラは母親のひざのうえで、小さな画用紙とパステルで絵を描いている。じきに、いちばん年長のヴェロニカがすすり泣きを始め、次男のフェデリコがそれにならった。「どうして泣きやませないんですか？」。ドナーティが咎《とが》めるように訊いてくる。

ここでいくら騒いだところで、事態を悪化させるだけだとロレーナは理解していた。結局、彼女も二階にあがらなければならなかった。彼女はすでに察知していた。次に子どもたちに会うのは、当分先のことになるだろう。ロレーナは、子どもを抱きしめたりはしなかった。キスもしなかった。ただ、最後にもう一度、じっと見つめた。それから体の向きを変え、ドナーティのあとについて階段をのぼった。

二階の部屋では、刑事たちに囲まれたデルフィーノが、両手で頭を抱えていた。声をあげて泣いている。社会福祉部の責任者マルチェッロ・ブルゴーニが、ボローニャ少年裁判所の命令文書を読みあげる。デルフィーノとロレーナは、保護者として不適格である。両名は、子どもたちにたいする監督責任を果たしていない。放置の結果、子どもたちは邪悪な犯罪者集団のなすがままになっている。したがって、裁判所は両名の親権を停止し、最低二か月間はいっさいの面会を禁じる。涙にむせびながら、ロレーナは抗議を表明した。これが、ここ何か月かの、役所への働きかけにたいする答えなのか？　私はただ、夏に弟（ジュリアーノ）から引き離された姪（クリスティーナ）について、地域保健所の説明を聞きたかっただけなのに。

「申し訳ありません、奥さま」

子どもたちはパトカーに乗せられ、両親の知らない目的地へ連れていかれた。困惑し、打ちのめされた状態で、コヴェッツィ夫妻は車に乗りこみ、マッサへの帰路についた。ロレーナは母親のリーナに、すぐにこの件を報告しにいくつもりだった。母の心は千々に乱れるだろう。クリスティーナとリッカルドに続けて、ロレーナが家庭を満たしてきた四人の孫までいなくなり、これでリーナは、誰の祖母でもなくなってしまった。ところが、夫妻がリーナのもとに到着したとき、彼女の瞳はすでに涙であふれていた。夜明け前、リーナの家にも警察がやってきて、夫のエンツォ、長男のエミディオ、末の息子のジュゼッペを、みんなまとめて連れ去っていたのだ。ジュリアーノは、パヴィニャーネの自宅にいたところを、妻のモニカもろとも逮捕された。母と娘は、たがいに寄りすがってひたすら泣いた。家族全体が、一日のうちにばらばらにされてしまった。それからロレーナは、子どもたちの通う学校をまわって、担任の教師を探した。ここ最近、子どもたちに話を聞くために、誰か学校に来ませんでしたか？　教師たちはなにも知らなかった。

日も暮れたころ、コヴェッツィ夫妻は家に戻った。3LDKの住居を満たす静寂が、ロレーナの胸を打った。十二年前、夫とふたりで、新婚旅行から帰ってきたときのことを思い出した。

結婚五周年、十周年も祝ったあとで、いま、みじめに打ちひしがれ、昨日まで子どもたちが眠っていた、からっぽのベッドに坐って涙を拭いている。ふたりは泣きながらおもちゃを片づけ、幸せだった日々の写真を眺めた。その幸せを、誰かがいきなり、足もとから引き抜いたのだ。

第三部
亡霊の群れ

第十一章

かつてベッレンターニ社の豚肉加工工場だった建物は、マッサ・フィナレーゼの西南の端、県道四六八号線に沿って立っている。二車線の県道の反対側には運河が流れ、工場の敷地の広さはサッカーグラウンドひとつ分にも匹敵する。五〇年代から七〇年代の終わりにかけて、何百人もの男たち女たちに仕事を与えてきた工場だ。「世界が愛するソーセージ」、そう印字された二十世紀なかばの広告看板には、アフリカ人とネイティブ・アメリカンがひとりずつ描かれている。宝棒〔農村の祭りに見られる行事。石鹸が塗られた長い棒の先端に賞品をつるし、棒を登りきった者にその賞品が与えられる〕につるされた豚肉のまわりで、盛大な宴を張るつもりなのだ。いまではその工場も、打ち捨てられたセメントの塊と化している。二〇一二年に大規模な地震が起きた際には、北側のかなりの部分が崩壊した。

　二月のとある朝、私はアレッシアとともにその廃工場を訪れた。錆《さ》びた金属が網目のように広がる建物の内部は、冒険心に富んだ地元の少年たちでも足を踏み入れるのをためらう場所だ。建物はいまにも崩壊しそうだった。二〇一二年のマグニチュード六・一の地震は、モデナ県全体を粉砕した。もしもいま地震が起きれば、二〇一二年よりずっと弱い揺れであっても、廃工場の床や天井はあっさりと崩れ落ちるだろう。ひとけのないむき出しの玄関を、静寂が支配している。聞こえてくるのは、私たちの靴に踏まれるガラス片や石灰片の音ばかりだった。建物のあらゆる部位が、黴《かび》と錆《さび》に制圧されている。あのときの私たちは、すくなくとも指三本分の厚みはある、クリスティーナの証言内容を記録した文書を読み終えたばかりだった。

まさしくここが、アヴァンツィ医師との面会の最中に、クリスティーナがレゴのブロックで再現した「恐怖の館」にほかならない。まさしくここで、クリスティーナはふたりの子ども――ひとりは十歳の少年、もうひとりはブロンドで青い瞳の八歳の少女――を殺《あや》めたのだ。殺害される前、ふたりは大人たちの手によって、縄でテーブルに縛りつけられた。クリスティーナがふたりを殺す際は、父ジュリアーノと「神父さま」が手助けした。犠牲者は豚肉加工工場に連れてこられる前、田舎にたたずむ、住居というよりは牢獄のような閉ざされた暗がりのなかで過ごしていた。そこでは複数の子どもたちが、獣のように床に寝そべり、残飯や生ごみを食べて暮らしていた。クリスティーナは、その家に入った経験がある。ある晩、子どもたちに食べもの――というよりむしろ餌――をもっていくために、父親といっしょに訪れたのだ。不潔で、生気がなく、がりがりに痩せ細った子どもたちをクリスティーナは目の当たりにした。ここにいるのは、子どもではない。工場で挽《ひ》かれるのを待つばかりの、ただの肉だ。誰かが説明してくれたところによると、ここに集められているのは悪魔主義者の実子らしい。おそらく戸籍は有していない。非人間的な環境で育てられ、やがて性的な暴行の対象となり、最後は誰からも気づかれることなく、ひっそりとこの世から消えてゆくのだろう。

墓場か、あるいは廃工場に連れてこられたあと、かの呪われた被造物は、ばらばらに刻まれたり、天井の鉤《かぎ》につるされたりした。いま私たちが歩いているあたりが、犠牲者がつるされていた現場だろう。一階の大きな部屋だ。天井は白く、運河に面した四つの窓から陽光が射しこんでいる。

一九九八年十一月、アンティモ・パガーノ警部は現場検証のためにこの廃工場を訪れた。工場を出てすぐの場所、農地へ続く東側の土地に、馬小屋と豚小屋が何軒か立っている。パガーノはそちらへ歩いていき、地面に散らばる子ども向けの遊具に視線を落とした。三輪車の隣に、「かなり目立つ金属製の鉤」がついた、木製の棒くいが突き立ててある。すぐそばに、靴下がいっぱいに詰まった缶があり、「そのまわりの地面には、子ども用および婦人用の靴が散乱していた。さらに進み、豚小屋の先まで行くと、たき火の跡が見つかった。かなり前のものと見られる灰が残っている。燃やされたもののなかには、黒人少女の人形の残骸もあった」

この元豚肉加工工場では、そのほかに事件に関係がありそうなものはなにひとつ見つからなかった。死体も、人間を犠牲に捧げた痕跡も、DNAも、ナイフも、ロープも、祭壇として利用された机もなかった。誰だかはわからないが、工場にやってきた人間が犯罪現場を入念に清掃して、悪魔的な儀式のあらゆる痕跡を除去したに違いない。時間ならじゅうぶんにある。というのも、クリスティーナが証言したのは親元から引き離されて四か月後のことであり、「ベッレンターニ」の豚肉加工工場に連れてこられたのは引き離しのずっと前、彼女が七歳か、ことによれば六歳のころだったと推定されるから。

それでも、ここで起きていたことに町の誰も気がつかなかったというのは、やはり奇妙な話だった。マッサのそのほかの建物と比較して、豚肉加工工場は巨大な建造物であり、工場の敷地から数メートル離れたところには、昼夜を問わず自家用車やトラックが往き来する道路がある。夜間に廃工場のなかをうろつくのであれば、懐中電灯であたりを照らす必要があったはずだ。闇夜のなか、壁や窓ガラスを切り裂く明かりは、離れた場所からもよく見えただろう。しかも、この建物はまわりの半径数十メートルを、多くの住居（たいていは一戸建て）に取り巻かれている。にもかかわらず、警察が聞き込み調査をした近隣住民のひとりとして、異変に気づいた者はいなかった。

町の反対側にあるマッサ・フィナレーゼ墓地でも、アレッシアと私は同じような印象を抱いた。ミランドラへ続く道の曲がり角に立つ庶民的な飲み屋「バール・ペーザ」から、私たちは徒歩でここまでやってきた。遠方から墓地を眺めると、街路樹のせいで一部視界がさえぎられるとはいえ、人里離れた場所に孤立しているわけではない。墓地の南側の塀から隣家の壁や庭までは、石を投げればじゅうぶんに届く距離だ。それに、墓地が面しているアルベロ通りは、町への出入りに利用される二車線の道路でもある。墓地に近づくにつれて歩道が狭まるため、悪魔を賛美する一団は長い列を作らなければならなかったものと推察される。頭巾をかぶった十人かそこらの大人が、たくさんの子どもを引きつれ、誰の目にもとまることなく墓地にたどりついたというのは、どう考えても不自然ではないだろうか。百歩譲って、幾人もの子どもたちが、押し寄せる眠気に打ち勝って入り口の柵を乗り越え、大人たちは棺を掘り出し、子どもに集団で性的な暴行を加え、悪魔崇拝の儀式を執り行なって、首尾良く犠牲を捧げることに成功したとしよう。それでも、ここが夜の墓地である以上、なんらかの照明は用意しなければならない。にもかかわらず、マッサに暮らす四千人の住民が、ミランドラ警察署にも、フィナーレの憲兵隊にも、数か月にわたってなんの通報もしなかったのはどういうわけなのか？　だいいち、騒音はどうなる？　叫び、泣き声、殺害行為のさなかに発せられる苦悶の悲鳴は？　夜更けに発されたはずのこれらの声を、誰も聞いていなかったというのか？

アレッシアと私は、墓地の中庭から、駐車場の先に位置する墓地にいちばん近い民家の窓までの距離を測ってみた。約六〇メートル。サッカーグラウンドのセンターサークルからゴールまでの距離と、だいたい似たようなものだ。墓地の北側には農地が広がっている。だが、このいちばん人目につかないエリアでカルト集団が黒ミサの儀式を行なったのだとしても（もっとも、このあたりの芝地には棺も墓石もないのだが……）、そこから八〇メートルも離れていない隣町（パラッツィーナ）の住人が、かならずなにかに気づいたはずだ。それに、ここでも同じ問題が頭をもたげてくる。子どもを含めて三十人弱の集団が、夜遅く、週に何度もこの手の場所に出入りして、誰にも目撃されないのはやはりおかしい。このあたりは、噂が風よりも早く駆け抜け、住人全員がリアルタイムで、住人全員のすべての挙動を把握しているような土地柄なのだ。人口百五十万人を擁するミラノで育った私も、ここで数日を過ごすうちに、町の「リアル」を肌で感知できるようになった。マッサ・フィナレーゼは言ってみれば、大きな中庭のようなものだ。ここに住む者は誰であれ、あらゆる住民にかんして、すくなくとも二十分はお喋りすることができる。まずは親類の名前を列挙し、それから時系列に沿った記述や人生を彩る小咄にとりかかり（あいつは俺の甥っ子とクラスメートだったんだ／十七歳のときに、メドッラのあたりでひどい事故を起こしてね／窯業《ようぎょう》所で働く前はバールをもってたんだが、あいにく閉店しちまったな）、最後には方言による陰口や、気の利いた言いまわしを延々と披露する（あいつの姉貴はフェラ《ブキン》がうまいんだよ）。親元から引き離された子どもの親やその親類に話を聞きにいくとき、私は一度ならず、当該の人物の生涯について――真偽のほどはさておくとしても――すでに抱えきれないほどの詳細を知っていることがあった。とくに、プライベートにかかわる情報は充実していた。みずからが暮らす共同体に照射される組織的かつ無慈悲なX線、他人の身に降りかかった災難についてコメントして忍び笑いを漏らす邪《よこしま》な喜びから は、誰ひとり逃れられない。町内で商店を営むある女性は、冗談めかしてこんなふうに言っていた。「ここはそういう土地なの。トイレに行くために、五分だけ店を閉めたとするでしょう？　店を再開したときには、私がトイレに行ったことを、ご町内がみんな知ってるのよ」すべてを知り、すべてを見て、すべてを想像する、ぶしつけで悪意あるこの町の大きな瞳が、闇夜の奇妙な巡礼をみすみす見逃すなど、はたしてありえるものだろうか？

マッサ・フィナレーゼの三倍の人口をかかえるフィナーレ・エミリアは、「田舎町」よりは「都市」に近い風貌を備えた自治体だ。二〇一二年の地震の震源地はまさしくここ、ロッカ・エステンセ城から見て六キロ南のあたりだった。町の中心に位置するこの城も、地震の揺れを受けて部分的に崩壊した。修復のために組まれた足場は、いまも城の外観を損ねている。一九九八年十月、マッサ・フィナレーゼ墓地とベッレンターニの廃工場で執り行なわれていた儀式について、クリスティーナが捜査員に語りはじめたのと同じ時期、ジャッコ夫妻の娘マルゲリータは、この城で起きた出来事をドナーティに打ち明けた。ジュリオ、あるいは「ジュリー」――バールのトイレで自分に性的な暴行を加えた奇妙な男のことを、少女はそう呼んでいた――はある知人といっしょに、マルゲリータを城へ連れていった。「そこには、わたしのほかにも何人か子どもがいた。子どもたちを呼んでこいって言われたから、わたしは呼びにいった。わたしたちは悪魔の仮面をつけさせられた。大人たちも、悪魔や吸血鬼の仮面をつけてた」

悪魔主義者は城のなかに、儀式のための衣服や仮面を保管していた。そこで子どもたちを着替えさせ、フィナーレの墓地への行進を開始したのだ。なんとも奇怪な話ではないだろうか。ロッカ・エステンセ城は歴史的街区の中心に位置しており、十軒はくだらない宿や商店が、文字どおりまわりをぐるりと取り囲んでいる。バールも、薬局も、レストランもある。イタリアの歴史ある街区はどこもそうだが、細く狭い路地が絡み合って、直進的な歩行を妨げている。カーニバルの時期でもなければ、仮装した集団が誰の目にもとまらずに歩いていくことなど不可能だ。いったいこの賑やかな行列は、どうやって城から出て、町の中心部をひっそりと横切り、円形のバッカリーニ広場を抜けて、交通量の多いマルコーニ通りの交差点を渡り、墓地《チミテーロ》通りまでたどりついたのか？　城から墓地までは、およそ一キロメートルの道のりだ。遅番の仕事を終えて帰る勤め人、深夜一時に閉店する居酒屋の従業員は、ことごとくこの行列を見逃していたのか？

フィナーレの墓地は、マッサの墓地と同じく農地に隣接しており、パナーロ川からそう遠くない場所にある。とはいえ、周囲には人家が林立している。墓地の中庭からはバラ色の家がはっきりと見え、その窓は墓石が並ぶ区域に面している。家の所有者はフェデリカという女性だった。私たちが玄関の呼び鈴を鳴らしたとき、彼女は小さな孫のためにセーターを編んでいるところだった。私たちは家のなかに入れてもらった。墓地に面した窓は、大きな洋服ダンスと一人用のベッドがある、二階の小さな部屋のものだった。墓地でなにか光ったり、奇妙な音が響いたりした場合、この部屋にいればかならず気づくはずだ。だが、小児性愛事件が勃発する前からこの家に暮らしていたフェデリカは、いままで一度も異変を感じたことはないという。それどころか、彼女は警察の事情聴取さえ受けていなかった。「そんなことを訊かれたのは、これがはじめてですよ」。フェデリカは困惑していた。「子どもたちが話していた墓地というのは、ほんとうにここのことなんですか？」

困惑しているのはこちらも同じだった。ここら一帯で、夜分に墓地で起きたことを目撃した可能性がある住人をひとりだけ挙げるとするなら、それは彼女を措いてほかにいない。いったいなぜ、警察はこの家に話を聞きにこなかったのか？　マルゲリータが証言した黒ミサは、まさしくここで開かれていたのではなかったか？　少女は捜査員やカウンセラーのドナーティといっしょに、現場検証のためにこの墓地を訪れ、父サントや悪魔主義者に連れてこられた場所を、確信をもって指し示していた。

　墓地の管理人で、墓地に隣接する住居に暮らすフィリッポ・ネーリは、警察の取り調べにたいして、自分はなにも見ていないと一貫して主張していた。儀式を執り行なうなかで、悪魔主義者は深さ二メートルの位置に埋めてある棺を掘り出したり、新しい亡骸を埋めたりした。当然ながら、墓地には大量の土くれが残されているはずである。だが、管理人はなにひとつ、いっさいなにも見ていなかった。まるで、夜半に墓地にやってきた人びとは、地面を掘り返し、人間や動物の首を掻《か》き切ったあと、到着する前と寸分変わらぬ状況を復元したあとで墓地をあとにしたかのようだった。これではまるで、亡霊の群れではないか。

「上から落ちてくるナイフもあった。それで首をちょん切るの」。マルゲリータはそうも言った。「一度、子どもの頭が私の背中に落ちてきたことがあって、すごく怖かった。頭とか、体のほかの部分は、かごに入れられて、あとで川に捨てられた」

　パナーロ川だ。墓地から二〇〇メートルの距離を流れている。当時から見て三年前、一九九五年のとある土曜日、この川に釣りに来ていたフィナーレの五人の少年が、偶然に頭蓋骨を発見している。当時、検察はこの頭蓋骨になんの注意も払わなかった。しかし、マルゲリータの新たな証言を受けて、誰かがこの件を思い出した。ひょっとしたら、あの頭蓋骨は、恐怖の黒ミサとなにか関係があるのかもしれない。法医学教室の電話がふたたび鳴った。ベドゥスキ医師と同僚たちを困惑させた、あごの欠けたあの奇妙な頭蓋骨の記録を、資料室から引っぱり出してくる必要がある。

しかし、ここにもやはり、なにやらつじつまの合わない点があった。たしかに、マルゲリータの証言によれば、人殺しどもは死体を遺棄する場所として、パナーロ川の土手を選択した。ただしそれは、一九九五年に五人の少年が頭蓋骨を発見した、フィナーレ・エミリア墓地に隣接する河岸ではない。黒ミサの犠牲者が捨てられたのは、フィナーレから三〇キロ近くも離れたところにある、カゾーニという界隈の河岸だった。いったいどんな理由があって、わざわざそんな遠くまで死体を捨てにいったのか？　儀式を終えた悪魔主義者は、ひとけのない農地を通って、最寄りの河岸へ向かえばよかったではないか。そうすれば、家屋からも、道路からも、ぶしつけな眼差しからも遠く離れた、このあたりで唯一の死角へ入っていける。闇と、木々と、霧に囲まれたこの場所なら、遺体を片づけるのにうってつけだろう。フィナーレからカゾーニまで、ご苦労にも車に乗っていく理由がどこにあるのか？　マルゲリータにとって、カゾーニはなじみのある土地だった。マッサ・フィナレーゼに引っ越してくる前、ジャッコ家は数年のあいだカゾーニに暮らしていた。それに、マルゲリータの姉であるフローラは、事件当時もカゾーニの住人だった。だが、カゾーニとその周辺を調べてみても、アンティモ・パガーノ警部はなにも見つけられなかった。わかったのはせいぜいのところ、姉フローラの家が土手からとても近く、「家から二、三メートルの場所に伸びる細い坂道が土手に続いており」、そこなら「不要なものを処分するのはじつに容易である」ということくらいだった。蟻の子一匹見逃すまいとする検察は、業者に依頼してパナーロ川の水底《みなそこ》を浚《さら》わせた。業者は何艘ものボートを動員して遺体を捜した。この作業には一億四千万リラの費用がかかったが、事件に関係のありそうなものはいっさい見つからなかった。

長い時間と多大な費用をかけて周辺地域をくまなく調べ、容疑者の住居も捜索した。そうして発見されたのは、捜査の目的に適うとは到底思われない、ごくわずかな物証だけだった。たとえば雑誌、アダルトビデオ、ヒールのついたアンクルブーツ、古いインスタントカメラ、ごくありふれた日用品などだ。反対に、凶器、血痕、小児性愛行為について伝える写真や映像、墓地で撮影されたスナッフフィルム〔人が実際に殺されたり拷問されたりするシーンを収録した不法ビデオ〕といった確たる証拠は、なにひとつ見つからなかった。

一九九八年十一月十二日未明の電撃作戦の後、それぞれ別の養育先に預けられたロレーナの子どもたちは、レッジョ・エミリアにある「フランチェスコの会食室」で、心理カウンセラーのドナーティと定期的に面会をするようになった。ドナーティはしばらく前から、修道女が運営するこの養育施設を、親元から引き離された子どもたちとの対話の場として利用していた。モデナ県の各地に散らばって暮らす子どもたちにとっても、ここは都合の良い場所だった。ミランドラからじゅうぶんな距離があるため、両親や親戚と顔を合わせる心配がないからだ。

冬のあいだずっと、コヴェッツィ夫妻（ロレーナとデルフィーノ）の子どもたちはなにも語ろうとしなかった。だが、引き離しから二か月が過ぎたころ、社会福祉部は親権の停止期間を延長させることに成功した。ロレーナと夫デルフィーノは、今後もしばらくのあいだ、子どもといっさい接触できないことになった。コヴェッツィ夫妻は、従容《しょうよう》として運命を受け入れるような真似はしなかった。ただちに弁護士とジャーナリストに働きかけ、新聞や雑誌にインタビュー記事を掲載させ、請われればテレビ番組にも出演した。そしてついには、下院議員のカルロ・ジョヴァナルディが、夫妻の物語に関心をもつにいたった。ジョヴァナルディ議員は一九九九年三月、コヴェッツィ夫妻の弁護士およびアウグスト・コルテッローニ上院議員とともに、司法大臣のオリヴィエーロ・ディリベルトを相手に国会質疑を行ない、この件について意見を求めた。ジョヴァナルディ議員による長く詳細な質疑は、次のような問いかけをもって締めくくられた。「なにも証言していない子どもたち、容疑者ですらない両親の子どもたちが、なぜ親元から引き離されなければいけなかったのでしょうか?」

ところが、三月十七日、議員の質問にたいする大臣の回答が予定されていた前日に、コヴェッツィ夫妻が刑事犯罪の捜査対象になったという検察の通知が、夫妻の自宅に送付されてきた。それによると、引き離しから四か月が経過したいまになって、年長の子どもふたり、ヴェロニカとピエトロが、性的暴行の廉《かど》で両親を告発したという。なんとも奇妙なタイミングの一致だった。

ヴェロニカは、父デルフィーノから性的な暴行を受けたと告白した。母ロレーナは、娘が暴行される様子を、扉の隙間から盗み見ていた。従妹《いとこ》のクリスティーナに告発された母方の伯父たちも、父と同じような怪物だった。彼らは倉庫でヴェロニカに目隠しをして、「鉄の棒」でかわるがわる暴行を加えた。ヴェロニカの弟でコヴェッツィ夫妻の長男であるピエトロは、姉が証言した直後に口を開いた。母の弟でミュージシャンのジュゼッペは、「錐《きり》で」少年に男色を行なった。伯父のエミディオは、紙やすりを使って同様の行為に及んだ。暴行は家のなかで行なわれることもあれば、母方の祖父母の家の鶏小屋で行なわれることもあった。鶏小屋では叔父のジュゼッペが、ピエトロや兄弟たちをケーブルでむち打った。ピエトロの次に証言したのが、弟のフェデリコだった。三歳のアウローラから引き出せたのは、おぼろげな記憶の断片に過ぎなかった。なんでも、彼女の母親はいつも、「モロッコ人」が家のなかを自由に出入りできるよう、玄関の扉に鍵を差したままにしていたらしい。

それからさして時をおかないうちに、たがいに顔を合わせたり、言葉を交わしたり、影響を与え合ったりする機会のない子どもたちが、自分も墓地へ連れていかれたという「事実」を、カウンセラーのドナーティに語りはじめた。「ぼくらは木製の十字架に縛りつけられた。それで、短剣やナイフを突きつけられて……焼けるように熱くなった蹄鉄《ていてつ》を握らされた……イエスさまがはりつけになった十字架に火をつけるように命令された。あの人たちはイエスさまを信じてないから。イエスさまより、悪魔を信じてるから。悪魔は悪いことをするから、あの人たちも悪いことをしようとした。それで、十字架が燃えているあいだ、ぼくたちは悪魔へのお祈りを唱えるように言われた……大人たちはぼくらを縛りつけて、そのまわりに爆竹を並べて火をつけた……やすりとか、錐とか、ペンチとか、紙やすりとかで、ぼくらの尻に悪さをした……真冬に、タンクトップとパンツだけの格好で墓地に連れていかれた。雪も降っていたのに……子どもが車のなかに戻ると、二匹の大きなネズミをぼくらの体のうえに置いて……」

ピエトロの証言はとりわけ衝撃的だった。教区の集会所のホールで、両親に手助けされながら、複数回にわたり子どもの殺害に手を染めたというのだ。わずか一週間のうちに、すくなくとも十五名を殺害したという。コヴェッツィ家の子どもたちにとって母ロレーナと父デルフィーノは、血に飢えた極悪人そのものだった。ルルドの聖母への献身どころの話ではない。地域の宗教コミュニティは、コヴェッツィ夫妻に連帯して行政に抗議するために一致団結し、夫妻のことを家庭－労働－信仰の模範であると主張していた。子どもたちからすれば、とんだ茶番だった。ぼくたち、わたしたちはもう、二度とあのふたりのもとへは帰らない。コヴェッツィ夫妻の子どもを迎えいれた養育家庭の大人たちは、彼ら彼女らがじつの両親をほとんど恋しがらないこと、新しい両親にたちまちなついてしまったことに、驚きを覚えずにはいられなかった。

これら一連の経緯を前に、私は深く当惑していた。じつの両親を重大な危機に陥らせるような証言を、なぜ子どもたちは口にしなければならなかったのか？　当時のヴェロニカは十二歳。子どもというより、青年期の始まりに相当する年齢だ。七歳のダリオや八歳のマルタとくらべて自己の意識はより強固で、自分を取り巻く世界のこともよりよく理解していただろう。なぜ、子どもたちは嘘をつかなければならなかったのか？　理屈のうえでは、親というのは子どもにとって、この世の誰よりも愛おしい存在のはずだ。子どもたちはみずからの証言で、その親を窮地に立たせ、破滅へと導いた。いったいなぜ？　どうしても、納得のいく説明が見つからない。みずからのジャーナリストとしての経験に照らしても、皆目見当がつかなかった。だが、それだけではない。私はジャーナリストであると同時に、小さなふたりの子どもの父親でもあった。子どもの誕生は私にとって、物事の優先順位、判断の尺度、そしてみずからの存在理由を、根底から変革してしまうような出来事だった。その父親としての視点を採用するなら、この事件はなおのこと謎めいて見えた。バッサ・モデネーゼの悪魔たち。この物語はブラックホールだ。内部を深く覗きこむほど、そのメカニズムの異様さがあらわになる。社会的、人間的な振る舞いの規範や、私がそれまで当然と見なしていた因果律が、そこではことごとく無効化される。まるで、すべてがいびつな姿をまとう、一個のパラレルワールドだ。私は恐怖を抱くと同時に、それこそいびつな、抗しがたい魅力にからめとられていた。この事件から視線を、心を引き離すことができない。とりつかれたのと同じだった。ほかにはなにも読む気になれない。ほかにはなにも話す気になれない。ほかにはなにも興味がもてない。友人との食事の席でも、職場でも、自分がどこにいようとお構いなしに、私はこの話題について語らずにはいられなかった。そんなとき、聞き手は不審者を見るような目つきで、不安げに私の顔を凝視した。だが、この物語に入りこむにつれ、危険を感知せずにはいられなくなった。今回の一件は、これまで扱ってきたどんな事件とも違う。この物語を形づくっているのは、どろどろとねばつく黒ずんだ物質だ。資料やメモを片づけたあとも、数時間、数日にわたって、私の体にまとわりついて離れない。

私の精神は激しく波立っていた。他者の苦しみに侵《おか》されまいと、長い年月をかけて形成してきた甲羅の内側に、未知の苦悶と恐怖が入りこもうとしている。私の日々の糧と化した、悲劇の家庭の子どもたちの当時の年齢は、私のふたりの子どもの現在の年齢とおおよそ重なる。彼ら彼女らは、家庭でなにを見て、なにを経験したのか？　じつの両親たちが主張したように、子どもたちが何者かに感化されたということはありえるのか？　もしそうなら、もしそんなことが可能なら、その「何者か」は、母と子を結びつける深い愛情を、かくも短期間のうちに、見る影もなく粉々にする力をもっていたということなのか？　不安は募る一方だった。ごく些《さ》細《さい》なこと、日常のちょっとした振る舞いに、私は不安を覚えるようになっていた。シャワーを浴びたあと、家のなかを裸でうろついているところを子どもに見られるのが怖くなった。子どもが幼稚園で話したことや描いたことが、あらぬ疑念を生みはしないかと怖くなった。子どもの体を、無造作に洗うことが怖くなった。いつか誰かが、子どもにこんなふうに訊いてきたら……「お父さんに、体を触られたことはある？」。だが、いくつもの家庭を巻きこんだこの悲劇が、そんな単純な話であるはずはない。マッサとミランドラの家庭には、まだ私が知り得ていない「なにか」がかならず存在する。「なにか」がそこで起きたのだ。昼夜を問わず、私は資料を読み進めた。すべての行が霧で覆われているかのような、この数百枚、数千枚の文書のなかに、真実はどれだけ含まれているのだろう？　すべてが真実なのか？　そんなことはありえない。なら、すべて虚偽か？　それもまたばかげている。となると、一部だけが真実なのか？　だが、「一部」というのはどの部分だ？　現実と想像の境界線はどこにある？　誰が、どうやって、その境界線を画定する？　いくら考えてみても、私には答えが見つからなかった。

第十二章

裁判の全体像を再構築するため、アレッシアと私は数か月のあいだ資料に読みふけった。五つの訴訟、約二十人の被告。有罪判決と無罪判決が交互に下される過程を追っていくあいだ、ここには論理が完全に欠如しているという印象を抱くことが何度かあった。

この物語が始まった一九九七年、はじめの訴訟（「小児性愛その一」とも呼ばれる）が起こされた時点では、容疑者の数はそれほど多くはなかった。裁判にかけられたのは、ガッリエーラ夫妻、フェデリコ・スコッタ、ローザとそのパートナーであるアルフレードの五人だけだ。犯罪行為として告発されたのは、ダリオ、マルタ、エリーザ、ニックら未成年にたいする、性的な暴行にかぎられる。犯行現場は、正確な場所が特定できない一軒家やアパートだった。モデナの第一審でも、ボローニャの控訴審でも、ローマの破毀院《はきいん》でも、全容疑者に有罪判決が下された。

ところが、「小児性愛その二」の公判が進行するかたわらで、一九九九年十月、前述の子どもたちによる追加の証言や、親元から引き離されたばかりの新しい子どもたちの証言をきっかけに、並行してもうひとつの訴訟──「小児性愛その二」──が起こされる。この訴訟には、すでに「その一」で訴えられた大人に加えて、マルゲリータ、クリスティーナ、コヴェッツィ夫妻の四人の子どもに名指しされた大人たちが巻きこまれた。ドン・ジョルジョ・ゴヴォーニ、サント・ジャッコ、ジャッコの息子であるアントニオ、ジュリアーノ・モルセッリとその妻モニカ、そして、モルセッリ一族のほとんど全員。最後に、ミランドラ在住のとある母親と、マッサ・フィナレーゼ在住のとある父親がひとりずつ。「その二」で告発された犯罪行為は、零歳から十一歳までの未成年にたいする、家庭内での性的暴行だけではなかった。むしろ問題になったのは、墓地で執り行なわれていたという、異常な儀式の方だった。ドン・ジョルジョと、ダリオの担任の先生でペゴニャーガ在住のリタ・スピナルディは、ダリオから行動の自由を奪い、少年を脅して学校の外へ連れ出した廉《かど》でも告発された。

引き離しから一年半も過ぎたころには、子どもたちはもう、じつの両親に再会したいという気持ちを完全に喪失していた。主要な証言者であるクリスティーナにいたっては、一九九八年十月、親元から引き離されてまだ三か月しかたっていない段階で、裁判所の判事に宛てて便箋二枚の手紙を綴《つづ》っている。いまは亡きドン・エットーレ・ロヴァッティが収集した、数百ページにおよぶ訴訟の資料や記録のなかから、私はその手紙を発掘した。少女は新しい家の自室で、便箋に向かって怒りを吐き出しているようでもあった。いまこそ、大人に耳を傾けてもらい、自分の言葉を信じてもらうときだ。

はんじさまへ
いいさいばんをしてください。でも、エンマ（・アヴァンツィ医師）に話したほかの人たちのことはよくわかりません。名前も知らないし、顔もおぼえていません。わたしはぜったいにその人たちのことを思い出せるようがんばります。たぶん、わたしの親が知っている人、お父さんとお母さんの友だちだと思います。グループのリーダーは、たぶんしんぷさんです。イエスさまとかみさまについてべんきょうしている人です。はんじさま、わたしはかみさまやマリアさまやイエスさまを信じています。かみさまたちが、ほんとうの親のように、わたしをだいじに思ってくれてると知っています……わたしはとても具合がわるいです。もうすこししないと、なにがあったのかわかりそうにありません。わかるために、いっしょうけんめいがんばります。でも、その前に言わせてください。わたしの親やおじさんたちが、わたしの言ったことはほんとうだと言うようになったら、すこしだけやさしくしてあげてください。でも、ほんとうのことを言うまでは、ずっときびしくしてください。

裁判所は子どもたちに精神鑑定を受けさせるよう要請した。鑑定を担当したのは、小児性愛との闘いの最前線に立つトリノの組織「ヘンゼルとグレーテル研究所」で働く専門家たちだった。心理学者のクリスティーナ・ロッチャ、サブリナ・ファルチ、アレッサンドラ・パリウーカは、被害に遭った未成年たちと個別で、または裁判官とともに面会した（その様子はビデオで撮影された）。専門家の結論はこうだった。「現実と想像を区別する能力を無効にしたり［……］かかる重大な事案にかんして、子どもたちに虚偽の告発を捏造《ねつぞう》させたりするような精神的病状は、いっさい認められない」。また、子どもの精神状態は、「実際に暴行を経験したと認定するのにじゅうぶんな、被害者に特有の心的傾向」を示している。子どもたちの証言は当初、いずれのケースにおいても断片的で脈絡を欠いていた。心理学者によると、それはいわゆる「(ぶどうの)房」と呼ばれる現象だった。「肉付きを欠いた初期の語りに、すこしずつ新たな要素が付け加えられる」ことで、徐々に「房」が完成していくわけである。精神状態のこのような変遷には、「心理的外傷を負った被害者に特有の、論理的な一貫性」が認められる。なぜなら、沈黙を強要する内的な規制が解除され、トラウマ、恐怖、家族とのつながりに起因する障害が克服されるにつれ、被害者はますます重大な証言を口にするようになるからである。

検察官のクラウディア・アーニは公判における論告のなかで、被告を窮地に追いこむ証拠を列挙していった。ドナーティをはじめとするミランドラの心理カウンセラーやトリノの専門家証人の前で、子どもたちが打ち明けた内容。婦人科医クリスティーナ・マッジョーニによる診断報告書。アンティモ・パガーノ警部が足を使って収集した、事件との関与が疑われる数々の物証。そのなかには、モルセッリ家で発見された膣用のゾンデ——クリスティーナが性的暴行について語る際に言及していたもの——や、クリスティーナの母モニカが刑務所から外部へ電話をかけたときの盗聴記録——電話のなかで、モニカはドン・ジョルジョ・ゴヴォーニを「反キリスト」と呼んでいた——も含まれていた。そして、ダリオのノートの破られたページ。当人によれば、そこに描かれているのは「ジョルジョその一」と「その二」だった。加えてダリオは、ドン・ジョルジョが白いバンを運転していたとも証言している。これは、神父が墓地での儀式のあとに死体を白いバンに積みこんでいたとする、一部の子どもたちの証言と合致する。さらには、一九九五年にパナーロ川で発見された頭蓋骨がある。クラウディア・アーニ検事は次のように陳述した。「この頭蓋骨は、当該地域に埋葬された遺体が、被告らにより発掘され、遺棄されたことの証拠となるでしょう」。人骨の断片が見つかった以上、墓地のなかでは、たしかになにかが起きていたのだ。これは、子どもたちが嘘をついていないことの証拠である。もちろん、子どもたちが語った十件を超える殺人にかんしては、いまだ裏づけはとれていなかった。直近の数年間に提出された失踪届がごくわずかであることを鑑み、捜査員は初期段階から、儀式で犠牲となった被害者は外国人であると確信していた。おそらく東欧の人間だろう。事実、ダリオはアルバニア人の子どもを殺害し、遺体が暖炉で焼かれるのを見たと言っていたではないか。当時はコソヴォでの紛争が収束して間もない時期に当たり、大量の難民がアルバニアや西欧に押し寄せていた。コソヴォ紛争の前には、旧ユーゴスラヴィアを解体に導いた戦争があった。こうした混乱が、東欧を人身売買（とくに女性の売買）の市場に変えた。一部の報告によれば、未成年も売買の対象になっていたという。捜査を通じて、アンティモ・パガーノ警部とその部下たちは、フィナーレ・エミリアに暮らす、ボスニア出身の五十代の女性と知り合いになった。彼女は数年前に、息子を連れて祖国を脱出し、いまでは「教区の施設の清掃員」をして生計を立てていた。だが、詳しく話を聞いていくうちに、彼女は暴力的な夫から逃げてきただけだということがわかった。墓地での儀式殺人をめぐる訴訟は、いっさいの具体的証拠を欠くという理由から、速やかに棄却された。

だが、法廷に流れる空気――公判記録の写しを読み進めるうち、私は次第に、法廷の雰囲気をありありと想像できるようになっていた――は、ときとして激しい敵意に満ちていた。審理が始まった初日、ドナーティやマルチェッロ・ブルゴーニが所属する地区保健当局の利益を擁護する弁護士のひとりは、裁判に出席しているモルセッリ家とコヴェッツィ家の面々に向けて、あからさまな蔑みを込めてこう語りかけた。「私たちがここにいるのは、子どもたちが味わった苦しみの代償を、あなた方に支払ってもらうためです。いまでは子どもたちは、地域保健所の子どもとなりました。かってはあなた方の子どもでしたが、いまは違います。子どもたちはいま、私たちの子どもであり、いまでは私たちが、あらゆる面で子どもたちの声を代弁しているのです！」

公判――ここでもやはり、心理カウンセラーのドナーティが重要証人を代表するひとりだった――では、裁判所、原告側、被告側の専門家証人がかわるがわる証言台に立ったが、同じ証拠にたいする解釈が、それぞれのあいだで大きく異なることがたびたびあった。被告側の弁護士と心理学者は、ミランドラの専門家たちが用いた手法に疑義を呈した。そこには被害者にたいする感化や、事前に想定された証言への誘導といった問題点が認められるというのだ。子どもたちの告白は欠落だらけであり、聞き手の意図から影響を受けていることは明らかである。被告側の弁護人はそう主張した。ときには、あらかじめ組み立てられた仮説を子どもたちに語って聞かせ、ただたんに首を縦に振らせただけのこともある。当事者自身も認めているように、ミランドラ側の従事者はこの種の事案を過去に担当した経験はなく、専門家としての基礎的な知見を欠いていると言わざるをえない。

だが、裁判官の見解は反対だった。子どもたちの証言は信頼に値する。以上、終わり。そう主張したのはドナーティだけではない。ドナーティとはなんのつながりもないトリノの専門家たち（「ヘンゼルとグレーテル研究所」の心理学者）もまた、ドナーティの主張を支持していた。裁判所はむしろ告発内容を全面的に支持し、ドナーティの仕事をあらためて擁護した。「被告側の主張を認めるのであれば、次のように仮定しなければならない。つまり、心理カウンセラーのドナーティは……未成年やその周囲の大人たちが、重大な損害に見舞われる可能性があることをじゅうぶんに認識しながら、「つじつまの合う物語を構築するよう子どもたちに仕向けるために」専門家が遵守すべきあらゆる初歩的な規則を、自覚的に侵犯したということになる。いったい、なんのために？」。第一審の判決文には、そのように記されている。

あとは、クリスティーナ・マッジョーニ医師による診断報告書がある。ほとんどすべてのケースにかんして、マッジョーニは性的暴行の痕跡――ときにきわめて深刻な痕跡――を認めていた。医師が撮影した子どもたちの性器の写真は、法医学者と婦人科医の眼前で、大型のスクリーンに映し出された。この証拠は有効と見なされた。ただし、暴行の痕跡はかならずしも、マッジョーニが主張するように明瞭なものではなかった。

議論が激しく沸騰した局面は幾度かあった。そのうちのひとつが、マッジョーニ医師、検察側の鑑定人、そして、予審のために裁判所が協力を要請した、ミラノの解剖病理学者クリスティーナ・カッターネオの対決である。カッターネオによれば、コヴェッツィ夫妻の四名の子どもには、「性的暴行の事実を示す明白な」痕跡は認められなかった。さらに、カッターネオは女性器の写真を大写しにしながら、処女膜の分析にとりかかった。マッジョーニによれば、度重なる凶悪な暴行が原因で、被害者の処女膜はとうに消失しているはずだった。ところが、カッターネオも指摘するとおり、写真には処女膜がはっきりと写っていた。

混迷する議論のなかでマッジョーニは、処女膜は初潮を経て再生することもあるのだと主張した。この言葉に同業者たちは腰を抜かした。「処女膜再生」の仮説は、科学的根拠のある議論としてはとうてい認められていないからだ。被告側の弁護士と両親たちは猛《たけ》り狂った。子どもたちを診察した医師はほんとうに適任だったのか、引き離しの根拠となった診断報告書の内容はほんとうに正しかったのか、いまこそ問いなおすべきである。被告側から参考意見を求められた鑑定人はことごとく、マッジョーニ医師の見解を否定した。そのなかには、過去に数々の有名事件を担当してきた法医学の権威、パヴィア在住のアントニオ・フォルナーリ博士もいた。マッジョーニ医師が用いた手法を検討したフォルナーリは、次のようなコメントを寄せた。

「私としては、マッジョーニ医師にはまったく同意できない……子どもたちが性的な暴行を受けていたと確信をもって断言できるような痕跡は、私にはなにひとつ見当たらない……」

マッジョーニ医師とそれ以外の鑑定人のあいだに認められる見解の相違を受けて、裁判所は事件とかかわりのない専門家二名にあらためて審査を依頼した。専門家は最終的に、幾人かの子どもたちにかんしては、暴行の事実があったと「懸念される」という判断をくだした。すなわち、性器周辺の痕跡——亀裂、小さな切り傷、皮膚の発赤《ほっせき》など——は、ごくありふれた一般的な傷、症状と解釈することが可能だが、他方でそれは、性的暴行の痕跡としても「成立しうる」という判断だった。だが、専門家はいっさいの断定を用心深く回避していた。「特殊な」、すなわち「確実な」痕跡は、いずれの少年・少女にも認められなかった。

この分野の最新の文献に目を通せばわかることだが、重度の裂傷、妊娠、性行為に起因する感染症など、議論の余地がない痕跡が残っている場合を除けば、未成年者にたいする性的な暴行があった事実を、絶対的な確実性をもって断定することはできない。だがそれは、より識別の難しい「なにか」が起きた可能性を、無条件に排除するものではない。それに今回のケースでは、子どもたちが勇気をもって口にした、大人たちを磔《はりつけ》にする苛烈な告発の言葉が、痕跡の不確かさを埋め合わせているではないか。二〇〇〇年五月、検察は「小児性愛その二」の被告にたいする求刑内容を明らかにした。カルト集団のリーダーと見なされたドン・ジョルジョ・ゴヴォーニには、禁固十五年が求刑された。

何人かの教区民や、神父の古くからの友人が語ってくれたところによると、訴訟に巻きこまれたことがバッサ全域に知れ渡ってもなお、ドン・ジョルジョは平静を保っていたという。だが、落ちつき払ったその態度には、諦めの感情も色濃くにじんでいた。自分が信じるのは神の裁きだけであるとドン・ジョルジョは言っていた。人間による裁きにかんして言うなら、審問に次ぐ審問、証言に次ぐ証言が、法廷で神父に苦悶を味わわせていた。五月十九日の午後、ドン・ジョルジョは弁護士のピエル・フランチェスコ・ロッシに会うために、車でスタッジャからモデナへ向かった。神父はいつもどおり、前もって弁護士に電話して、来訪の予定を告げていた。盗聴されていることを警戒していたので、電話ではかならず早口になった。弁護士に「ある重大な事柄」を伝える必要があると、神父は電話口で言っていた。

この日、弁護士には来客の予定があったものの、神父のためになんとか時間を作ることにした。ピエル・フランチェスコ・ロッシは、モデナの法曹界で頭角を現しつつある、刑事事件専門の若手弁護士だった。神父と弁護士が知り合ったのは三年前、ダリオの兄であるイゴール・ガッリエーラが、弟への性的暴行の廉で告発されたときだった。イゴールは当時すでに二十二歳の青年だったが、田舎育ちが災いして、ひとりで路線バスを利用して弁護士の事務所に行くことさえままならなかった。そこで、神父はときおり青年を車に乗せて、弁護士のもとまで送り届けてやっていた。やがて神父は、同じ弁護士に、自分自身の弁護も依頼することになった。ドン・ジョルジョは事務所の待合室で、自分の順番を待っていた。ロッシ弁護士は先客との面会中、扉の向こうで誰かが喘《あえ》いでいるような音を耳にした。オフィスの扉が激しく打ち鳴らされる。「ドン・ジョルジョの様子がおかしいんです!」。神父は床に仰向けになって痙攣《けいれん》していた。ロッシ弁護士は神父を助けようと床に身を投げだした。すぐに救急車を呼んだが、どうにもならなかった。ドン・ジョルジョ・ゴヴォーニは梗塞に見舞われ、弁護士の腕のなかで息を引きとった。

神父の訃報は瞬く間に、バッサの田園のすみずみまで広まった。日が暮れると、域内のすべての教会で弔いの鐘が鳴らされた。悲痛と憤懣《ふんまん》に満ちた響きだった。神父の足跡をたどりながら、ゆかりの土地——神父が生き、福音を広めるために汗と犠牲を捧げた土地——で四度にわたって葬儀が営まれた。そこでいま、幾千もの教区民が嘆きの声をあげている。神父の導きを受けた子羊たちは、はじめから彼の側に立つことを決めていた。どうか私たちの怒りの声が、モデナの法廷まで届きますように。サン・フェリーチェの道々に掲示された弔いの貼り紙に、誰かが夜半、「豚、人でなし」と落書きすることもあるにはあった。だが、サン・ビアージョでも、フィナーレでも、スタッジャでも、大方の教区民の心のなかでは、没後数時間もたたないうちに、ドン・ジョルジョは聖なる殉教者と化していた。苦しみに引き裂かれた家族や故人の長い列に、またひとり新たな犠牲者が加わった。神父の死をきっかけに、とうとう全国紙まででこの事件に関心を寄せるようになった。地方紙の紙面では、親族、知人、弁護団の名前が見出しに踊り、引用符で強調されていた。「判事は辞職せよ」「誰が神父を殺したのか?」「警察はただ、神父を懲らしめたかっただけ」「検察への抗議を表明する五百本の松明《たいまつ》」「悪魔が判事の頭を狂わせた」

数日後、「小児性愛その二」の第一審は、十三名の被告にたいするきわめて厳しい判決をもって結審した。そのなかには、「小児性愛その一」ですでに有罪判決を受けているガッリエーラ夫妻とフェデリコ・スコッタ、それにサント・ジャッコ、モルセッリ一族の面々、ダリオのかつての担任であるリタ・スピナルディも含まれていた。ドン・ジョルジョ・ゴヴォーニにかんしては、「被告人死亡」のために公訴棄却の決定がくだされた。

この訴訟によってもっとも大きな痛手を被ったひとりが、小学校教諭のリタ・スピナルディだった。第一審の判決が下されるより二年も前に、教育省から彼女のもとへ、教員免許の失効を知らせる通知が送付されてきた。独身で、子どもはなく、難しい手術を受けたばかりで体調も万全ではなかった。ひと月あたり七〇万リラの失業手当では、家賃と弁護士の費用を賄うのがせいいっぱいで、残りの生活費は電話帳を配送したり、バールで接客をしたりして工面した。仕事が入っていないときは、マントヴァのカリタース〔三〇頁の注参照〕が主催するボランティア活動に取り組み、生活困窮者を助ける「傾聴の家」で食事を作った。残りの時間は、精神的な苦痛から逃れるために、家のなかに閉じこもり、よろい戸を閉めきって過ごしていた。

しばらく前から、リタは強迫観念にとりつかれていた。どこにいても、緑色の「フィアット１２４」が自分を追いかけてくるような気がするのだ。これは現実なのだろうか？　それとも、一連の経緯がもたらしたショックと恐怖が、脳裏にこのようなイメージを投射しているのか？自宅の電話は盗聴され、公私の生活は『ガッツェッタ・ディ・マントヴァ』の紙面で報じられた。新聞は相も変わらず、ゴンザーガに暮らす二年生の少年（ダリオ）の誘拐に、リタが関与しているような書きぶりを続けていた。裁判所の考えによれば、ダリオ少年がノートに描いた有力な証拠、あの奇妙な「ジョルジョその一」と「その二」の似顔絵を、リタ・スピナルディは隠蔽《いんぺい》しようとしたのだった。被告側の弁護士は、ダリオを執拗に追いかける「ふたりのジョルジョ」は、マッサ・フィナレーゼからやってきたのではないと主張した。ふたりのジョルジョは、少年の想像力のかなたにある暗がりからやってきた。不安にさいなまれる養母と若く未熟な心理カウンセラーが、何日も、何週間も、執拗に質問を浴びせた結果、少年の心にトラウマが植えつけられ、想像上の怪物が少年を苦しめるようになったのだ。

第一審で有罪判決が下された翌年、深刻な鬱状態に悩まされていたリタ・スピナルディに、ボローニャの第二審で無罪判決が下された。ボローニャ控訴院はモデナ裁判所の判決を、部分的に覆した。墓地での性的暴行にかんする告発は、証拠不十分により、全面的に棄却された。リタのほかにはサント・ジャッコと、巻き添えになった二名の親に無罪判決が言い渡された。一方で、エンツォ、エミディオ、ジュリアーノ、モニカ、ジュゼッペらモルセッリ家の面々には、親族間の性的暴行にかんしてのみ、あらためて有罪判決が下された。二〇〇二年、ローマの破毀院は控訴院の判決を追認した。「バッサ・モデネーゼの悪魔たち」を裁いた一連の司法手続きの過程には、どこかいびつに捩《よじ》れたところがあるという印象が、公衆のあいだではますます強まっていた。

この年、コヴェッツィ夫妻（ロレーナとデルフィーノ）のみを被告とする、「小児性愛その三」の訴訟が始まる。夫妻にかけられた嫌疑は、実子にたいする性的暴行だった。ふたりはもう三年前から、子どもたちの消息にいっさい触れていなかった。ロレーナはすでにイタリアを離れていた。一九九九年、子どもたちがカウンセラーのドナーティや養育家庭の両親にたいし、いとこクリスティーナの証言を認めるようなことを話しはじめたころ、ロレーナは第五子を身ごもったことに気がついた。幼いころに祈ることを習い覚えてからというもの、ロレーナは毎晩欠かさず神に祈りを捧げてきた。家族がばらばらにされ、牢屋に放りこまれているときにも、全能の神は彼女を守ってくれなかった。その神が、光もなく出口もない深淵にロレーナが滑り落ちる直前に、すがりつくべき最後の手がかりを与えてくれたかのようだった。数か月のあいだ、妊娠のことは誰にも話さず、ゆったりとした服の下で小さな秘密を隠しつづけた。弁護士はロレーナに警戒を促した。地元のミランドラで出産するのは得策ではない。その前年、一九九八年の七月十七日、フェデリコ・スコッタの妻カエンペトは、第三子のステッラを出産した。だが、カエンペトが帝王切開のあとの縫合手術を受けているあいだに、ソーシャルワーカーが少年裁判所の令状を手に病院にやってきて、両親は立ち入ることのできない個室に新生児を移動させた。赤ん坊は一度も両親の顔を見ないまま児童養護施設に移され、両親はそれきりわが子との接点を失った。

「ここにいれば、あなた方の身にも同じことが起こりますよ」。弁護士はロレーナとデルフィーノにそう言った。

不安に駆られたロレーナは、教区民やボランティアのコミュニティに相談をもちかけた。「フィナーレ・エミリアには、フランス人の修道士が何人かいる」。故ドン・ジョルジョの友人だったドン・エットーレ・ロヴァッティが言った。「私から彼らに相談してみよう」

ドン・エットーレから紹介された修道士は、フランス南部のサレルヌという自治体とつながりがあり、同地の児童養護施設の責任者と知り合いということだった。あそこなら、コヴェッツィ夫妻を助けるために新生児を匿《かくま》ってくれるだろう。こうしてロレーナとデルフィーノは、一九九九年十二月のとある晩、およそ七時間にわたって、未知の土地に向けて車を走らせた。

子どもは十二月二十三日に生まれ、ステファノと命名された。ロレーナは赤ん坊とともにサレルヌに残り、一方のデルフィーノは、バッサとフランスをせわしなく往き来する日々を開始した。仕事を失うわけにはいかなかったし、訴訟の推移をすぐそばで見守るためにも、バッサでの生活の拠点は維持する必要があった。

訴訟は開始早々から、ふたりにとって不利な展開を見せていた。ロレーナのフランスへの逃亡の直後、コヴェッツィ夫妻の子どものひとりから、被告側の弁護人が訴えを起こされた。弁護人は保護尋問〔未成年の被害者から、性的暴行や虐待にかんする情報を聞き出すために実施される尋問〕の最中に、カウンセラーのドナーティが「五十歳で死ぬ」ことを確言し、子どもを脅迫したという。みずからもまた被告人となった弁護士は、コヴェッツィ夫妻の弁護を辞退した。事件から何年も過ぎたあと、私がこの弁護士の事務所を訪れたとき、弁護士は当時の事情を語ってくれた。あのとき彼は、この案件から手を引くよう妻から懇願されたらしい。どこかの誰かが、自分たちの小さな娘まで連れ去りはしないかと、弁護士の妻は恐れたのだ。

コヴェッツィ夫妻は苦労のすえに新しい弁護士を見つけたが、問題はそれで終わらなかった。子どもたちは両親を、強要、脅迫の罪で告発しつづけた。コヴェッツィ夫妻のふたりの子どもはドナーティに、じつの母親がつい最近、新しい学校の校門までやってきたことを証言した。「いい？　このことは誰にも言ってはだめ。さもないとあなたは殺されるわよ！」。子どもたちは母親から、そう脅されたという。こうしてロレーナは、自分の生活を事細かに手帳に記録するようになった。なにかあったとき、自分といっしょにいたことを証言してもらえるよう、フランスで会った人物の名前を漏らさずメモした。さらに、スーパーのレシート、光熱費の請求書、高速道路やサービスエリアの領収書などの保管に努め、自宅の電話の通話記録をプリントアウトして残すようにした。

できるかぎり、イタリアには戻らないようにした。サレルヌで、新しい働き口を探しはじめた。イタリアでは二十年間、幼稚園の教諭として働いてきたが、フランスでは幼稚園とも子どもとも、なんのかかわりもない仕事を選ぶつもりだった。結局は、家政婦の職に落ちついた。自分がイタリアにいるあいだに、誰かがフランスにやってきてステファノを連れ去っていくのではないかという不安は、いつまでたっても消えなかった。

第一審で懲役十二年の判決を受けたロレーナとデルフィーノは、控訴院で無罪となった。訴訟は破毀院までもつれこんだが、無罪の判決が覆ることはなかった。だが、デルフィーノは二〇一三年、破毀院が最終判決を下す前年に、梗塞で命を落とした。二度目の審理を終えた破毀院は、ミランドラの心理カウンセラーとトリノの専門家証人の仕事にたいし、浅からぬ疑念と困惑を表明した。未成年の証言は、「いかなる事実との照合もないままに」、カウンセラーによって「無批判に」受け入れられた。数年前、「小児性愛その一」と「その二」の訴訟で、モデナ裁判所からその有能さを認定された心理カウンセラーたちを、ローマの破毀院は「若く、実地の経験を欠いた専門家」と表現した。かくも複雑で繊細な事案を、このような専門家が請け負ったという事実に、判事たちは驚きを隠せない様子だった。さらに、「診察を終えたあと、実際に暴行があったと医師が考えていることを、カウンセラーが子どもたちに伝えている」事実については、判事たちは驚きを通りこして呆れはてていた。当の診察が間違いだらけであったと判明したあとになって振り返るなら、心理カウンセラーの対応のまずさは、なおいっそう際だって見えた。ロレーナは、「告発の内容に相当する行為におよんだ事実はないため」無罪となった。引き離しから十六年が経過し、子どもたちはすでに成人していた。はるか遠くの土地で、彼ら彼女らはきっと、両親への恨みを募らせながら、十六年の歳月を生きたのだろう。

そのあいだ、ロレーナの義妹でクリスティーナの母であるモニカは、モデナ刑務所で服役中に、心身の衰弱のすえに没していた。逮捕から数か月後、絶え間ない癲癇《てんかん》の発作のせいで憔悴《しょうすい》していたモニカは、字を書くことができなくなり、会話や歩行にも困難を覚えるようになっていた。同じ施設に収容されている、夫のジュリアーノとの最後の面会には、ふたりの警官にわきを支えられてやってきたほどだった。独房で見舞われた脳血栓が、彼女の命取りになった。モニカのあとには、モルセッリ一族の家長エンツォが続いた。死因は、発作をきっかけとする合併症だった。三日前、妻リーナの前で、自分は孫たちには指一本触れていないと、十字架に誓ったばかりだった。

ロレーナの兄弟の受難は、「小児性愛その二」の訴訟が終わってからも継続した。今度は、彼らのみを被告とする「小児性愛その四」の刑事裁判が、レッジョ・エミリアで始まったのだ。ことのあらましはこうだった。ある日、コヴェッツィ夫妻の第一子であるヴェロニカが、心理カウンセラーのドナーティにこんなことを告白した。祖父エンツォ、伯父（叔父）エミディオとジュゼッペが、都合四度も新しい学校にやってきて、スクールバスに乗りこもうとするヴェロニカを連れ去った。大人たちは学校に隣接する林のなかで、葉の茂る枝を使って少女に暴行を加えた。校門のそばにいたはずの十数名の児童は、誰ひとり、なにも目撃していなかった。ヴェロニカによると、親戚の男たちは暴行のあと、養育家庭の玄関先まで少女を送っていき、風のように去っていったという。きわめて重い傷を負ったと少女が主張していたにもかかわらず、レッジョ・エミリアの裁判所は、医師によるいかなる診断にも正当な根拠を認めなかった。告発から十年後、「小児性愛その四」の訴訟もまた、すべての被告に無罪判決が下されて結審した。だが、のちに私が、少女の告発を信用していなかった検察官から話を聞いたところによると、第一審の判決が出た直後、モデナ検察の関係者から彼のオフィスへ電話があり、なぜモデナ検察の方針に追随しないのかと、不満もあらわな口調で説明を求められたらしい。最後の訴訟、すなわち、コヴェッツィ夫妻の元弁護人にたいする訴訟もまた、モデナでの第一審では有罪、控訴院では無罪の判決が下され、そのまま結審となった。

何年もの時をおいて、こうして裁判の全体像を眺めてみると、それはあたかも、都市計画を担当する建築家がプロジェクトの途中で発狂してしまい、定まった形を与えられないまま放置されることになった、一個の巨大都市のようにも見える。どこを探してみても、全体を貫く論理的な基準は見つからない。行きどまりの道路がてんでんばらばらの方角に延び、陸橋は虚空につながっている。うねうねと曲がりくねった建造物は、エッシャーの絵画でよく見るように、すべてのフロア、すべての階段、すべての壁が、たがいに異なる固有の重力の法則に従っている。

性的暴行をめぐる子どもたちの証言は、ある人びとにとっては信用に値し、別の人びとにとってはまったく信用に値しなかった。判事はまるで、異様で不可解な「チェリーピッキング」〔単一の売り手からまとめ買いするのではなく、複数の売り手から最良の品だけを購入すること〕に勤《いそ》しんでいたようでもある。子どもの証言は大人たちによって取捨選択され、選別に漏れた要素は些事《さじ》として片づけられた。同一の証拠にもとづいて、被告人はときに有罪、ときに無罪と判定された。どの面から見てみても、この物語は信じがたいほどにグロテスクだ。

ドン・エットーレ・ロヴァッティの書斎に足を踏み入れ、すべての書類とはじめて対面したときのことを、私はよく思い返した。あそこに保管されていた数十キロの資料は、積みあげれば優に部屋の天井まで届いただろう。公判記録、被告側の弁護士が作成した陳述書、心理学の専門家による報告書、尋問内容の写し。二十年近くにおよぶ期間、北から南まで、イタリア各地の職業人がこの訴訟に関与してきた。弁護士、判事、刑事、心理カウンセラーに精神科医、婦人科医、法医学者、大学教授など、いったい何人の人間が訴訟とかかわりになったのか、正確な数字を割り出すことは不可能に近い。もちろん、法廷に召喚された数十人の証人や、情報提供者のことも忘れてはならない。唯一にして最大の問題、「子どもたちは性的暴行を受けたのか、受けなかったのか」という問いに答えるために、いったいどれだけの時間が、どれだけの費用がついやされてきたのだろう？

アレッシアと私は、資料の森をさまよいながら、なんとかして出口を見つけようとした。同一の事件にかんして、専門家の見解がこうも異なることがありえるのか、私たちは考えこまずにはいられなかった。

たとえば、検察側の陳述を支える二本の大きな柱のひとつ、マッジョーニ医師の診断報告書は、ほんとうになにもかも間違いだったのだろうか？　「マンジャガッリ」のような著名なクリニックに勤める医師が、徹頭徹尾間違った判断をくだすなどということが、はたして現実にありえるのだろうか？

おそらく、ありえるのだろう。

疑念の芽が生じたのはほかでもない、マッジョーニ医師の勤務する病院があるミラノにおいてだった。

モデナの訴訟で、検察側の鑑定人として主役のひとりを演じていたのと同時期、マッジョーニ医師はまた別の暴行事件をめぐって、激しい論争に巻きこまれていた。今度の訴訟の舞台は、ロンバルディア州の州都、ミラノの裁判所だった。「バッサ・モデネーゼの悪魔たち」と比較すると一般の注目度はそれほど高くはなかったが、この事件はマッジョーニの経歴に消しがたい傷をつけ、彼女の医師としての信頼を失墜させた。被告のマリオ・ヴィオラはタクシー運転手で、三歳の娘に性的暴行を加えた廉《かど》で告発されていた。

一九九六年、ヴィオラの妻は、娘が「ちんちん」という言葉をよく口にするようになったことに気がついた。とくに、父親について話しているとき、たびたびこの言葉が使われるようだった。ヴィオラの同意を得たうえで、妻はミラノの『児童虐待センター』に相談に行くことにした。そこは、未成年を相手にする心理カウンセラーのあいだでは、広く名の知られた施設だった。センターに勤務する専門家は、ただちに妻に懸念を伝えた。これは性的暴行が疑われる事案です。加害者はおそらく父親でしょう。すぐに夫と別れて、娘といっしょにシェルターに入るべきです。でなければ、夫の共犯者と見なされ、最悪の場合は親権喪失の処分を受けるかもしれません。夫の無実を信じてはいたものの、女性はパニックになり、心理カウンセラーの勧めに従った。本件を担当することになったピエトロ・フォルノは、その数年前、世にはびこる小児性愛者どもに宣戦布告した名うての検事だった。フォルノ検事のまわりには、暴行の事実を特定し、犯罪者を法廷に引きずり出すことを使命とする、実力派の専門家集団が形成された。

フォルノがもっとも大きな信頼を寄せていた専門家証人のなかには、「児童虐待センター」

の心理カウンセラーに加えて、クリスティーナ・マッジョーニ医師も含まれていた。

ところが、告発から三年後、フォルノの後任としてティツィアーナ・シチリアーノ検事が本件の担当になると、事態の様相は一変した。事件の資料を詳しく検討したすえに、シチリアーノ検事は父親の無罪放免を要求し、「マンジャガッリ」の婦人科医には苛烈な告発文書を叩きつけた。「私は今後、二度と彼女に鑑定を依頼しません」。論告のなかで、シチリアーノ検事はこう述べた。「彼女がこの分野に通暁《つうぎょう》しているとは思えません……私たちの手もとには、マッジョーニ医師の説明と全面的に食い違う、大量の画像資料が存在します。マッジョーニは医師としての適性を完全に欠いているか、あるいは、なんらかの悪意をもった人物であると判断せざるをえません……私の考えでは、彼女の鑑定は間違っています。それはいわば、職業を変えることを検討すべき人物による鑑定です」。シチリアーノ検事の言葉はあらゆる新聞に掲載され、ミラノ検察には激震が走った。この件が原因となって、前任のフォルノ検事はミラノからトリノへ配置換えとなった。フォルノ検事の捜査手法は、彼の批判者の主張によれば、あらかじめ被告を有罪と決めてかかる、強固な先入観に支配されていた。新聞はこの件に関連して、何本もの記事を発表した。信頼性に乏しい証拠や、不適格な鑑定人がこしらえた証拠をもとに訴訟を起こされた人びとの事例を、新聞は次から次へ列挙していった。

『コッリエーレ・デッラ・セーラ』紙のパオロ・ビオンダーニ記者は、フォルノ検事にかんして次のような論説をものしている。


強姦や暴行に関連する、百件にもおよぶ訴訟で用いられたとある「捜査手法」を開発した功績（または過失）は、まさしくフォルノ検事に帰せられる。ここで、その大略を解説しよう。被害者と想定される人びとの告発や証言を、警察の専門家集団に収集させる。信頼の置ける婦人科医や心理学者に鑑定を依頼する。子どもたちが教育者に抱いている信頼を捜査に活用する。告発内容を認めない配偶者や親戚は共犯者と見なす。少年裁判所と協力して、疑わしい両親からただちに子どもを引き離す。児童の後見役となる組織集団と、緊密な関係を保持する。フォルノ検事の批判者たちによれば、このきわめて有効な裁きの「からくり」は、無実の市民にたいしても容赦なく牙をむく。

警察の捜査や議会質問のために、四百件近い鑑定に関与してきたマッジョーニ医師は、勤務先のクリニックを解雇された。以後、彼女は個人病院で業務を続けている。インターネットで調べてみたところ、マッジョーニの鑑定にたいしては、そのほかの事件についてもたびたび疑義が呈されていたことが判明した。クリスティーナ・マッジョーニの個人ホームページには、「心身の結びつき、精神と身体の不調に焦点を当てて診療に取り組む産科医、婦人科医」という自己紹介が掲載されている。医師の名はミラノ大学のサイトにも載っている。「臨床科学・共同体学部」で教員をしているらしい。

私はマッジョーニの病院に電話をかけ、モデナの訴訟の件で話をしたいと説明した。電話口の向こうからは、早く会話を切りあげたいという思いがひしひしと伝わってきた。「いやだ、どうして?」。これがマッジョーニの第一声だった。「そんなことを調べてどうするんですか?」。そして、自身にとっての揺るがぬ真実を、私の前に突きつけてきた。「鑑定の内容は私のほかに、十七人の専門家が確認しています。その全員が、重大な外傷があったことを認めているんです」。これは事実ではない。マッジョーニを除くすべての鑑定人は、彼女よりずっと慎重だったし、マッジョーニの診断結果を批判した専門家もいる。重大な外傷があったと主張している鑑定人はひとりもいない。私がそのことを指摘すると、マッジョーニは発言を修正した。たしかに、ひとりだけ自分の鑑定に同意しなかった専門家がいる。予審のために裁判所が鑑定を依頼した、法医学者のカッターネオだ。マッジョーニに言わせれば、暴行の事実はないと述べたカッターネオは、法廷で「偽証した」ことになる。私は困惑し、もうすこし詳しく説明してほしいと食い下がった。カッターネオは偽証したのですか？「つまりね、ああいうものは、コンピューターで加工できるんですよ。モンタージュ、合成写真が作れるんです」。マッジョーニはそう答えた。

私は絶句した。どうやらマッジョーニは、彼女の同業者であるカッターネオが、現実にはなにも起きなかったことを主張するため、「どうやったのかは知らないが」、子どもたちの性器部分を撮影した捜査資料を、ソフトウェアで意図的に改ざんしたと言いたいらしい。いったいなぜ、カッターネオがそんなことをしなければいけないのか？ どんな事情があって、医師が小児性愛者の味方をするのか？ するとマッジョーニは、さらに突拍子もないことを言い出した。彼女によると、カッターネオが偽証した事実は訴訟の過程で明らかになり、判事が作成した判決文には次のごとく記されているという。偽りの鑑定書を執筆したカッターネオを、司法は医師会から追放しない、「それはひとえに、カッターネオが監察医だから」である。これもまた、道理の通った主張ではない。道理が通っているはずがない。この情報は完全に間違っている。そもそもマッジョーニは、司法の領域で長い経験を積んできたにもかかわらず、この分野にわずかなりともかかわりをもったことのある人間なら知らないはずのない、刑法の基礎的な考え方すら無視している。裁判所の判事には、医師を医師会から追放するいかなる権限もない。問題を起こした専門家を除名できるのは、その専門家が所属する協会だけである。たんに鑑定人の役割を引き受けたに過ぎず、被告として裁かれているわけでもない医師を、裁判所が協会から除名するなどありえない。

会話は袋小路に迷いこんだ。私はもはや、マッジョーニがなにを言いたいのか理解できなくなった。私の執拗な質問にたいし、マッジョーニは質問でもって応じた。「なにが目的なんですか？　残りの生涯、私が医者をできないようにしたいんですか？」

医師の診断という堅固な証拠にもとづいて、ある者は有罪に、ある者は無罪になった、この迷宮のような裁判をめぐって、すでに私は、ある程度まではっきりとした見解を得るにいたっていた。それでもなおこの物語には、およそ理解のおよばない、巨大な謎が浮遊している。子どもたちの証言。その起源が、私にはどうしてもわからなかった。どういうわけで、こんなにも小さな子どもたちが、こんなにもおぞましい証言を語ったのだろう？　証言の一部が想像力の産物であることは間違いない。だが、そうだとしても疑念は残る。すべてが壮大な茶番だったとしても、子どもたちの家ではやはり、「なにか」が起こっていたのだろうか？　その答えは、ミランドラからもマッサ・フィナレーゼからもはるか遠く、別の大陸、別の時代に探し求めなければならない。

第十三章

一六九二年、晩春のとある一日、ブリジット・ビショップは永眠した。目を閉ざす前、彼女が最後に目にしたのは、「縛り首の丘《ガロウズ・ヒル》」にできた小さな人だかりだった。英国植民地時代のアメリカ北東部、港町セイラムの判事によって死刑判決が下されたのち、両手を背中に縛られた状態で、彼女はこの丘にたどりついた。ブリジットは、二度の結婚歴がある六十歳の女性だった。闘争的な性格の持ち主で、その派手な暮らしぶりは、もっぱら清教徒から構成される共同体にあっては、周囲の耳目を引かずにはいなかった。ブリジットの罪状は、町の若い娘たちに魔術を行使したことだった。娘たちはしばらく前から、ヒステリーの発作に悩まされ、心身に不調をきたしていた。

はじめのうち、疑いの目は浮浪者やカリブ人の奴隷など、三人の女性に向けられていた。カリブ人奴隷は脅しを受け、罪を告白するとともに、ほかの罪人の名前を明らかにした。そのなかに、ブリジット・ビショップの名も含まれていた。

複数の証言によると、ブリジットはおよそ上品とは言いがたい居酒屋を経営しており、そこは地元の若者たちのたまり場になっていたという。おそらくこの店で、なにか奇妙なことが起こったのだ。こうして、ブリジットは判事のもとへ召喚された。証人である少女たちは、ブリジットの顔を見て悲鳴をあげたり、苦悶のうめきを漏らしたりした。少女たちのこうした反応は、ブリジットが罪人であることの動かぬ証拠だった。この、いわゆる「霊的証拠《スペクトラル・エビデンス》」によって、ブリジットは極刑を言い渡された。六月十日、死刑執行人は彼女の首に縄をくくりつけた。ブリジットは、セイラムの町が宣戦布告した魔女たちの第一号だった。その後、ブリジットに続いて十八人の女性が縛り首になったほか、ひとりが裁判を受けることなく圧死させられた。裁判が進むなかで、告発した娘たちは成人し、そのうちの何人かは訴えを取り下げた。

古代、近代、現代の歴史を振り返るなら、地球上のいたるところで、十七世紀のすえにセイラムで起きたのと同じような、魔女狩りの現象が生じている。この手の告発にもっとも苦しめられてきた共同体のひとつが、ヨーロッパのユダヤ人社会である。ユダヤ人が執り行なうとされる儀式では、小さな子ども、とりわけキリスト教徒の子どもたちが、暴力の犠牲となる。何世代にもわたって民衆のあいだで語り継がれてきた伝承によれば、ユダヤ人は子どもたちの血を使って、伝統的な無酵母パンを作るのだった。文書の記録が残っている最初の事例は、一一四四年に、イングランドのノリッジで起きた出来事である。ノリッジはこの年、皮なめし職人のもとで徒弟をしていたウィリアムという十二歳の少年の、謎めいた殺人事件に揺れていた。殺害に関与していると後ろ指をさされたのが、ユダヤ人社会の構成員たちだった。同様のエピソードは、世界中の年代記に認められる。すべての共同体には、二重の生を生きる個人または集団が存在し、「絶対悪」の名のもとに、いかなる良心の呵責《かしゃく》もなしにあらゆる残虐行為をやってのける。こうした発想、というよりむしろ恐怖は、時代を超え、海を越え、しばしば共通の鋳型を有する集団的な恐怖を生みだした。暗がりのなかで悪事を行なう、頭巾をかぶった男たち女たち。動物、とりわけ猫の供犠《くぎ》。血の摂取をともなう儀礼。墓地での黒ミサと亡骸の掘り出し。性的暴行。殺人。食人主義。中世の版画でも、現代において大きな成功を収めている映画やテレビドラマの場面でも、同じモチーフが幾度となく取りあげられている。背景にはつねに悪魔主義がある。それは言い換えれば、「終わりの日」に神に反乱を起こす天使を言《こと》祝《ほ》ぐ、反キリストの永遠《とわ》なる運動である。

「バッサ・モデネーゼの悪魔たち」の調査を開始する以前、悪魔主義にかんする私の知識は、新聞記事、フィクション、子どものころから耳にしてきた都市伝説の類いが提供するものにかぎられていた。やがて私は、トリノの研究者マッシモ・イントロヴィーニェの学術的な文章に行き当たった。『悪魔主義、ある社会史（*Satanism, a Social History*）』という著作は、こうした現象の起源がじつのところ、かなり最近のものであることを説いている。歴史に記録が残っている最初の悪魔主義者は、十七世紀と十八世紀をまたぐころのフランスに出現した。ルイ十四世の宮廷ともつながりのあったカトリーヌ・ラ・ヴォワザンが、歴史上はじめての「黒ミサ」を運営していたことが明らかになったのである。ラ・ヴォワザンは、悪魔に崇拝を捧げることで物質的な恩恵、優遇を引き出す儀式を、宮廷婦人のために執行していた。ラ・ヴォワザンから一世紀後、アレスター・クローリーという、イギリスの突飛なオカルティストが、悪魔主義の根本原則を策定した。「汝の望むことをなせ、汝がすなわち法である。人間のほかに神はなし」。この原則にもとづいて、一九二〇年代、クローリーはシチリア島のチェファルに「テレマ修道院」を設立した。土地の新聞はただちに、この奇天烈な人物が企画する、セックス、男色、動物の供犠に基礎を置いた乱痴気騒ぎについて報じ、クローリーに「退廃の王、この世でもっとも邪悪な男、ヒトの皮をかぶった獣」などの呼称を授けた。結局、クローリーはベニート・ムッソリーニの政府によって、国外へ追放された。

だが、アメリカ合衆国において悪魔主義がはじめて明るみに出たのは、一九六六年、秘教主義者のアントン・ラヴェイによって、それが事実上の宗教運動と化したときだった。ラヴェイがカリフォルニアに創設した「サタン教会」は、いまもなお登記上の事務所、インターネットサイト、自前のラジオ放送局を有している。サタン教会は魔王《ルシフェル》の存在を信じている。ただしそれは悪の権化としてではなく、権力、性、金銭といった快楽に結びつく、人間の自由の象徴としてである。

六〇年代末までは、アメリカ合衆国における結社の活動や儀式的な殺人は、さほどメディアの関心を引きつけてこなかった。だが、一九六九年八月、カルト指導者のチャールズ・マンソンが、女優のシャロン・テートの自宅を訪れ、儀式的な意図のもとにナイフで四人を惨殺するにおよんで、合衆国民は言葉を失った。マンソンはたちまち悪魔の化身と見なされるようになった。七〇年代に入ると、大衆文化において「ホラー」というジャンルが興隆してくる。スティーヴン・キングをはじめとする一部の作家が世界的な名声を獲得し、一九七三年には、ホラー映画『エクソシスト』が絶大な成功を収めることになる。この新たなジャンルは公衆を魅了した。しかし、その一方で、心の内奥に巣くう恐怖や苦悶を、公衆に意識させる結果にもなった。

「マンソン・ファミリー」による虐殺から九年後、また別の事件がアメリカを動転させた。

ジェームズ・ウォーレン・ジョーンズ尊師に付き従う九百人の信者が、ギアナの村落で集団自殺を決行したのである。ジョーンズは数十の家族にたいし、自分とともにギアナへ赴き、農業共同体で生活を送るよう説得した。共同体の運営の基盤になっているのは、「使徒社会主義」という、すみからすみまで陰謀論で粉飾されたイデオロギーだった。信徒集団を構成するいくつかの家庭は不安に駆られ、カリフォルニア選出の下院議員、レオ・ライアンに助けを求めた。ライアン議員は記者団を引きつれて、現地を視察するためにアマゾンの森へ飛んだ。だが、カリフォルニアへの帰路につく前にジョーンズの「人民寺院」の信者から襲撃を受け、ライアンを含む五人が殺害された。ジョーンズは同日晩、じきに軍隊が出動して自分たちをつかまえにくるだろうと説き、シアン化物を含有する薬品をすべての信徒に配布した。そして、男たち、女たち、子どもたちが、瀕死のうめきをあげるなかで、最後の説法をカセットに録音した。数日後、寺院の内部で、おびただしい数の遺体が積み重なっているのが発見された。死者の三分の一は未成年だった。その年の暮れまで、メディアはジョーンズ・タウンの「革命的自殺」の話題で持ちきりだった。ごくふつうの人びとを洗脳し、理解不能な集団行動へ駆り立てるカルトの恐怖が、新しい波となってアメリカに押し寄せてきた。

それから二年後の一九八〇年、アメリカの書店に一冊の書物が並んだ。その本が引き起こした「悪魔主義パニック」は、今日では史上最大の集団ヒステリーとして記憶されている。『ミシェルは覚えている（*Michelle Remembers*）』と題されたその書物は、二十四歳のカナダ人女性、ミシェル・スミスの経験を素材にしたノンフィクションである。ミシェルはうつ病の治療のために、ブリティッシュ・コロンビアの州都ヴィクトリアの精神科医、ローレンス・パズダーのもとに通っていた。はじめの数回の診察を経て、パズダー医師は患者の不調の原因が、幼少期に経験し、のちに記憶のなかで抑圧された、残忍な暴行にあることを直観した。治療のためには、催眠をともなう複数回の診察を通じて、遠い過去の記憶を掘り起こしてやる必要がある。ミシェルはある日、左腕の傷口から数百匹の小さな蜘蛛が出てくる夢を見て、思わず飛び起きた。ほどなくして、五歳のころに悪魔主義の組織から受けた、一連の長い暴行の記憶がよみがえった。秘教的な儀式、供犠、拷問、強姦。儀式の最中、五歳のミシェルは檻のなかに閉じこめられていた。悪魔主義者は、殺された子どもや大人の血を、ミシェルの体に振りまいた。それから、少女を死体に縛りつけて車に乗せた。その後、車は道ばたで破壊された。刊行と同時に本書はすさまじい反響を呼び、前例のない販売部数を記録した。テレビや新聞は、ミシェル・スミスと似たような経験をしたと語る人びとをこぞって取りあげ、悪魔主義者の犯行と推定される殺人事件を次々に報じた。なかには、ミシェルの語りの真実性に疑義を呈する新聞もあった。とはいえ、この物語はもはや、何百万というアメリカ人の心を惑乱させていた。身近に暮らす、目に見えない新たな敵が見つかった。五〇年代、マッカーシズムの信奉者は共産主義の恐怖を説き、冷戦の渦中には、海の向こうのソヴィエト連邦の脅威が喧伝《けんでん》された。だが、これらかつての敵と比較しても、今度の敵はさらに危険だった。なぜなら、私たちの社会で生きる、もっとも小さく、もっとも無防備な存在が、恐ろしい犯罪者の標的になる可能性があるからだ。新たな敵は、「悪魔的儀式虐待（Satanic ritual abuse）」の頭文字をとって、「Ｓｒａ」と命名された。

『ミシェルは覚えている』の刊行から三年後、カリフォルニアはマンハッタンビーチのとある保育園で、二歳半の子どもの母親が、わが子の振る舞いに奇妙な点があることに気がついた。

息子を質問攻めにした結果、母親は確信した。愛しいわが子は、施設を運営しているマクマーティン家の面々から、暴行を受けている。かつて精神病と診断されたこともあるこの女性は、じつに奇妙な物語を警官に語って聞かせた。それによると彼女の息子は、保育園の女性保育士らが教室内で動物と性交している場面に立ち会い、また別の日には、保育士のひとりであるレイ・バッキーが空を飛ぶところを見たという。

そこで警察は、マクマーティン保育園に通っているか、かつて通っていた子どもたちの約二百人の保護者に、次のような書面を送付した。「親愛なる保護者殿、当局は現在、子どもの虐待事件について調査を進めています。ご協力をお願いいたします。なんらかの犯罪行為に立ち会ったり、自分自身が被害者になったりした経験があるか、子どもに尋ねてみてください……子どもたちの裸の写真が撮られたおそれがあります」。警察の長い手紙は、父親たち母親たちにこうも訊いていた。お子さんは、レイ・バッキーが特定の幼児の手を引いて、教室を出ていくところを見たことがありますか？　その際にレイ・バッキーが、このことは保育園の外ではけっして話してはいけないと言っていたことを、お子さんは覚えていますか？　保護者たちが子どもと話し、保護者同士でも話した結果、ドミノ倒しのように次々と証言が飛びだしてきた。当時のマンハッタンビーチの人口は、三万人をわずかに上まわる程度だった。にもかかわらず、じつに千二百もの子どもが、悪魔的儀式虐待の犠牲者であることが判明した。ある婦人科医は約百五十人の子どもを診察し、その八割が暴行の被害者であると認定した。

訴訟には、『ミシェルは覚えている』の著者であるパズダー医師——いまやアメリカ全土で知られる専門家となっていた——が鑑定人として召喚された。マクマーティン保育園を運営する七人のメンバーは、虐待に関係する三百もの訴因と対峙することになった。証言はどれもこれも、珍奇なものばかりだった。ある幼児が語ったところでは、子どもを預けた母親たちが幼稚園から去ったあと、保育士は園児たちを飛行機に乗せ、カリフォルニアの砂漠に連れていったらしい。保育士が執り行なう悪魔崇拝の儀式に、著名な俳優チャック・ノリスが参加していたと断言する幼児もいた。検察の主張によれば、保育園の運営者の最終的な目的は、ポルノグラフィ的な写真やビデオを販売して、金銭的な利益を得ることだった。ただし、この主張を裏づける物的な証拠はいっさいなかった。アメリカ合衆国の歴史上、もっとも長期におよぶ訴訟となった「マクマーティン裁判」は、告発から七年後、全容疑者に無罪判決が下されて結審した。

アメリカでは同じ時期、メディアが決定的な役割を果たした集団ヒステリーが勃発していた。著名なテレビタレントが、悪魔主義のカルトの元メンバーを自称する人びとを番組に招き、身の毛のよだつ体験談を語らせるようになったのだ。たとえば、オープラ・ウィンフリーが司会を務めるトーク番組では、人肉を食べることを強要されたというエピソードが披露された。一九八八年十月二十五日午後八時、ＮＢＣ〔アメリカの三大テレビネットワークのひとつ〕は、激しい論争の引き金となる特別番組の放送を開始した。それは、人気ジャーナリストのジェラルド・リヴェラによる、『悪魔のアンダーグラウンドを暴く（Exposing Satan’s Underground）』という番組だった。番組内ではリポーターが、「アングラ」と呼ばれるさまざまな世界に潜入していく。ヘヴィーメタル、ハイチのブードゥー、悪魔とその信奉者がアメリカ社会に組みこまれているという理論にもとづくさまざまな犯罪事件。一部の新聞は、リヴェラを手厳しく批判した。『ワシントン・ポスト』は「有償の悪魔」と題された記事で、リヴェラのことを「アメリカ社会の影の領域を探索する、下品であさましい特別番組のシリーズのおかげで」裕福になったリポーターと形容した。一方で、視聴者は強烈な目まいを覚えながらも、この番組に釘づけになっていた。だが、共和党全盛のアメリカにあって、保守的、キリスト教的な価値を守る十字軍の最前線で闘っていたのは、ひとりリヴェラのみではなかった。

その道の専門家を自称する「警官／説教師」のゴルドン・コールターは、警察向けの指導ビデオのなかで、町に散らばるオカルトのシンボルを見分ける方法を教授している。シンボルというのは具体的には、かの有名な五角形、五つの点が逆さまに配された悪魔の星の落書きや、縄の切れ端、麻酔薬のびん、ある種のろうそくなどである。儀式的な背景をもつ可能性がある殺人事件を、同僚たちが識別できるようにするために、コールターは古代の柱の模造品ふたつと小さな寝台ひとつからなる舞台セットまで用意している。寝台にはビキニ姿のモデルが横たわり、その体にはマーカーでオカルトのしるしが描かれている。

悪魔主義のカルトにたいする恐怖は、幼児向け出版物の世界にまで波及した。一九九〇年刊行の『ママ、ぼくを帰さないで（*Don't Make Me Go Back, Mommy*）』という絵本は、「悪魔的儀式虐待にかんする子ども向けのテキスト」として世に送り出された。集団ヒステリーは、P&Gのような巨大多国籍企業にも牙をむいた。ひげを生やした男性が星を眺めているP&Gのロゴが悪魔を暗示していることに誰かが気づき、その情報を拡散したのである。

だが、八〇年代から九〇年代にかけて、社会を数世紀前に引き戻すかのような力学がもっとも強く働いたのは、アメリカの保育施設だった。二十世紀後半、女性の社会進出が進むにつれて、保育施設の需要は右肩上がりに増加していった。保護者が日中に子どもたちを預ける保育所のなかには、家族経営の施設も少なくなかった。「マクマーティン事件」の後、地域紙、全国紙を問わず、新聞の紙面はたびたび、似たような事件の報道で埋めつくされた。
ジェラルド・アミローとその母および妹は、マサチューセッツのモールデンで、「フェルズ・エーカーズ・デイケア・センター」という保育園を経営していた。三名は、子どもたちをナイフで脅して暴行し、鳥類の供犠にむりやり参加させた廉《かど》で告発された。テキサスのオースティンで「オークヒル保育園」を経営するケラー夫妻は、さらに信じがたい事態を経験した。三人の園児の証言によると、夫妻は子どもたちの目の前で、動物とひとりの赤ん坊をずたずたに切り裂いたという。なお、証言した三人の子どもの親は、マクマーティン保育園に通う子どもたちの保護者とコンタクトをとっていた。さらに園児は、まさしくマクマーティン事件と同じように、自分たちは亡骸の掘り出しに立ち会ったと証言した（お気づきのとおり、これはダリオ、マルタ、マルゲリータの証言とも、驚くほど似かよっている）。園児はその後、保育園から連れ出され、メキシコ行きの飛行機に乗せられ、軍の基地で兵士たちから暴行を受けた。午後に父母が迎えにくる時間にぴったり間に合うように、子どもたちは園に戻ってきた。一九九二年、ケラー夫妻は懲役四十八年の有罪判決を受けた。開廷から結審までに要した日数は六日間だった。「少女ゼロ」を診察して、母親や警察の疑念に裏づけを与えたのは、若い婦人科医だった。この医師は二〇〇九年になってはじめて、日刊紙『ザ・オースティン・クロニクル』のインタビューに答える形で、自分は間違っていたと告白した。事件当時、医師はまだじゅうぶんな経験を積んでいなかった。少女の臨床像は実際には、完全に正常だった。

これらの物語はすべて、同じ台本、同じ発端を共有しているような感がある。子どもの突然の豹変に不安を抱いた母親が、わが子は暴行を受けたのではないかと疑念を抱き、精神科医に相談する。一九九七年にバッサで起きたことと、信じられないほどよく似た筋書きだ。このときは、ダリオの養母であるトニーニ夫人が、ダリオの異変に気がついた。いつも疲れている様子で、集中力を欠き、なにもないところでしょっちゅうつまずく。なにかが息子を苦しめているのだろうか？　その「なにか」とは、なんなのか？

「さあ、言わなければだめよ」

「イゴールが、シーツの下で、いたずらを……」

シーツの下のいたずら。それはただちに、暴行の同義語として解釈された。愛しいわが子は懸命に、その忌まわしい記憶を言語化しようとしているのだ。トニーニ夫人は、この件を心理カウンセラーのドナーティに報告した。ふたりは協力して、質問に次ぐ質問をダリオに浴びせた。しばらくして、世界中の「子どもゼロ」と同じように、ダリオは犯人の名前を口にした。兄のイゴール、父のロマーノ、母のアドリアーナ。凝縮した真っ黒な汚水のように、この現象はほかの家庭にまで広がっていき、連鎖反応を引き起こした。当然の帰結として、警察や検察の机には、次々と報告書が積みあがっていった。

捜査は注意深く進められた。だが、そうして眼前に浮かびあがったのは、およそ現実感を欠く、幻想的な記憶のメリーゴーランドだった。仮面、八つ裂きにされた鳥、排泄物で作ったケーキ、エロティックな遊戯のビデオ撮影、宙を浮遊する人びと……ここに垣間見えるのは、ペストが猖獗《しょうけつ》をきわめた十六世紀から十七世紀、社会が不安に染まるなかで、ヨーロッパ各地に「ペスト塗り」なる風説が広まったときと似たようなメンタリティだ。一九九二年、FBIの捜査官ケネス・ランニングはレポートを発表し、「儀式的暴力」の実在性にたいし強い懐疑を表明した。西岸から東岸にいたるまで、いまやアメリカの警察の文書保管室には、「Sr a」関連の告発資料が山と積まれるようになっていた。「私が話を聞いたある母親は、自分の息子が被害者と認定されたあと、いくらか心が軽くなったと言っていた」。ランニングはそう書いている。レポートの記述によればこの女性は、自分の息子が病的な嘘つきであるという考えを受け入れるよりは、彼が悪魔主義者の支配するコミュニティで暴行されたと信じる方が好ましいと感じていた。

ランニングの分析を読んで、私は深く考えこんだ。どれだけ矛盾しているように見えようとも、それは太古から反復されてきた心理的メカニズムなのだ。「贖罪のヤギ《スケープゴート》」と呼ばれる古代ユダヤの儀式では、白いヤギが共同体のすべての悪を象徴的に背負わされたあと、砂漠へと放たれる。そうすることで、共同体は罪を清めることができたという。同じように、子どもの苦痛や不安をうまく読み解くことのできない父親や母親は、子どもが抱える問題や苦悩のすべての原因を、どこかの誰かに押しつけようとする。

レポートの末尾で、ランニングはこう問いかけている。「私たちは、沈黙の数世紀を埋め合わせるために、子どもにたいする暴行の告発を、それがどれほどばかげていて非現実的であったとしても、ことごとく受け入れなければならないのだろうか?」

一九九四年、「児童への暴行およびネグレクト研究センター」に業務を委託された複数の専門家もまた、ランニングと同じ疑問を提起している。この専門家集団は、告発が受理された一万二〇〇〇件超のケースを分析した。しかし、「悪魔的儀式虐待」の事実を裏づける証拠は、なにひとつ見つからなかった。

国際的な名声を誇る心理学者であり、集団ヒステリー現象の専門家であるジュリアーナ・マッツォーニは、私にこう説明した。「悪人を特定することで、私たちは平静を取り戻し、自分自身と和解する可能性を見いだします。もう、〈私のせいだ〉と言わなくてもいいのです」

とりわけ研究者の世界では、津波のようにアメリカ社会に押し寄せる「Ｓｒａ」にたいし、日に日に疑念の声が高まっていた。それにもかかわらず、九〇年代のはじめ、アメリカ発のパラノイアはついに国境を越え、イギリスにまで到達した。マッツォーニ教授の説明によると、この時期、イギリスの多くの土地で、専門家や、自称専門家による研究会が行なわれていた。

「研究会では、学校の教師や保護者が、悪魔主義的な性格をもつ集団的な性的暴行について、詳しい説明を受けました。専門家は保護者や、教師や、ソーシャルワーカーにたいし、子どもを問いただしてみるようにと促しました。しかし、どのように質問すればいいのかは、いっさい教えませんでした。そして数か月後、きわめて奇妙なことが起こりました。研究会の参加者から、次々に告発の声があがったのです」

捜査員や検察は、つねに保育園ばかりを標的にしたわけではなかった。疑惑の眼差しはときに、個別の家庭にも向けられた。こうした事例のいくつかは、マッサとミランドラで起きたことと、ぴたりと重なるように思える。九〇年代初頭、マンチェスターにほど近いロッチデールという自治体では、七歳の少年が語る幽霊のエピソードが、教師やソーシャルワーカーを不安に陥らせた。大人たちはのちに、強姦魔と悪魔の崇拝者のセクトを発見したと確信した。親元から引き離された四人の子どもは、セクトの構成員の名前を口にしはじめた。引き離しの処置を受けた子どもの数はみるみる膨れあがり、最終的には約二十人になった。スコットランドでは、オークニー諸島の南端に位置するサウス・ロナルドセー島で、とある家庭の九人きょうだいのうちの何人かが、深夜に警察署へ連れていかれた。ソーシャルワーカーから尋問を受けた未成年たちは、土地の教区司祭であるモリス・マッケンジー神父を、罪人して告発した。マッケンジー神父は、ドン・ジョルジョ・ゴヴォーニがそうであったように、事件に巻きこまれた家庭のひとつを経済的に支援していた。子どもたちの証言によると、神父は頭巾のついた修道服を着て――これもドン・ジョルジョと同じである――、子どもたちを野天の石切り場へ連れていった。そこには子どもたちの親もいた。大人たちは仮面をつけて奇妙なダンスを踊り――マルゲリータが語ったフィナーレの墓地での出来事と一致する――、大きなかがり火をたいた。羊飼いが使うような先の曲がった長い棒で、神父は子どもたちをひとりずつ、暗がりへ連れていった。だが、事件を担当した捜査員たちはすぐに、子どもたちの証言を奇異に感じはじめた。というのも、オークニーにはほんのわずかな樹木しか生えておらず、夜半に大きなかがり火をたけば、数キロ先からでも目についたはずだからである。二、三か月もしないうちに、子どもたちは自宅へ送り返された。カークウォールの空港では、無実を認められた人びとを中心とする群衆が、喜びに沸き立ちながら子どもたちの帰りを待っていた。

そうこうする間に、悪魔にたいする恐怖はまた別の土地にも飛び火した。今度の目的地は、イタリアのボローニャだった。一九九六年二月二十二日、『ラ・レプッブリカ』紙に、ホラー映画のレビューさながらの記事が掲載された。

悪魔主義の儀式が始まる。わずか三歳で、頭蓋骨を両手にもたされ、真っ暗な棺に閉じこめられて、墓石の下に埋められる。ただの遊びだからねと、大人たちは彼に言う。私たちは、映画の真似をしているだけだからね。ひとまず、最初の一回は、少年は素直に大人たちの言葉に従う。「おねえちゃん」の友だちなんだから、ぼくに悪さをするわけない……こうして彼は、不平も言わずに、大理石の床と壁に囲まれた墓穴に滑りこんでいく。

しばらくのあいだ、少年は小さな棺のなかに放っておかれる。

少年が言う「おねえちゃん」は、エリザベッタという名前だった。両親が日中によく息子を預けている、家族ぐるみの付き合いがある女性だ。十七歳のエリザベッタは、マルコ・ディミトゥリが創設した「サタンの子どもたち」という結社に出入りしていた。この結社は、田園地帯で招魂の儀式を行なう集団として、エミリア地方の「アングラ」界隈では有名な存在だった。儀式の舞台となるのは、農地にたたずむ廃屋や、悪魔の図像がいっぱいに飾られた小さな聖堂だった。「サタンの子どもたち」は正確には、悪魔を崇拝する人びとの集団ではなく、英国人クローリーの人生哲学を信奉する人びとの集まりだった。先にも触れたとおり、クローリーというのは、およそ七十年前に、享楽主義的な悪魔主義の教えを北シチリアにもちこんだ奇人である。「サタンの子どもたち」の構成員から、麻酔をかけられて暴行されたとエリザベッタが訴えを起こしたのち、ボローニャ検察は件《くだん》の三歳の少年に特段の注意を向けるようになった。かくして、まだ言語機能もじゅうぶんに発達していない少年が、信じがたい暴力の実態を明らかにした。結社の創設者ディミトゥリとその側近は、人身御供《ひとみごくう》の罪でも訴えられた。しかし、実際に訴訟が始まると、ルチア・ムスティ検察官の陳述はあっさりと崩壊した。検察側の言い分は、事実との照合をまったく欠いていた。根拠となるはずの告発者の証言も矛盾だらけで、およそ信用には値しないと判定された。

一九九七年六月、メディアが数か月にわたって狂騒に明け暮れたのち、マルコ・ディミトゥリと「サタンの子どもたち」のメンバーは、全員が無罪であると認められた。時を同じくして、そこから七〇キロほど離れた場所、レッジョ・エミリアにある「フランチェスコの会食室」の一室で、眼鏡をかけた、いくぶん「変わり者《ストラミナート》」のブロンドの少年が、ミランドラの若い心理カウンセラーとモデナの検察官に、新たな怪物のセクトの名前を告げていた。バッサ・モデネーゼの悪魔たち。

第四部

二十年続いた夜

第十四章

「子どもゼロ」を見つけること。それが、この物語について調査を開始して早々、アレッシアと私が定めた第一の目標だった。すべてはダリオとともに始まった。だが、私たちの手もとにある資料には、ダリオ本人の言葉はほとんど記されていない。そこから読みとれるのは、予審のために判事と面会しているときに発した、ごくわずかな証言だけだ。残りの告白はすべて、訴訟の過程で、ヴァレリア・ドナーティや養母のトニーニの口から語られたものだった。この少年は、まるで亡霊だ。声もなければ、彼の目から見た事実を説明する意志もない、半透明のホログラム。フィルターなしに、ダリオの一人称によって余さず語られた物語は、どこを探しても存在しない。あの悲劇の数か月について、彼はなにを覚えているのだろう？　かくもいびつな、かくもばかげた一連の出来事について、どんな考えを抱いているのだろう？　私は知りたくて仕方なかった。だが、ダリオの足跡を追うなかで、私は倫理的なジレンマに直面していた。私になんの権利がある？　完全な部外者であるこの私が、彼の家の扉を叩き、悲劇の記憶をよみがえらせるのか？　あれからの歳月を彼がどう過ごしたのか、トラウマや悪夢を成長とともに飼い慣らして乗り越えるために、どのような心理療法を受けてきたのか、私はなにひとつ知らなかった。ダリオの気持ちも考えずに、彼の人生に土足で踏みこんでいくことが、はたしてほんとうに許されるのか？

一九九七年二月から九八年十月にかけて、暴行、墓地、殺人の儀式について告白したあと、少年を取り巻く世界は一変した。まるで、四方の壁を覆っていた鏡が、誰かの手でばらばらに粉砕され、少年のあらゆる知覚を変質させてしまったかのようだった。悪夢と、苦悶と、彼をなおも不安定にした迫害の妄想という大釜のなかで、現実と想像の概念が不可逆的に混じり合い、どろどろに溶けてひとつになった。少年はいっそうはかなげになった。そして、おそらくは、いっそう孤独に。

ダリオの担任教諭であり共犯者とも推定される、リタ・スピナルディの手引きによって、「ジョルジョその一」と「その二」がペゴニャーガの小学校にやってきたことを知ったとき、養母のトニーニ夫人はパニックに陥った。噂は瞬く間に拡散し、小学校に通う児童のあいだにも、不穏な空気が立ちこめた。同級生も誘拐された、墓地で彼らを見かけたと、ダリオは大人たちに語っていたのだ。トニーニ夫人は決断を迫られた。ダリオをこのまま同じ学校に通わせていたら、家族全員の命が危険にさらされるかもしれない。

そこで夫人は、ソーシャルワーカーの援助を受けつつ、ペゴニャーガからそう遠くないゴンザーガの小学校に、ダリオを転校させることにした。ダリオが新しいクラスに足を踏み入れるなり、イネス・モンティ校長のもとに憲兵が近づいてきた。「この学校は、たしかに安全基準を守っていますね？」。憲兵は校長に尋ねた。「部外者がダリオくんに近づかないよう、よろし

く ご注意をお願いします」。モンティ校長は怪訝《けげん》に思った。それほどまでに、いったいなにを用心する必要があるのだろう？　ミランドラのソーシャルワーカーは、ダリオが安全な生活を送れるかどうかを、病的なまでに心配していた。そして、校長をはじめすべての学校関係者にたいして、校門や扉を確実に閉ざしておくようにと念押しした。ダリオの転校から数日後、モンティ校長は少年の教室を訪ねてみた。「あの子はどう？　学校になじんでいますか？」。担任のマリネッラを教室のすみに呼び寄せて、校長は質問した。今度の転校生は、すこし変わったところがあるようだとマリネッラは返答した。ちょくちょく「ぼんやりしたり、ふさぎこんでいる」ことがあり、そういうときは、声をかけて現実に引き戻してやらねばならない。するとだしぬけに、誰かが校長の上着の裾を、うしろから引っぱった。ダリオだった。もの問いたげな眼差しで、彼女のことを見つめている。「だれ？」。モンティ校長は、驚きに打たれつつ答えを返した。「この学校の、校長先生よ」。だが、それだけでは少年は満足しなかった。校長というのは具体的になにをしているのか、校長室はどこにあるのか、ダリオは知りたがった。

「どうしていつもいないの？　名前は？」

「モンティよ」

「それ、名字でしょう？　名前は？」

「イネス」

それからそう時をおかずに、ダリオは彼女のことも告発した。マッサ・フィナレーゼの墓地には、イネス・モンティの姿もあった。それどころか、この女性は一度、ダリオを脅してきたこともあるという。ほかには、白髪の交じるいくぶん長めの髪と、短いあごひげを生やした男性からも、独特の脅迫を受けたことがあった。その男性は、ゴンザーガの墓地で悪魔主義の儀式を執り行なう伯爵だった。ダリオは墓地の様子をよく知っているようだった。彼はそこで、「地面についた扉と、その下に伸びる階段」を見た。そして、子どもの死骸も。伯爵は、ダリオのクラスメートの父親だった。科学捜査班は、この人物の車のボンネットに、小さな血痕を発見した。ただちに鑑識係が分析を行ない、それが動物の血であることを特定した。モデナ裁判所は、男性を訴訟に召喚した。男性は、墓地と自宅がどれだけ離れているか、正確に供述するよう求められた。そして、なぜ車に血痕がついているのか、検察や判事の前で説明することを強《し》いられた。

「動物の血ということなので、たぶん、猫だと思います」

「それであなたは、警察が捜査する前から、この染みに気がついていたのですか？」

「はい」

「もとからこの染みを認識していた？」

「はい」

「清掃しなかったのはなぜですか？」

「汚れを落とすには、洗車場に行く必要があったからです」

ある日、やはりゴンザーガで、ダリオがトニーニ夫人に告げた。校門を出たところで、「ピストルをもった男」が待ち伏せしていた。トニーニ夫人は天を仰いだ。もうやめて。もうたくさん。養母は憔悴《しょうすい》しきっていた。ここからも、出ていかなければ。全員で。ダリオと、夫人と、そのほかふたりの養子の四人で。もう、この土地にもいられない。ここにも危険が迫っている。

今度はトニーニ夫人は、クレモナ県の自治体クレーマに親戚がいる友人に助力を求めた。この親戚が所有するアパートに、使っていない部屋がある。一家はただちに引っ越しを済ませ、ダリオは公立の小学校に転入した。新しい土地への適応は、うまくいっているように思えた。事件があった場所から遠く離れ、ようやっと、いくばくかの安心が得られたようだった。ところがやがて、クレーマの学校でも、ダリオは不穏なことを語りはじめた。どうやら、算数を教えるジョヴァンナという教師が、ダリオに不当な仕打ちを与えているらしい。お前はなにをやらせてもだめだと言い、少年にたくさんの罰を与え、同級生の前で侮辱してくるのだという。トニーニ夫人は学校に赴き、ジョヴァンナ先生と面談した。自分はダリオを叱ったことも、彼に手をあげたことも一度もないと言って、ジョヴァンナはダリオの言葉を否定した。するとダリオは、さらに不安を誘う情報を付け足した。ある日のこと、ダリオはジョヴァンナに教室の外へ連れ出された。学校に電話がかかってきて、誰かがあなたと話をしたいと言っている。教師はそう説明した。受話器の向こうから聞こえてきたのは、ペゴニャーガの小学校の担任教諭、リタ・スピナルディの声だった。被告として訴訟の渦中にあるリタが、なにも言うな、誰とも話すなと、少年に圧力をかけてきたのだ。ダリオを過去へ引きずりこもうとするのは、リタだけではなかった。クレーマの学校の前で、ゴンザーガの学校のイネス・モンティ校長を見かけたこともある。一家を追跡してこの土地までやってきたのは明らかだった。邪悪な女教師、悪魔主義者の恋人たちのネットワークは、どこまでも際限なく広がっている。モンティ校長は造作もなく、一二〇キロメートルも離れた土地から、ダリオの足跡をたどってみせた。住所を移したところで、なんの意味もありはしない。

　トニーニ夫人は絶望した。荒れ狂った。のちに、証人として裁判に召喚されたトニーニ夫人は、なぜこうも慌ただしくダリオを転校させたのかと問われた際、次のように答えている。

「犯罪者は、この学校にも接触してきました。まずは電話をかけてきて、それで……今度もまた、あの子の身の安全は保証されませんでした」。結局、ダリオは一年足らずのあいだに、四つの学校を転々とすることになった。

四つめの学校は、やはりクレーマにある私立校だった。公立の小学校と比較すれば、より安全な環境であることは確かなはずだ。だが、夫人の期待はまたも裏切られた。転入から数日後、クレーマのアンジェロ・パラヴィージ司教が、復活祭《パスクア》を祝賀するために小学生のもとを訪れた。司教が教室に入ってくるなり、ダリオは即座に気がついた。マッサ・フィナレーゼの墓地で、儀式に参加していた人だ。司教が短いあいさつを終えたあと、司教の補佐役の修道士が近づいてきて、ダリオを脅迫した。パラヴィージ司教は「小児性愛その二」の被告に仲間入りした。クラウディアーニ検事とマルツェッラ検事による尋問が行なわれたあとで、司教にかんする訴えは棄却された。だが、それだけでは終わらなかった。数か月前、ペゴニャーガの小学校に通っていたときと同じように、ある日の午後、このクレーマの私立校にも、「ジョルジョその一」がやってきた。今度もまた、「友だち」である女性教諭のひとりに手引きされて、施設のなかに忍びこんできたらしい。

トニーニ夫人はまた負けた。どこへ逃げようと、恐ろしい人食い鬼は地の果てまでやってきて、かわいいわが子を見つけ出してしまう。一九九九年の春、ガッリエーラ家の逮捕から二年後、身の安全が保証されるであろう唯一の場所へ、ダリオは一時的に送り返された。その施設は、入り口の扉はつねに閉ざされ、背の高い門は金網に覆われ、勇気ある修道女がすべてを注意深く見張っている、ほんとうの意味で安全な唯一の場所だった。もう何年も前、一九九三年の十二月二十六日、まだ三歳のダリオが、マッサ・フィナレーゼの隣人であるオッディーナ・

パルトリニエーリの家を泣く泣くあとにして、長い漂流を始めた場所。レッジョ・エミリアの、「フランチェスコの会食室」。

これが、私たちの手もとにある資料が伝えている、ダリオの最後の消息だった。

それから十七年後、私はパソコンの前に坐り、検索エンジンやSNSのサイトにダリオの氏名を入力していた。ダリオの足跡をたどることについては、アレッシアと何度も議論を重ねた。最終的には、ダリオにも、親元から引き離されたそのほかすべての子どもにも、この物語を、別の視点から眺めてもらうのが最善だろうという結論に行き着いた。別の視点とは、要するに大人の視点だ。私たちは、事件の「被害者」である当時の子どもたちに、批判的な見地から事件について振り返ってもらいたかった。不愉快な思いをさせることは間違いない。だが、それにより明らかになる事実もあるはずだ。私とアレッシアは、慎重に行動することを約束した。不快感の最初のサインを感知したら、それ以上の追求はただちにとりやめるつもりだった。

だが、いくら探してもダリオは見つからなかった。どんな顔をしているのかさえわからない。エミリア・ロマーニャには、同姓同名の人物がふたり居住していることがわかったが、年齢から判断するかぎり、私たちが探しているダリオではなかった。そのあとは、完全な行きどまりだった。ダリオがどこにいるか知りたいなら、彼の人生をはじめからたどりなおし、彼を知っている人物に話を聞くほかなさそうだった。となれば、まずは最初の家族から始めるのが妥当だろう。

ドン・ジョルジョ・ゴヴォーニが手配した、マッサ・フィナレーゼのアッバ・モット通りに立つ家が、手もとの資料が伝えているガッリエーラ家の最後の住居だった。幹線道路から未舗装の脇道に入り、視界の開けた平野をマッキオーニ地区の方へ進むと、じきにその家が見えてくる。路地が急カーブを描く地点に、黄色い壁のうらぶれた建物が立っている。いまでは住む者もなく、打ち捨てられた状態になっている。私たちが訪ねたときは、あたりの地面を雑草が覆い、霧が建物を包みこんでいた。中に入り、タイルやガラスの破片を踏みしめながら、部屋の様子を見てまわった。貧窮に喘《あえ》ぐ一家がここでどんな生活を送っていたのか、私は想像をめぐらせた。家長のロマーノは、煙草を買う金がないときは、道ばたで集めた吸い殻を吸っていたという。

どの部屋にも暖房装置はなく、見るからに寒々としていた〔イタリアの住居では、暖房設備が建物と一体化しているケースが多い〕。週末に、父ロマーノと母アドリアーナのもとへ戻ったとき、ダリオはどの部屋で寝ていたのだろう？　この家でなにを見て、なにを聞いて、なにを経験したのだろう？　ガッリエーラ家とはほんとうのところ何者で、一家が生きていた経済的、文化的な貧困というのは、実際はどの程度のものだったのだろう？　資料で読んだり、広場でマッサの人びとから聞いたりしたことのなかに、真実はどれだけ含まれているのだろう？　噂によれば、イゴールとバルバラは近親相姦の関係にあったらしい。噂によれば、ロマーノは借金を返すために、妻のアドリアーナに「現物払い」をさせていたらしい。噂によれば、アドリアーナとバルバラの親子は、公園の裏手で売春をしていたらしい。噂によれば、ロマーノはダリオとテレビを車に乗せて、悪たれのフレドーネのもとへ通っていたらしい。「あんなとこに、いったいなにしに行ってたんだか。なあ？」。これが町の噂だった。だが、こうした陰口において、真理は往々にして、ある口から別の口へ飛びうつる際に、見る影もなく落ちぶれてしまうものなのだ。たとえば、「奈　落《デプリヴァツィオーネ》」の語がふと気づけば、「堕　落《デプラヴァツィオーネ》」に変質しているように。

いずれにせよ、あの家の中か外で、ガッリエーラ家の末っ子の身になにが起きたのか——あるいは、なにが起きなかったのか——、確かなことを言える者はどこにもいない。暴行をめぐる最初期の証言の後、ダリオはすぐに医師の診察を受けた。この医師は、暴行の事実を否定した。ダリオの体には、どこもおかしなところはなかった。すると、ソーシャルワーカーはもう、この医師には二度と診察を頼まなくなった。彼の後を継いだのが、マッジョーニ医師だった。だが、司法の領域において、「医師の判断」という概念がときに相対的なものに過ぎないことは、これまでに繰り返し書いてきたとおりである。あるいは、「医師」の部分を「心理カウンセラー」「有罪判決」「無罪判決」に書き換えてもいいかもしれない。時間に侵蝕され、いまにも倒壊しそうなアッバ・モット通りの家を、霧のなか、数十メートル離れた場所から眺めてみると、それはこの不合理きわまる物語の、完璧な象徴のようにも見えた。すべてから、全員から遠い場所に、この家はぽつりと取り残されている。外壁には、虚空に浮かぶようにして、「とまれ《ストップ》」の赤い標識が掛かっている。窓の一部は壁でふさがれ、まるで子どもの落書きのように、左右非対称に配置されている。

この家の最後の住人は、妻アドリアーナを喪《うしな》って男やもめとなったロマーノ・ガッリエーラだった。二〇〇九年、アドリアーナはモンツァのサン・クイリコ域内刑務所〔判決を待つ被告や、刑期が三年以内の囚人が収容される刑務所〕から、この自宅に移送された。髪の毛は灰色に染まり、体のあちこちに腫瘍が転移していた。体重は三〇キロをわずかに超える程度で、介助者がいなければ立っていることもできないほどに衰弱していた。病人にたいする人道上の配慮から、アドリアーナは刑期を終える前に釈放された。息子の告発が原因で、十年以上も苦杯を嘗《な》めつづけてきたことに、アドリアーナは刑務所を出るその瞬間まで不平を漏らしていた。「検察は私に、子どもを暖炉で焼いたと告白させようとしたんですよ！」。誰かと顔を合わせるたびに、アドリアーナはそう繰り返した。

妻の死から五年後、まだ機能を保っていた方の肺が癌に冒《おか》され、ロマーノもまたこの世を去った。彼の悲運は死後も続いた。貧窮は、マッサ・フィナレーゼ墓地の内部まで彼を追いかけてきた。故人を偲ぶ大理石の墓碑が立ちならぶなか、ロマーノのためには、なんの値打ちもない、木製の簡素な十字架が飾られているばかりだった。湿気を吸った十字架の中央に、ラミネート加工された写真が留めてある。七十六歳の男性が、深い青を湛えた瞳で、レンズの方をじっと見つめている。

ロマーノ・ガッリエーラ

一九三七年七月十八日　二〇一三年一月十七日

ガッリエーラ家の長男と長女、イゴールとバルバラの居場所については、さしあたってなんの手がかりもなかった。イゴールは、一年と少しを刑務所で過ごしたあとに出所したらしい。バルバラにかんしては、本人のものと思しきフェイスブックのアカウントを発見した。もっとも、プロフィール欄には花の写真しかアップされていなかった。いずれにせよ、今回のような事案で、インターネットを介してメッセージを送ることは得策とは思えなかった。直接会って話すのがいちばんいい。それが無理なら、せめて電話だ。

そこで私は、かつての隣人の家を探すことにした。九三年にガッリエーラ家が公営住宅からの立ち退き処分を受けたあと、一家を援助していた人たちだ。オッディーナ・パルトリニエーリは、私たちが調査を始めた前年、長い闘病のすえに他界していた。残された夫は、すでに成人したふたりの娘――ジュリアとクラウディア――と、三人で暮らしていた。私が訪ねていったとき、彼女たちはすぐに打ち解けた態度を示してくれた。とはいえ、はじめのうちはやはり、不審そうな目で見られていたような気もする。ミラノのジャーナリストがなぜ、この話にそこまでの興味を抱くのか、彼女たちは理由がよく飲みこめずにいた。すべてが終わってからもう何年もたつというのに、いまさら訪ねてきてどうする気なのか？　私からすれば、たとえ一連の経緯について詳しく知らなかったり、はっきりと覚えていなかったりしたとしても、彼女たちが重要な証人であることに変わりはなかった。ドン・ジョルジョの親友だったドン・エットーレ・ロヴァッティのように、オッディーナはバッサの小児性愛事件について、すみからすみまで知りつくしていた。新聞の紙面に関連記事を見つければ、かならず切り抜いて保存したし、情報を広めるのを手伝ってくれそうな相手がいたら、ためらうことなく事件の詳細を語って聞かせた。強迫観念にとりつかれたようなこの母親の姿を、ジュリアとクラウディアは間近で見ながら育ってきたのだ。

誰に聞いても、オッディーナの人物評は一致していた。助けを必要とする人が身近にいれば、かならず救いの手を差しのべる、正義感にあふれる女性だった。一九九三年十二月二十六日、裁判所の命令文書を携えたソーシャルワーカーがオッディーナの家の扉を叩き、ダリオを「フランチェスコの会食室」へ連れ去ってからというもの、彼女と、夫シルヴィオと、ふたりの娘は、家族の一員を失ったように感じていた。

すこしばかり風変わりで、どこか動作のぎこちないあの少年といっしょに過ごしたのは、わずか三か月に過ぎなかった。それでも、ダリオがいなくなったあと、一家が暮らす小さな家には、大きな空白ができたようだった。二十年以上が過ぎたいまも、空白の痕跡は消えていない。私がそれを強く実感したのは、シルヴィオの瞳を見たときだった。エミリアの農夫に特有の、無愛想で、とっつきにくく、悪意と皮肉のこもった表情を崩さない男性ではあったものの、話題がダリオのことにおよぶたび、その瞳からはかすかな光が漏れた。キッチンの壁には、この家で過ごしていたころのダリオの写真が、何枚か留めてあった。家の一角には、古い映画に交じって、ダリオの様子を撮影したビデオカセットが二本保管されていた。ビデオデッキは、物置のすみでほこりをかぶっていた。

「どれ、まだ動くかな」。肩をすくめながらシルヴィオが言った。いかにも機械の扱いは苦手そうだった。

テープにしわは寄っていたものの、ビデオは最初から最後までしっかり見られた。一本目は、ソーシャルワーカーに連れ去られる直前、一九九三年のクリスマスに、マッサ・フィナレーゼの幼稚園でダリオを撮影した映像だった。十人ほどの子どもたちの真ん中に、ダリオが坐っていた。子どもはみな、白のロンパースの衣装を身につけ、テントウムシの模様がついた甲羅のようなものを背負っている。サンタのおじさんがやってくるのを、じりじりと待ち受けている。やがて、プレゼントでいっぱいになった箱をサンタがもってくると、背景の音楽をかき消すほどの、歓喜の悲鳴が響き渡る。

もう一本のビデオは、家でクリスマスの昼食をとる様子を記録していた。このときは、ダリオは赤と青のつなぎを着て、テーブルにミニカーを走らせて遊んでいた。すると、シルヴィオがダリオを抱きあげ、歌をうたってくれと言った。シルヴィオの大きな手に抱えられると、少年はますます小さく見えた。ダリオは小さな踏み台のうえに立ち、「ゼッキーノ・ドーロ」の歌をうたいはじめた〔「ゼッキーノ・ドーロ」はボローニャで毎年開催されている子ども向けの合唱コンクール。コンクールのために制作されたオリジナルの楽曲の優劣が競われる〕。「ほら、手を動かして！」オッディーナがダリオに言うと、少年は両腕をアンバランスに振りまわし、最後はシルヴィオのふところに飛びこんでいった。「ブラボー！」。続く場面では、家族全員がクリスマスツリーのまわりに集まっていた。いましがたプレゼントされたばかりの赤いジャケットを見せびらかしつつ、ダリオが部屋のなかを、おぼつかない足どりで歩いている。

「かっこいい？」

「うーん、いまひとつね！」。ソファに寝そべるオッディーナがダリオをからかい、それから、ジャケットの襟《えり》を整えてやっている。

なにもかも、遠い過去の思い出だ。ほどなくして、シルヴィオと、オッディーナと、夫妻の娘たちは、遠くから、恐れとともに、少年の変化を見守ることになる。知り合いが何人も逮捕され、その名前が新聞に載ったり、子どもとむりやり引き離されたりした。ダリオには二度と会えなかったし、消息もわからなかった。だが、ダリオの姉バルバラと兄イゴールは、いまでもシルヴィオの一家と連絡をとり合っていた。お隣同士だった当時、オッディーナがことあるごとにパスタの鍋をもって訪ねてきてくれたり、一週間を生きのびるために数万リラを貸してくれたりしたことを、バルバラとイゴールはいまでも深く感謝していた。「よかったら、すぐにでも紹介しますよ」。ビデオを見終わってすこししてから、長女のジュリアが私に言った。

イゴールが暮らすアパートまでは、マッサ・フィナレーゼから車で十五分の距離だった。車も、家も、イゴールはなにも所有していなかった。聖母像があちこちに飾られた、もの悲しい集合住宅の一室が、イゴールの住居だった。いまは臨時雇用の労働者として、ごみ処分場で働いているという。四十歳で、未婚で、雀の涙ほどの賃金で生活している。ずっと前から、人生になにも期待しないことに慣れっこになっていた。まるで、どんな列車も通れない、雑草にうずもれた腐食した線路だけが、父ロマーノの残した唯一の遺産であるかのように。彼にとって、「ガッリエーラ」の名は呪いだった。おそらくはそれもあって、イゴールは子どもをもたなかったし、もちたいとも思わなかった。フィナーレ・エミリアの「ロッカ・エステンセ城」の前に停めた車のなかで、私とアレッシアはイゴールの話を聞いた。窓が曇り、フロントガラスにばらばらと雨が降りそそいでいる。イゴールの語り口は直截《ちょくせつ》的で、自己憐憫はまったく感じさせなかった。ほっそりとして弱々しいこの体の、いったいどこから響いてくるのかと思うような、深く、厚みのある声だった。痩せぎすで、色白で、長年にわたる鬱屈の痕《あと》が顔に刻まれている。この男性は歯槽膿漏《しそうのうろう》との闘いにも敗北したらしく、歯はほとんど残っていなかった。イゴールは私の目には、最期の訪れを前倒しするために、生を早送りにして生きる人物のように見えた。

彼とはぜひ話をしたいと思っていた。数年におよぶ訴訟の過程で、部分的にではあってもみずからの罪を認めたのは、イゴールだけだった。あくまでダリオの求めに応じてではあるが、弟とたがいの体を触れあったことがあると、イゴールは裁判のなかで告白している。

「俺と弟のあいだには、なにもなかった」。素っ気ない、さっぱりとした口調だった。「それはたしかだよ」

イゴールが語ったところによると、十五歳の年の差があるイゴールとダリオの兄弟は、両親が不在のとき、家でよくいっしょに過ごしていたという。ふたりは仲の良い兄弟だった。留守番をしているあいだは、テレビを見たり、テレビゲームで遊んだりした。モンスターを殺すアクションゲームが、ダリオのお気に入りだった。あるいは、「俺が父親の薪割りを手伝ってるあいだは、親に買ってもらった塗り絵で遊んでた。あのころ、うちは薪ストーブを使ってたから……」。ほぼ毎晩、ダリオは両親といっしょに寝ていた。まだ幼いところのある兄に任せるより、親といっしょにいる方がいいと、みなが思っていた。なにしろ、イゴールは一度、金属製のベッド温め器を不用意に扱い、シーツを燃やしそうになったこともあるのだ。そばにいたダリオが火傷をしなかったのは、不幸中の幸いだった。親から頼まれれば、ダリオの体を洗ってやることもあった。イゴールが言うには、彼が弟を触ったのは、体を洗うときだけだった。それ以外の場面では、指一本たりとも触れていない。しかし、それなら、イゴールがバルバラに「シーツの下でいたずら」をしたというダリオの証言は、いったいなにを指していたのか？

「俺は、やってもいないことを自白したんだ。妹の足を触ったとか言ってさ」

「それはなぜ？」

「怖かったから。あとは、刑期を短くするため。指紋を採るための用紙に、逮捕の理由が書いてあった。そこで、あの言葉を見たんだ……でも、俺にはその言葉の意味がわからなかった。〈しょうにせいあい〉なんて言葉、それまで聞いたこともなかった。拘置所に入ったあとで、俺は言葉の意味を教えてもらった。弁護士にはこう言われた。〈おそらく、有罪になるだろうね〉。もちろん俺は反抗した。〈俺は誰のことも暴行してません、誰の体にも触れてません〉。何度も何度も、そう繰り返した。わんわん泣いたことを覚えてるよ。もう二十二歳だっていうのに、まるきりの子どもだったんだ。牢屋のことも、そこで過ごす時間のことも、あのころはなにもわかってなかった。だから、嘘の自白なんてばかな真似をしたんだよ」

これが、イゴールの視点から語られた事実だった。あえて言うなら、イゴールはかつて、バルバラをくすぐったことがある。妹の体に触れたことがあるとしたら、そのときだけだ。弟が語ったことはすべて、本人の、あるいは、誰かほかの人間の空想に由来する。ガッリエーラ家では、なにも異常なことは起きていない。誰も暴行していないし、誰も暴行されていない。誰ひとり、近親者を相手に、いかがわしい行為におよんだ者はいない。父ロマーノは、家のどこかにポルノ雑誌を隠しもっていた。ひょっとしたら、十五歳のイゴールがそうだったように、ダリオもその雑誌を発見し、ページを繰ったことがあるかもしれない。そのときのショックがもとで、弟はおかしな妄想を抱くようになり、そして……。だが、私は疑問だった。一冊のポルノ雑誌を眺めた程度で、あのような悪夢の津波が誘発されるものだろうか？　イゴールが嘘をついているのかどうか、私には判断する術がなかった。真偽を分かつことは誰にもできない。私には、イゴールを裁くつもりはなかった。そんなつもりで、ここに来たのではなかった。するとアレッシアが、ダリオに会いたくなることはあるかとイゴールに訊いた。すると彼は、この日だけで五十回目にはなるであろう肩をすくめる仕種《しぐさ》をしてから、唇を曲げ、無関心を装うような口調で言った。「まあ、たまにな」

　二〇〇九年、アドリアーナの余命がもう幾ばくもないと判明したとき、父ロマーノはイゴールとバルバラに、もう成人しているはずのダリオを探してきてほしい、母親の死に目に会わせてやってほしいと依頼した。ふたりはレッジョ・エミリアのとある町で、帰宅途中のダリオを探し当てた。幼少期と変わらない、ブロンドの髪をしていた。兄姉よりも、背が高くなっていた。ジーンズと青のボマージャケットという出で立ちで、前髪のセットの仕方に、十九歳に相応の流行への関心が感じられた。ダリオは母親によく似ていた。そして、兄イゴールにも。過去の一連の出来事にもかかわらず、ふたりを前にしたときのダリオは、いたって落ちついているように見えた。ただし、それも電話が鳴るまでだった。電話をかけてきたのは、養母のナディア・トニーニだった。帰宅途中、ダリオがよそ者に呼びとめられていたことを、近隣の住人がトニーニに報告したのだ。ダリオはたちまちあわてはじめた。悪いけど、もう帰るよ。でないと母さんに怒られるから。

「いっしょにいたのは、五分か十分程度だった。別れる前に、一枚だけ写真を撮ったんだ。いまでも額に入れて飾ってあるよ。結局、俺たちはそのまま帰った」。イゴールはため息をついた。「それからは、あいつには一度も会ってない」

私たちはその写真を見せてもらった。中央に立つダリオが、兄と姉の肩に腕をまわして、わずかに笑みを浮かべている。ダリオの視線は、どことも言えない、虚空の一点に向けられていた。カメラのレンズの先を見つめる、どこか「風変わりな《ストラミナート》」視線。

バルバラとは、マッサ・フィナレーゼから車で一時間の距離にある町の、スーパーマーケットの駐車場で話をした。目は小さく、すこし鼻のとがった女性だった。イゴールやダリオと違い、外見上の特徴はすべて、父ロマーノから受け継いだらしい。兄のイゴールと比較すると、人生は彼女にたいして、いくぶんか好意的な態度を示したようだった。牢屋に入れられた家族の帰りを待ちながら、何年かを孤独の闇のなかで過ごしたあと、彼女はひとりの青年と出会い、結婚し、いまでは一児の母となっていた。

バルバラもやはり、ダリオの身にはなにも起きていないと考えていた。ダリオには、誰も、なにもしていない。暴行も、虐待も。ダリオを心理的に支配し、あれらすべての物語を彼の頭のなかに吹きこんだのは、トニーニ夫妻である。

トニーニ家はダリオにとって、まったく居心地の良い家庭ではなかった。これが、バルバラにとっての真実だった。完全に姿を消してしまう前、生家に一時帰宅していたとき、ダリオはバルバラにそう打ち明けた。同じ養子で何歳か年長のマッテオが、ダリオに暴力を振るっていたようなのだ。離ればなれになってから十数年が過ぎ、数年前にごく短いあいだ顔を合わせただけの弟ではあるけれど、バルバラはまだ関係を修復する望みを捨てていなかった。彼女にとって、ダリオはいまも「私の坊や」だった。

「あの子に会いたい」。バルバラが言った。貧しくつましい家庭に降りかかった過去の痛みが、嗚咽《おえつ》のなかで息を吹き返す。「会ってどうするわけでもないけど……抱きしめて、必要ならそばにいるって伝えたい。あなたが聞かされてきたことは、ほんとうではないよって言ってあげたい。私たちは、あの子を傷つけるようなことはしてないから……お母さんとお父さんは、もういない。だったらせめて、きょうだい三人で、またいっしょになれたらって思うの」

だが、ダリオの居場所については、バルバラはなにも知らなかった。数年前、イゴールとふたりで訪ねた土地には、ダリオはもう住んでいなかった。彼はまたも、虚無のなかへ消えてしまった。

第十五章

オッディーナの家に保管されていた段ボール箱のなかに、私は手紙の束を見つけた。ガッリエーラ家の人びとが、刑務所に収容されているあいだに書いたものだ。イゴールから母アドリアーナへ、父ロマーノからバルバラへ、アドリアーナからロマーノへ。シルヴィオの一家が暮らすヴォルタ通りの黄色い小さな家の一室で、私はひと晩かけてそれらに目を通した。数十枚の便箋に書きつけられた文字は、乱雑で読みづらいこともあれば、丸まっていて子どもっぽく見えることもあった。感情が紙のうえで物質と化して、絶望する四人の家族を結びつけている。たがいの愛情を確かめ合い、鼓舞する言葉が、何枚にもわたって続く。「きっとすべてうまくいく。もうすぐ、またみんなでいっしょになれる」。一方で、鉄格子の向こうでペンを走らせている人物の、激しい怒りと憤りが噴出している箇所もあった。「疲れました。何か月も過ぎたのに、状況はなにも変わりません。もう限界です」。モンツァで綴《つづ》った手紙のなかで、アドリアーナは夫ロマーノにそう訴えている。「あなたのことは怒っていません。家族をばらばらに壊されたことに、私は怒っています。ここではなにもすることがありません。とてもつらいです。あなたを愛しています」。ロマーノは、手紙のなかで感傷にふけるようなことはなかった。だが、そこにはやはり、人生でもっとも不安な一時期にあって、不器用ながらも、みずからの感情を子どもたちに率直に伝えようとする、父親としての誠実な態度が感じられた。

これらの手紙といっしょに、オッディーナは大量の訴訟資料や新聞の切り抜きを丁寧に保管していた。この物語が始まって以後、彼女はソーシャルワーカーを相手に、個人的な闘争に明け暮れていた。オッディーナに言わせれば、小さなダリオの養育を彼女に任せず、狂気の迷宮へ少年を導いたという点で、ソーシャルワーカーは真正の犯罪者だった。オッディーナは党派を問わず、あらゆる国会議員に手紙やメールを書き送った。そして、ミランドラの心理カウンセラーや、トリノの「ヘンゼルとグレーテル研究所」の専門家など、この事件に関与した人びとの情報をインターネットで収集した。彼女はミランドラの心理カウンセラーのリストのなかに、幼少期から知っている名前をいくつか見つけた。「ヘンゼルとグレーテル研究所」の面々は、オッディーナの考えでは、今回の事件を無から組み上げるのに大いに貢献した似非《えせ》学者だった。訴訟が開始して以降、オッディーナが暮らす黄色い小さな家は、弁護士や、地域紙の記者や、被告側の鑑定人を務める心理学者らが集う会議所となった。客人たちは、ランブルスコ〔エミリア・ロマーニャ州産の、微発砲の赤ワイン〕や、ラグーソースで和えたかぼちゃのトルテッリーニをごちそうになりながら、キッチンのテーブルのまわりでこれからの作戦を練ったり、オッディーナが調べた専門家の電話番号を確認したりしていた。弁護士たちが帰ったあとも、彼女は深夜までベッドに入らず、ひとりで作業をしていることがよくあった。メモをとり、親元から引き離された子どもの事件を、イタリアのほかの地方にも探し求めた。そして、弁護士や家族などの当事者に、連絡をとろうと試みた。

その一例が、ミラノに暮らす七歳の少女、アンジェラ・ルカントをめぐる出来事だった。一九九五年十一月、アンジェラの従姉《いとこ》であり、精神的な疾患を抱える青年期の少女が、アンジェラの一家を性的暴行の罪で告発した。この従姉の主張によれば、小さなアンジェラもまた、暴行の被害者だった。かくして、詳しい捜査も行なわれないままに、ソーシャルワーカーとふたりの憲兵が学校までアンジェラを迎えにきて、児童虐待の被害者のための施設へ連れていった。後日、アンジェラは心理カウンセラーとの面談中、おばけの絵を描くように求められた。少女が描いた亡霊の輪郭は、カウンセラーに陰茎表象〔たばこや高層ビルなど、勃起した陰茎に似た図像〕を想起させた。お次は婦人科医の出番だった。バッサの小児性愛事件にも登場したクリスティーナ・マッジョーニ医師は、少女の体に性的暴行の痕跡を読みとった。

父親は刑務所に入れられた。二年後に無罪判決を受けて釈放されたが、もう手遅れだった。父親が収容されているあいだに、少年裁判所はアンジェラを「養子に適した児童」と判断していた。両親と兄は長いあいだ、アンジェラの行方を捜した。そしてある日、リグーリア州の海岸で、とうとう彼女を発見した。新しい家族といっしょにいるアンジェラは、すでに十七歳になっていた。施設に入れられたその日から、彼女はずっと、家族が迎えにきてくれるのを待っていた。どうして自分は捨てられたのか知りたかった。ソーシャルワーカーは十年以上にわたって、彼女に耐えがたい心理的苦痛を与えていた。父や母との精神的なつながりを断つために、ソーシャルワーカーはありとあらゆる言辞を駆使した。お父さんとお母さんは、もうきみのことが好きではないんだ。お父さんとお母さんは、もう亡くなったのよ。

新聞でアンジェラのことを知って連絡をとったオッディーナは、この出来事にもやはり、ミラノの「児童虐待センター」の専門家がかかわっていたことを知った。三年前、タクシー運転手とその娘の身に起きた事件【第十二章参照】に関与していた研究所だ。物語の主役は変わっても、脇役を務める専門家グループはいつも同じだった。

これはなにも、偶然の一致というわけではない。イタリアでは当時、性的暴行は専門的な手段と知識によって処理されるべき現象であるという認識が、日ごとに強まっていた。一九九六年、「バッサ・モデネーゼの悪魔たち」の醜聞が発覚する直前には、上院が刑法六十六条（「性的暴行にかんする法規」）の改訂を承認し、性的暴行は「公衆道徳に反する犯罪」から、「個人にたいして犯される犯罪」に変質した。その翌年、今度は法律第二八五号の成立により、「幼児および青少年のための全国基金」が設立された。これは、困難な状況に置かれた未成年を財政面から支援し、「国家、州、地域レベルでの介入を実現する」ために、関係各所に資金を分配する組織だった。結果として、暴行に起因するトラウマの治療にあたる施設には、多くの予算がまわされることとなった。こうした流れを受けて、検察、通常の裁判所や少年裁判所、ソーシャルワーカー、児童養護施設やそのほかの支援施設においては、この分野の専門家の需要が一挙に増大することとなった。専門家の多くは、この時期に設立された「CISMAI」という協会に登録した。これは、「幼児への虐待および暴行と闘う組織のための、イタリア全国調整センター」の略称である。

CISMAIは、イタリア全国に点在する、暴力の根絶を目的とするさまざまな協会や研究所のネットワークだ。CISMAIに所属する専門家は、心理学の実習生や専門学校生、保健当局の職員らに向けて職業訓練のコースを実施する。受講生は、暴行の被害者である未成年をどうやって識別し、彼ら彼女らとどう接するかを教えられる。現場では、観察、相互作用、聴取にかんする特殊な技術が用いられるが、それらはいずれも、ある共通の考えにもとづいて設計されている。それはすなわち、「子どもは真実を語るものであり、滅多に嘘はつかない」という発想である。イタリアの裁判所で取り扱われている小児性愛事件や悪魔的儀式虐待は、あくまで氷山の一角に過ぎない。小児性愛者たちは、誰にも全貌を把握できない、きわめて広範な地下セクターを形成している。残念ながらイタリアでは、その危険性はいまもなお、じゅうぶんに認識されているとは言いがたい。このような現状認識のもと、CISMAIは登録希望者にたいし、組織が定める治療プログラムへの同意書を提出するよう求めている。暴行を受けた子どもの振る舞いには、被害者に特有の「心理的な指標」が存在するという考えが、CISMAIの治療プログラムの前提になっている。「子どもの受けた傷が深ければ深いほど、記憶を呼び起こして言語化する能力も低下している可能性があります」。協会のガイドライン第五条第一項には、そのような記述がある。未成年と面談する際、心理カウンセラーは「共感《エンパシー》」を基礎としたアプローチを採用しなければならない。そうすることで、ひとりでは告白する勇気や気力をもてない子どもを助け、重い口を開かせるのである。

オッディーナと弁護士たちは、パズルのピースを並べるようにして、これらの情報を整理していった。そして、バッサの小児性愛事件に介入した心理カウンセラーの多くが、なんらかの形でCISMAIとかかわっていることを把握した。判明した事実はそれだけではない。心理カウンセラーのドナーティが、暴行や虐待など、なんらかの問題を抱える児童とのかかわり方を学んだ研究所だ。同センターはさらに、マッサとミランドラの子どもにたいする、ドナーティとその同僚らの仕事を監督し、その水準を保証する役割も負っていた。ミラノ・カトリック大学の教員で、同センターの所長を務めるパオラ・ディ・ブラジオは、検察側の鑑定人としてモデナの裁判に召喚されていた。

予審において判事側の鑑定人を務めた「ヘンゼルとグレーテル研究所」のクリスティーナ・ロッチャとサブリナ・ファルチもまた、CISMAIに登録している心理学者だった。カウンセラーとして、ヴァレリア・ドナーティに続けて子どもたちへの聴取を行なった専門家だ。両者は長時間におよぶ保護尋問と付帯尋問〔予審の過程において、健康上の理由や安全上の理由をはじめ、さまざまな事情により公判に召喚することが難しい人物から証言を得なければならないとき、判事の判断のもとに実施される尋問〕を担当し、ドナーティの診断が信頼に足るものであることを認定した。結果として、子どもたちの言葉はすべて、裁判における被告の主張を覆す証拠として受け入れられた。

ここに名前を挙げた専門家はいずれも、親元から引き離された子どもたちの語る内容がなんらかの仕方で汚染されている可能性を、そもそものはじめから排除しているように見える。子どもたちの記憶のなかに、極端に攻撃的な外来種の種子が植えられ、芽吹き、数か月や数年が過ぎるうちに、子どもたちの実際の経験をむさぼりつくすまで成長し、部分的、あるいは全面的に模造の現実と入れ替わってしまった可能性はないのだろうか？　これは、しばらく前から世界中で研究が進められていた現象だが、いまだ真剣な検討の対象になってはいなかった。とりわけ、記憶の機能をめぐる脳科学の知見に明るくない心理学者は、この現象を軽視する傾向にあった。

これはいわゆる「虚偽記憶」という現象である。一九九六年、アメリカの科学雑誌『プシコロジー・トゥデイ』に、とある大学研究者への長いインタビューが掲載された。そこにはこんな一節がある。「無実の容疑者を指弾する証人を、嘘つきと呼ぶことはできません。なぜなら、この人たちは自分の証言の真実性を、本気で信じているからです……これこそが、事実のもっとも驚くべき側面です。恐ろしい話ですが、私たちが知っていると思っていること、心から信じていることは、かならずしも真実とはいえないのです」

インタビューに答えているエリザベス・ロフタスは、七〇年代なかばから記憶にかんするさまざまな実験を積み重ねてきた研究者である。心理的な作用としての記憶は、じつのところ「透過性のある素材」によって構築されており、外部からの働きかけにたいしてきわめて脆弱であるという事実を、彼女の研究は明らかにした。たとえば、ロフタスは被験者に交通事故の映像を見せ、その後にいくつかの質問に答えてもらうことで、いましがた目にしたばかりの光景を想起する能力について試験したことがある。その結果、質問にどのような言葉を用いるかによって、被験者の回答は相当に異なってくることが判明した。「二台の車が接触したときの速度はどの程度でしたか?」と尋ねた場合と、「二台の車が衝突したときの速度はどの程度でしたか?」と尋ねた場合では、後者の聞き方をしたときの方が、被験者は明らかに高い数値を口にする傾向があった。単純な用語の選択が、被験者の記憶に影響をおよぼし、異なる回答へ導くわけだ。法廷で、同じことが起きないという保証はどこにもない。

研究の進展にともない、ロフタスはやがて、訴訟における証言や、抑圧された記憶の信頼性というテーマに注力するようになる。これは、二十世紀のはじめにまずフロイトが取り組み、そして、八〇年代に『ミシェルは覚えている』が刊行されて以後は、心理学やメディアの世界で多大な関心を引きつけてきたテーマである。

当時、定説として受け入れられていたのは次のような考えである。ある人物、とくに未成年が、トラウマの原因となる経験――たとえば性的暴行――の被害に遭った場合、その人物の無意識は本能的に当該の記憶を締め出し、凍結させ、脳の内部にある一種の金庫のなかへしまいこむ。この時点で、被害者はその記憶を忘却するが、それはあくまで表面的な忘却であって、いずれにせよ、抑圧された記憶は認知システムに深刻な影響をもたらす。後に、原因不明の不調の兆候が認められるにおよんで、一部の幸運な被害者は専門家のもとへたどりつく。心理学者は、トラウマの原因となっている抑圧された記憶の存在を予測し、金庫の暗証番号を解読する役目を買って出る。そうすることで、なにものにも侵されていない、手つかずの真正な記憶が外部へと引きずり出される。

アメリカの保育園に適用されたのが、まさしくこの筋書きだった。記憶発掘の専門家――またの自称専門家――は、千人を超える子どもたちに、頭のどこかにひどい思い出が眠っていることを信じこませた。なんとしてでも、いかなる手段を用いてでも、それを引き出してこなければならない。退行催眠、人体模型、お絵描き、あらかじめ答えの想定されている質問。なかには、特定のエピソードを再現したり、すでに聴取を受けたほかの子どもの発言を追認したりできるように、未成年をサポートする質問もあった。セラピスト自身が率先して、小さな回答者に、悪魔的儀式虐待の存在を匂わせることもまれではなかった。

ロフタスや、彼女と足並みをそろえる一部の研究者は、こうした流れに抗うような仕事を進めていた。想像力、感情、そしてとりわけ、聴き取りを行なう者が用いる調査の手法から、記憶はたやすく影響を被ることを、ロフタスの陣営は主張した。「新しい情報は、トロイの木馬のように私たちの内部に浸透していく。その情報が自分の意識にいかなる影響を与えるのか、正確に理解する術はない」。ロフタスはある文章のなかで、こう結論づけている。その文章とは、ロスト・イン・ザ・モール、「ショッピングモールで迷子になる」と命名された、著名な実験について解説した論文である。ロフタスと、その同僚であるジェームズ・コーン、ジャクリーン・ピクレルは、被験者の過去をリサーチしたうえで、彼ら彼女らが幼児期に経験した四つのエピソードを提示する実験を行なった。ただし、そのなかには、ひとつだけ虚偽のエピソードが含まれている。子どものころ、ショッピングモールで両親とはぐれてしまい、しばらくのあいだ迷子になっていたというエピソードである。被験者の何人かは、はじめのうちこそ、そんな出来事は記憶にないと言っていたものの、調査者から繰り返し問われるうちに、みずからの発言を修正し、進んで細部を補完しながら、一連の出来事をゼロから再構築しはじめた。母親を探すあいだに通り過ぎた店舗、親を探すのを手伝ってくれた老婦人、不安のあまりあふれだした涙。こうしたエピソードを繰り返し語るうちに、心理学者が組み立てた「虚偽記憶」は脳に定着し、実際に起きた出来事と区別がつかなくなっていく。

私はこの議論に強く惹かれた。機会を見つけては、知人や仕事仲間にこの実験について語って聞かせるようになった。話し相手のなかには、脳のどこかに虚偽記憶を有している自覚がある者もいた。じつは、私にもひとつ、虚偽記憶に相当する思い出がある。十代のころのとある晩、友人といっしょに、ひいきのコメディアンのショーを観るために劇場へ行ったことがあった。ショーが終わったのは、夜もだいぶ更けてからだった。私と友人は劇場の出口で別れ、それぞれ別のバス停に向かった。翌日、友人が興奮した様子で私に話しかけてきた。ショーに出ていたコメディアンらがバス停を通りかかり、友人がひとりきりでいるのを見て、親切にも、いちばん近い地下鉄の駅まで車で送っていこうかと言ってくれたのだ。この話は、私の心を強く打ったに違いない。というのも、数年後にこの出来事を想起したとき、これは人から聞かされた話なのか、それとも自分の身に起きたことなのか、区別がつかなくなっていたからだ。私はバス停の光景を覚えている。車に乗ったコメディアンが、私にこう訊いてきたことを覚えている。「よかったら、メトロの駅まで送っていこうか?」。だが、現実には、そんなことは起きていない。すくなくとも、私の身には。

「バッサ・モデネーゼの悪魔たち」の事件において、虚偽記憶の汚染を被ったのは、親元から引き離された子どもたちだけではなかった。私はダリオの幼少期の友人にたいしても接触を試みた。迫害の強迫観念に追われて、いくつもの町を転々としていた時期のクラスメートだ。リサーチを進めるうちに、ペゴニャーガの小学校の、第二学年の名簿を入手することができた。そのなかに、「マルコ・G」という名前があった。ある晩、私はこのマルコに電話をかけた。そして、一九九七年から九九年に、第一学年と第二学年をいっしょに過ごしたクラスメートにかんして、話を聞かせてほしいのだと説明した。電話の向こうから、たじろぐような気配が感じられた。

「そのクラスメートって、ダリオですか?」

「そうです」

沈黙。ため息。そして、糸のようにか細い「ノーー……」という声。

マルコは明らかに動揺していた。動揺というより、ショックを受けていると言った方が近いかもしれない。もちろん、ダリオのことはよく覚えていた。転校するまでは同じクラスで、ダリオの家に遊びにいったこともある。だが、一年やそこらの付き合いだったにもかかわらず、ダリオはマルコの幼年期に深刻な混乱をまき散らしていった。電話口で、マルコは苦しそうに喘《あえ》いでいた。ダリオの名は、彼を遠い過去の悪夢に突き落とした。心の片隅にあるトランクのなかに、永久にしまいこむことができたと思っていたのに。二十年後、どこの誰とも知らない男が、突然にそのトランクを開けてしまった。あの呪われた一年のことはよく覚えている。奇妙な話ばかりする、眼鏡をかけたブロンドの少年のことも。陰惨な、身の毛もよだつような物語。ある日のこと、ダリオはマルコやそのほかのクラスメートに打ち明けた。担任のリタ先生が、ぼくを墓地へ連れていった。あのときダリオがなにを語ったか、細かいところまでは思い出せない。しかし、自分がその物語にどれほど強く感化されたかということは、忘れようにも忘れられなかった。なにしろ、彼自身にも、まったく同じ「思い出」が植えつけられてしまったのだから。

「これから話す内容は、現実に起きたことではないです……それは、たしかです」。電話がつながっていた数分のあいだに、マルコは私にこう語った。「でも、はっきりと覚えてるんです。リタ先生が、夜中にぼくらを墓場の方へ連れてって、門を開けてなかに入らせたことを」

マルコが語った内容や、その語り口から察するに、彼はまだこのトラウマを乗り越えていないようだった。会って話を聞くことはできるかという私の問いに、マルコは沈黙をもって応じた。

マルコもまた、記憶の悪ふざけにもてあそばれたひとりだった。

記憶の発掘に関連して、ロフタスを驚かせたあるデータがある。トラウマにより抑圧された記憶を取り戻すため、「想像力を解き放つ」よう患者に促すべきだと思うかと尋ねたところ、二十二パーセントのセラピストが「イエス」と答えたのである。大人でさえ記憶に欺かれることがあるのなら、相手が子どもの場合には、より用心深いアプローチを採《と》るべきではないのか。一年につき数千人、数万人の子どもが性的暴行の調査を受けるような「悪魔主義パニック」が猛威を振るう時代にあって、ロフタスらの研究は、「証言心理学」という領域における新たな戦線を展開した。

ニューヨークのコーネル大学で教鞭をとるスティーヴン・チェーチ教授は、研究対象を未成年に絞って、きわめて特殊な実験を行なったことがある。チェーチは研究室の学生に協力してもらい、週に一度、四歳から六歳までの子どもたちと面会の機会を設けた。そして、すべての子どもに、同じ質問を投げかけた。ねずみ取りの罠に指をはさまれて病院に運びこまれたときのこと、きみは覚えているかい？　この質問は面会のたびに繰り返された。すると、はじめは全員が否定的な答えを口にしていたにもかかわらず、五十パーセント以上の子どもがこのエピソードを信じるようになり、ゼロから物語を構築しはじめた。数週間にわたって面会を重ねるうちに、偽造された記憶の中身はますます具体的になっていった。チェーチ教授の主張によれば、同じ質問をひたすら繰り返すだけでも、子どもの心に疑念を植えつけることは可能である。この疑念が、記憶の回路をショートさせ、空白を埋め合わせるための想像力のメカニズムを起動させるのである。「大人による度重なる暗示によって、子どもの脳はいともたやすく汚染されます」。『ニューヨーク・タイムズ』のインタビュー記事で、チェーチはこう語っている。「性的暴行をめぐる多くの捜査記録を調べたところ、ひとつわかったことがあります。大人たちはときに、性的暴行の事実があったと信じこもうとするだけでなく、子どもにたいし、その事実があったと認めるよう強制してさえいるのです」

「マクマーティン事件」においては、子どもたちは「閉じた」質問にさらされた。暴行の事実があったことは、子どもたちが口を開く前から、当然の前提と見なされていた。

調査者「裸のときに写真を撮られたこと、あなたは覚えてる?」

子ども(首を横に振る「覚えていない」の仕種《しぐさ》)

調査者「そのときのことを、覚えていないの?」

子ども(首を横に振る「覚えていない」の仕種)

調査者「だいじょうぶ、ゆっくり考えてみて。そうすれば、思い出すかもしれないから」

「ほら、ほかの子たちは思い出したわよ」。そんな言葉を繰り返し聞かされるうちに、ついに子どもは、自身の記憶を他人の記憶に合致させるようになる。

「馬乗り遊びをしていたのは誰だったのかしら?」

「レイとペギーさん」

「レイとペギーさんが? それで、ペギーさんは服を脱いだの?」

「そう」

「みんな笑ってたでしょう。ペギーさんのおっぱいは大きかった?」

「うん」

「おっぱいを揺らしてた?」

「うん」

ロフタスやチェーチをはじめとする多くの研究者は、次第に「虚報効果」という現象に関心を向けるようになっていった。これにより、心理学の世界に正真正銘の戦争が引き起こされ、相容れないふたつの陣営が真っ向から対立することになった。一方には、ロフタスらに率いられた、慎重さを旨とする勢力がある。誘導的な要素を注意深く排除した「開かれた」質問を用いることで、虚偽記憶の誘発を回避しつつ聴取を行なうべきであると、この陣営は主張した。これにたいして、もう一方の陣営に属す専門家たちは、そのような手法はレイプ犯を利するばかりで、被害に遭った子どもたちにはなんのメリットもないことを強調した。対立するふたつの学派は、司法の世界の信頼を自陣に引きつけるべく、統計調査、研究、出版、実験、学会など、さまざまな領野で激しい闘争を繰り広げた。どちらの科学が法廷を支配するか、食うか食われるかの闘いだった。

それからそう時をおかずに、イタリアでも同じことが起きた。一九九六年、未成年を標的とする性的暴行にたいして社会の抱く不安が頂点に達し、「小児性愛」なる言葉が全国紙の見出しにますます頻繁に認められるようになった時期、弁護士で大学教授のグリエルモ・グロッタが指揮する専門家グループは、性的暴行の被害に遭った未成年の調査の指針を示す、「ノート憲章」というガイドラインを作成した。この文書はやがて、イタリアの司法心理学に大きな変革をもたらすこととなる。「憲章」の要諦《ようてい》のひとつは、専門家にたいし、「調査の対象となっている出来事が、現実に起きた出来事であることを当然の前提とするような、いかなる暗示的、示唆的な質問も慎むよう」促すことにあった。

憲章はまた、検察または裁判所から、被害者であると想定される人物について調べるよう依頼を受けた鑑定人の役割についても、明確に規定していた。「司法的な観点から真実を認定する役割を、専門家に担わせてはならない」。これを言い換えるなら、次のようになる。裁判における心理学者の任務とは、当該の未成年が証言能力を有するかどうか、その証言が外部の汚染から守られているかどうかを吟味することだけである。その未成年が、性的暴行の被害者であるか否かを判断するのは、心理学者の仕事ではない。なぜならそれは、ひとり法曹にのみ課された役目だから。このアプローチは、CISMAIに登録している多くの専門家の行動原理と鋭く対立していた。「憲章」の側に立つ研究者の一派はCISMAIのことを、有害な聴取方法の推進者であるとして厳しく批判した。CISMAIが採用しているのは、子どもを暗示にかける恐れのある、反科学的な理論にもとづく手法である。それは子どもの記憶を汚染し、時として子どもの心に、現実の暴行に匹敵するような被害を与えかねない。反対派はそのように主張した。

かかる批判を受けて、CISMAIも黙ってはいなかった。CISMAIが用いたロジックは、すでに別の大陸で叫ばれていた主張とすっかり同じだった。未成年にとっての真の脅威とは、成人の暴行者や潜在的な小児性愛者の権利を小さな子どもの権利よりも優先しようとする、悪しき心理学者たちである。CISMAIの側から言わせれば、「ノート憲章」は被害者の救済に資するものではまったくなかった。

フェッラーラの心理学者で、二〇一四年にCISMAIの会長に選出されたグロリア・ソアーヴィに、私は電話でインタビューを試みた。ソアーヴィの説明に、あいまいな点はまったくなかった。「子どもとの関係を築くにあたって、絶対的な中立性はありえないというのが私たちの立場です。特定の心理的状態やトラウマの症状をもつ、想定上の被害者として認識したうえで、私たちは子どもにアプローチします」

ソアーヴィはこう言った。「想定上の被害者」としての子ども。

ある日の午後、私はシルヴィオの家におじゃまして、オッディーナの書斎に保管されている、新聞記事の切り抜きが綴じ込まれたバインダーを調べていた。オッディーナのふたりの娘、ジュリアとクラウディアが語ってくれたところによると、オッディーナは亡くなる直前、この資料をけっして処分しないことを娘たちに誓わせたという。「いつか、この事件に興味をもつジャーナリストが訪ねてきたら、その人にぜんぶ譲ってあげなさい」。オッディーナは娘たちにそう伝えた。もう何杯目かわからないコーヒーに口をつけながら、私はこの資料の束を年代順に並べなおそうと奮闘していた。すると、階段を下りてくるジュリアの足音が聞こえた。屋根裏部屋で見つけたらしい、ベージュ色の大きなケースを抱えている。「これ、母さんの荷物のなかにあったの」

ケースのなかに入っているのは、紙の資料ではなかった。そこには、数十本の古いビデオカセットが並んでいた。それぞれに、ペンで名前が書かれている。マルタ。マルゲリータ。クリスティーナ。ヴェロニカ。フェデリコ。私は適当に一本を抜きとった。ピエトロ。テープは終わりまでまわりきっているので、中身を見るには巻き戻しをしなければならなかった。私はビデオデッキにテープをさしこんだ。「ヴーン」という音にしばらく耳を傾けたあと、適当なところで再生のボタンを押した。波打つ線が画面を覆う。何秒か待つうちに、映像は徐々に鮮明になっていった。白いセーターとノースリーブのベストを着た少年が、紙とＢＩＣ〔フランスに拠点を置く文具メーカー〕のボールペンが置かれたテーブルの前に坐っている。少年の頭上に、天井からつり下げられたマイクがある。少年の背後には、黄色い暖房装置が据えつけられた灰色の壁が映っている。

少年がなにか話している。「最初の子は、ナイフで心臓を刺せって言われて、それから、次の子、ふたりめの子は、セメントのブロックに縛りつけなきゃいけなくて……焼き印といっしょに、その子は一時間くらい火のうえに寝かされて……三人目は鞭で打った。その子は死んだ。死んでたけど、その子の背中をナイフで刺せって言われて、それでぼくは……」

私はソファに坐り、両手で頬を支え、呆然と目を見開いていた。心臓が粉々にはじけ飛びそうだった。自分がなにを目にしているのか、すぐには理解できなかった。これはいったいなんのビデオだ？　そうだ、子どもだ。何か月にもわたってその物語を追いかけてきた子どもたちだ。いま、子どもたちはここにいる。ビデオが並ぶベージュのケースが、私にはタイムマシーンのように見えた。子どもたちの瞳。姿勢。仕種《しぐさ》。表情。ためらい。声。すべてがここに記録されている。

私はケースからビデオテープを取り出し、シルヴィオの家のリビングにある木製のテーブルに積みあげた。何本あるか数えてみた。五十六本。およそ四年にわたって撮影されたものだ。収録されている映像の長さは、少なく見積もっても八十時間にはなるだろう。そこに映っているのは、ドナーティとの度重なる面会――こちらは一度もビデオ撮影されていない――のあとで、検察側、判事側の鑑定人から聴き取り調査を受ける子どもたちの様子だった。ビデオはいずれも、被告側の弁護士がオッディーナに譲渡したものだった。おそらく彼女は、はじめから最後まで、すべてのビデオに目を通したのだろう。

「なにかの役に立つようなら、どうぞもって帰って」。ジュリアが言った。とはいえ、私はもう何年も前にビデオデッキを手放していた。業者に依頼して、中身をすべてデジタルに変換してもらおうと思ったら、目玉が飛び出るほどの金額になるだろう。どうすべきかと考えあぐねていると、オッディーナの妹である叔母のマリアが進み出てこう言った。「だいじょうぶ。私にはいくらでも時間があるから。動画の形式さえ指定してもらえれば、あとはこっちで変換して送ってあげる」。私はこのとき、田舎暮らしで、年の頃は七十の手前で、それでいてコンピューターの扱いに長けている婦人に出会えたことに、喜べばいいのか驚けばいいのかわからなかった。かくして、数週間後の月曜日の午前中、荷物を届けにきた宅配業者が玄関の呼び鈴を鳴らした。私は椅子に腰かけ、ノートパソコンを開き、大きく深呼吸した。自分はこれから、八十時間の尋問映像を見て、そこで語られている言葉を書き写し、あとから参照できるよう索引を作成しなければならないのだ。キッチンのテーブルに積まれたＤＶＤの、高くそびえる山のごとき威容に、私は圧倒されていた。

第十六章

三人の大人が、苛立ちもあらわにしてなにかを待っている。テーブルのわき、カメラから見て左側に坐っているクリーム色のスーツの男性は、モデナ裁判所の予審判事を務めるアルベルト・ジロルディだ。彼の正面にいる、花柄の服を着た四十がらみの女性は、心理学者のアンナ・カヴァッツリーニ。隣には、黒い短髪に眼鏡をかけた、青いシャツ姿の女性がいる。当時二十八歳の心理カウンセラー、ヴァレリア・ドナーティだ。三名に挟まれるようにして、くすんだ色のポロシャツを着たブロンドの少年が坐っている。これがダリオだ。彼の背後にある窓は開け放しにされている。おそらく、一九九七年七月十七日のうだるような暑さを、すこしでも和らげるためだろう。場の空気が張りつめていることは、映像を見るだけでもはっきりわかった。

最初に口を開いたのは判事だった。「きみの話を聞いて、大人たちはひどく不安になってね……きみが話したのは、とてもとても大事なことなんだ……これから、きみにいくつか質問をする。カメラの向こうには、きみの身になにが起きたのか知らない人たちがいるから……あやふやなところがないよう、できるかぎり正確に話そう。いいね？」

だが、ガッリエーラ家の末っ子は乗り気でなかった。マイクで遊んだり、話題を変えたりと、すこしも真面目に取り合おうとしない。この面談の重要さを、少年は理解していないようだった。ダリオは大人の質問に答えるより、近ごろ仔猫を産んだばかりの、飼い猫のルナの話をしたかった。それに、彼はもうすぐ、トニーニ家のみんなし夏休みの旅行に行くのだ。ガルガーノの浜辺が、ぼくを待っている……。

だが、旅行に出発する前に向き合わなければならない、深刻な問題がある。ほんの数週間前に、ドナーティを相手に少年が語りはじめた、小児性愛者たちについてだ。

「マッサの家がどんなところだったか知りたいんだ。マッサの家は、いいところだったかな？きみはあの家にいて楽しかった？」。判事がダリオに尋ねた。

「いやだった」

「なにがいやだったんだろう？」

「だって、ぼくにあんなことしてきて……」

「あんなこと？」

「ぼくに、入れてきて……」

「きみに、なにを入れたの？」

「口のなかに、ちんちんを入れた、お尻にも」

「誰がそんなことを？」

「ほんとのお父さんとお母さん」

最初は兄のイゴール、そのあとが父のロマーノだった。「〈あと〉というのは、いつなんだろう？」。大人たちは何度も尋ねた。答えはダリオも知らないようだった。少年はむしろ、誰からも訊かれていないことを話しつづけた。「あそこは、お昼になってもなにも食べないんだよ。ぜったい、ぜーったい食べないんだ」

話すことより、ダリオはお絵描きに集中していた。大人たちは食い下がった。「〈あと〉って、いつなんだい？」ダリオの機嫌が悪くなってきた。「もうつかれた……」。ダリオが話したいのは、砂浜や海のことだった。絵に色をつけるスタンプが欲しかった。もう、大人たちの話は聞いていなかった。ガッリエーラ家における性的暴行の記述は、終わりなく繰り返されるきれぎれの言葉にとどまったままだった。なにひとつ、新しい要素は出てこなかった。まるで、その出来事には、「前」も「後」もないかのようだった。性的暴行があった。以上、終わり。要約するには、一行もあれば事足りる。

ジロルディの次はカヴァッリーニとドナーティが、面談の本来の目的に少年の注意を引き戻すべく、むなしくも多大な努力を重ねた。「ローザ」という女とそのパートナーである「アレス」——捜査員はすでに、「アレス」がアルフレード・ベルガミーニであることを特定していた——の家でなにがあったのかを尋ねたときも、同じことが繰り返された。ローザは悪い女で、ダリオの母親に「ああいうこと」を教えた。大人たちは詳細を知ろうとした。なにを。どうやって。どんな手段を使って。いくらのお金で。だが、ダリオの語りは目的地を欠いたまま、寄る辺なく虚空をさまようばかりだった。少年は「ヴァレリア」に抱っこをせがんだ。

しびれを切らしたジロルディが、ダリオを脅した。「ほら、海がどんどん遠くなっていくよ。いいんだね……?」。それを聞いて、ダリオが問い返した。「ぜんぶ終わったら、すぐ帰ってい い?」。ジロルディの返事はこう。「もちろんだとも。ぜんぶ話せば、海はもう目の前だ……」早く面談を切りあげたいと思っているのは、大人たちも同じだった。ダリオが横道にそれるたび、三人はあからさまにじれったそうな態度を示した。

「きみが話してくれた分だけ、海が近づいてくるんだよ。わかるね?」。ジロルディがこう言ったかと思うと、今度はカヴァッリーニが後を継いだ。「ほら、あそこに青い海が……」

ジロルディ「でも、まずはちゃんと答えてほしい。でないと……」

カヴァッリーニ「ほら、がんばって……ほんとうにあったことをぜんぶ話したら、あの扉から外に出て、バレーボールでも、海水浴でも、なんでも好きなことができるんだから……ほんのすこしがんばるだけで、楽しい時間を過ごせるのよ……それで自分の筋肉を見てこう言うの。わぁ、ぼくってなんて強いんだ!」

ダリオ「まだここにいなきゃいけないの?」

ジロルディ「きみが質問に答えないなら、ずっとここにいることになるな」

カヴァッリーニ「お願いだから、言うことを聞いて! こんなことしてても仕方ないでしょ。あなたが話してくれないと、私たちいつまでも帰れないのよ!」

少年は画用紙に船の絵を描いていた。「すごく上手に描けてる。それで、ちょっと教えてほしいんだけど……アレスは写真を撮っていたんでしょう? それは誰の写真だったの?」。だが、ダリオは質問の意味が理解できないようだった。「わかんない……」。面談の開始から一時間半が経過した後、予審判事とふたりの心理カウンセラーは降参した。ダリオは海に出発した。

どうにも腑に落ちなかった。この映像を見て私が抱いた印象は、「大人たちはダリオの話を聴くためにここにいるのではない」というものだった。暴行の事実はほんとうに存在するのか？　存在するとしたら、それはどのような暴行だったのか？　大人たちはこうした点には、はなから興味がないように見えた。三人の目的は、ダリオに話をさせること、それに先立つ数か月に、養母の家とドナーティのオフィスで語ったのとすっかり同じ内容を繰り返させることだった。私の目には、無理強いとしか映らなかった。面談の終わりに、少年はきわめて断片的な告発の言葉を口にした。文字に起こしたとしても、一ページを埋めるにも足りない分量だった。なによりも、そこには理屈と呼べるようなものがなかった。ダリオの語りは、スタートもゴールもない迷路と変わらなかった。

私は二度目の視聴の際、大人たちが「海」という言葉を発するたびに、手もとの紙に線を引いていった。ダリオに協力を促すため、あるいは、旅行に行きたいというダリオの思いを一種の脅迫手段として利用するために、大人たちはいったい何回、この言葉を口にしたのか？　数えてみたところ、十一回だった。たった一度の面談で、十一回も「海」という言葉が使われていた。判事が同席したうえでビデオ録画もされている、公式の面談でこのような手法が用いられているのなら、ダリオとドナーティがふたりきりのときには、いったいどんな光景が繰り広げられていたのだろう？　このビデオが記録しているのは、捜査の初期段階で行なわれた面談の様子だけだった。こんなものを根拠にして、何人もの被疑者が逮捕されたというのか？

ダリオ本人の足跡をインターネットでたどることはできなかった。そこで私は、彼を受け入れ、やがて正式に養子縁組したトニーニ家について調査を始めた。その結果、エミリア・ロマーニャの地方紙の古い記事に、父親であるトニーニ氏の名前を見つけた。芝刈り機から転落して、軽い怪我を負ったという内容だった。記事中には、事故が起きた土地の名前も記されていた。そこは、二十人にも満たない住民から構成される、ごく小さな集落だった。ある日の午後、私とアレッシアは、オッディーナの娘であるジュリアとともに、その集落を訪れた。ジュリアは、幼年時代のダリオの写真を収めたアルバムを持参していた。到着してすぐ、私たちは近隣の住人に、一家の住まいはどこかと尋ねた。トニーニ家はすでに、そこから車で十五分の距離の自治体に引っ越していた。ダリオの家族の新しい家は、二階建ての白い一軒家だった。住宅の集まる中心地区と森を隔てている滝から、歩いてすぐの位置にある。玄関前の庭で、浅黒い肌をした青年がなにか作業をしている。ダリオと同じくトニーニ家の養子として育った、兄のマッテオだった。「ダリオはいますか?」。ジュリアがマッテオに尋ねた。「ダリオにひとことあいさつがしたくて、マッサ・フィナレーゼから訪ねてきました」。マッテオはうしろを振り返り、すぐそばのバルコニーからこちらを見ている女性を指さした。「うちの母親に訊いてみて」。なら、あれがトニーニ夫人か。女性はすぐに一階に下りてきて、玄関の扉を開けた。

女性はひどく不安げな表情を浮かべていた。もう、十年以上が過ぎたのに。わが子を追いかけてくる怪物から逃れるために、数え切れないほどの悪夢をくぐり抜けてきたのに。いまになって、どこの誰が息子を探しにやってきたのか?

「ほんとうなら、あの子がここに住んでいることだって知られてはいけないんです。余計な不安を生むことになりますから、いますぐこの家から離れてください。なにを言ってもむだですよ。写真なんて見せないでください。誰の話も聞きたくありませんから。いままでずっと、ひどい重荷を背負って歩いてきたんです。その道を、いまさらたどりなおせと言うんですか?」

どうやら、会話が成り立つ見込みはなさそうだった。

「早く帰ってください。もうなにも言わないで。警察を呼びますよ。警察を呼びますからね!」

これ以上粘ったところで、トラブルになるだけだろう。いったん退散して、日を改めた方がいい。私たちは、ダリオとじかに話したかった。事件当時、あどけない少年だったあのダリオも、いまでは二十六歳になる。彼にとっての事実を語るか、それとも私たちを追い払うかは、ダリオが自分で決められるはずだ。

数週間後、私たちはまた戻ってきた。件《くだん》の家から三〇メートルほど離れた場所に車を停め、そのなかで待機する。ダリオがひとりで出てきたときに、声をかける算段だった。ダリオがあの家に暮らしていることは間違いない。あのごく短い面会のあいだに、トニーニ夫人がそう口を滑らせたのだから。とはいえ、ダリオの日常の習慣まではわからなかった。私たちは、土曜日の朝早くに出向くことにした。その時間帯なら、仕事で不在という可能性は低いだろうと踏んでいた。もっとも、ダリオが職に就いているかどうかも定かではなかったが。

その日は雨が降っていた。車のなかで待つ時間は永遠にも思えた。視界に変化をもたらすのは、高速道路を駆け抜けていく自動車くらいのものだった。そして、正午近く、退屈を紛らすために私が携帯電話をいじっていたとき、白い家から、誰かが犬といっしょに外に出てきた。私たちの車の方へやってくる。私は視線をあげ、窓ガラスから数センチのところを歩いていく青年の顔を見た。明るい色の、左右で形の違う瞳が、分厚い眼鏡のせいで大きく見える。オッディーナの写真やビデオで見たのと同じ眼差しだった。ダリオだ。

喉から心臓が飛びだしそうになるのを感じながら、アレッシアと私はダリオが遠ざかるのを待った。家族の誰かに、私たちといっしょにいるところを見られ、ダリオに迷惑をかけるのは避けたかった。車から降りて、距離を保ったままあとをつけた。ジャージにジャンパー、それにニット帽という出で立ちだった。誰かと顔を合わせるわけでもない、ほんの短い外出に似合いの服装だ。

私たちはダリオに追いつき、自分たちは誰なのか、なぜ彼に会いにきたのかを説明した。ダリオは驚くふうでもなく、黙ってこちらの話を聞いていた。二十六歳になったいまも、彼は進むべき方向を決めあぐねていた。いまは依頼があったときだけ、よその家の庭の手入れをして、すこしばかりの収入を得ているらしい。将来にかんしては、さしあたってなんの計画もないという。

話題が核心に触れるなり、ダリオは驚くべき見解を口にした。「まあ、俺は……あれがほんとにあったのか、そうじゃないのか、いまはもうよくわからないよ……カウンセラーが何人もやってきて、自分たちが望むとおりのことを俺に言わせようとしたんだ。もちろん、金のために。だから、もう確信はなくて……記憶はあるよ。でも、それが現実なのか、想像なのかは……相手は子どもだから。言わせたいことを言わせるのは簡単だ……」

みずからの証言によって恐ろしい混乱を引き起こした「子どもゼロ」は、数年前から、自分が大人に話したことを考えなおし、疑いはじめていた。このときダリオが語ったのは、私とアレッシアにとって、調査の最後にたどりつければと願っていた言葉だった。どうやらダリオは、経験の再構築をすでに済ませ、大人の眼差しで過去を見つめているようだった。成人するまで連絡をとり合っていたドナーティにたいしては、あまり良い思い出をもっていなかった。自分はドナーティに利用された。その証拠に、自分が親元から引き離されたあと、ドナーティは重要なポストを獲得し、「めちゃくちゃたくさんの金を稼いだ」。詳細はあやふやなままだったが、ダリオは私たちにそのように説明した。会話の最中、ダリオは二回、「脳の洗濯」という表現を使った。彼を助けようとした人たちが、彼の家族をばらばらにしようとした。ダリオはそう付け加えた。その口ぶりから、ドナーティとトニーニ夫人のあいだにも、なにか揉め事があったことが察せられた。まだ養子縁組をする前から、トニーニ夫人はドナーティへの協力を惜しまなかった。それなのに、夫人はしかるべき見返りを受けとっていないという。この点にかんしても、ダリオは詳細を語らなかった。

過ぎたことは仕方がない。いまはただ、この物語を一刻も早く忘れ去りたい。それがダリオの本音だった。彼にとってとくにつらかったのは、幾度とも知れない転校と引っ越しだった。亡霊による迫害は、小学生のあいだずっと続いた。その記憶を背負いながら、ダリオは青年期を過ごさなければならなかった。「中学生になっても、俺のことを探しにきたんだ……つまり、あの連中が、学校までやってきて……でも、先生たちが、あいつらをなかに入れないように、俺に会えないようにしてくれた。このパラノイアに終わりはないって、あのころはいつも思ってた」。モデナに暮らしはじめた二十歳前後のころ、ダリオはまたもこのパラノイアにとらわれた。どういうわけか、「誰かが俺を殺しにくるっていう確信」を抱くようになったのだ。そこでダリオは、いつも通っている道を避け、出先と家の経路をたえず変えるようにした。いつになったらこの物語は結末を迎えるのか、ダリオには見当もつかなかった。いったい何人が関与していたのか、どれだけの犯罪が犯されたのか、何人の子どもが犠牲になったのか、彼にはなにも情報がなかった。

事件にかんするダリオの知識は、彼が個人的にかかわった事柄にかぎられていた。この数年の出来事や、大人たちに名前を告げたさまざまな人物をめぐる記憶のなかから、現実と悪夢、実在の人物と脳内のホログラム、実際に経験した場面と想像上の出来事を選り分けることは、もはや不可能だった。ガッリエーラ家での暴行については、いまでも「断片的な記憶」が残っている。だが、そのあとの出来事にかんしては、ごくわずかな、ほんとうにわずかなことしか覚えていない。

「墓地へ連れていかれたことは覚えてる？」。アレッシアが尋ねた。

すこし考えこんでから、ダリオは言った。「覚えてるよ。でも、記憶にあるのは墓地の壁、石造りの壁っていうか……ただ……つまり、それが墓地なのか、古い廃屋なのかは、俺にはわからないんだ……ぼんやりと覚えてるだけだから……ろうそくの赤い光とか……色のついた窓ガラスとか……」

墓地での出来事について話すよう、幼いダリオは何度も大人たちに強《し》いられてきたはずだ。それでも、その墓地がどんなところだったか、いまではもう三つか四つの情景しか記憶になかった。なら、墓地のなかでなにが起きたか、彼は覚えているのだろうか？

「たとえば、自分はほんとうに子どもを殺したと思ってる……？」。まわりくどい言い方はせず、私は直截《ちょくせつ》に訊いてみた。

ダリオはため息をついた。

「記憶はある。だって、五年前まで、そのことを考えるたびに胸が苦しくなったから……」

「墓地で子どもを殺した記憶があるんだね？」

「ああ」

「でも、死体はひとつも見つかってないんだよ。それは知ってる？」

「いや……」

「知らないの？」

「俺が知ってるのは、たくさんの人が逮捕されて、刑務所に入れられたことぐらいで……でも、死体が見つからなかったとか……そんなことは、誰も教えてくれなかった……」

その犯罪は、きみの頭のなかにしか存在しない。この情報をダリオに最初に提供したのは、アレッシアと私だった。すべての情報を把握していたはずのヴァレリア・ドナーティをはじめ、この事件にかかわりをもった心理カウンセラーたちは、捜査の結果をダリオに伝えてやろうとは考えなかったということか。ニット帽をかぶり眼鏡をかけたブロンドの青年は、ようやく表情を和らげたように見えた。これで、幼年期と青年期を台なしにしてきた、恐ろしい罪の意識から解放されるかもしれない。そうか、ぼくは、人殺しではなかったんだ……。

「きみをずっと苦しめてきたのは、どんな記憶なんだろう？」。私はダリオに訊いた。

ダリオはテープを巻き戻した。何年ものあいだ、けっして消えることのなかった古い痛み。ただしそれは、悪人による迫害でも、悪魔主義の儀式でも、性的暴行でもない。そうではなく、遠い朝、一九九三年十二月二十六日に実際に起きた、明確な輪郭を備えた記憶だった。ダリオはまだ三歳だった。あの日、ガッリエーラ家の隣人であるオッディーナの家にソーシャルワーカーがやってきて、ダリオを着替えさせ、車に乗せ、レッジョ・エミリアにある修道女の施設に連れていった。少年に、新しい人生を与えるために。

すようになったんだ」「捨てられたって思った……なにが起きたのかの説明もなくて……それで俺は、修道女と暮らすようになったんだ」

今後も連絡をとり合うことを私たちは約束した。事件について、ダリオはもっと深く知りたがっていた。すべての起源に立ち返り、みずからの歩みをたどりなおすことで、人生の航路を逸らしたものはなんだったのか知ろうとしていた。後日、私たちはダリオにメールを書き、アメリカやイギリスで起きた類似の事件の資料を添付した。墓地での虐殺は、たとえ頭のなかにその光景がこびりついていたとしても、現実には起きていない。私たちはただ、ダリオにそのことを伝えて、安心させてやりたかった。この報せは、ダリオの生を根底から変革したようだった。私宛てのメッセージのなかで、自分はこの問題から目を逸らすために、アルコールに頼るようになったのだとダリオは書いていた。だが、いまではすこし気が軽くなった。私たちが送った資料に、ダリオは夜通し読みふけっていたに違いなかった。というのも、メールを送った翌日の朝、猛烈な勢いで書きあげたと思しき長い返信が届いたからだ。

子どもが想像を話すのは当たり前。八時間のストレス、プレッシャーのあとは、早く寝たいとしか思わなくなる。逮捕された人たちに謝りたい。三年前までは、ぜんぶ事実だって信じてた。というか、心のなかでは、ほんとなのかどうなのかわからなかった。だけど思い出せないことが多かったから、自分は利用されたんだってわかった。向こうの思いどおりに。だけど自分も悪いと思う。家族から引き離されたのはいいけど、関係のない人を巻きこんだ。何千人の子どもがこねくりまわしてきた作り話に。変な名前のリーダーが儀式をするストーリー。俺のときは悪魔の儀式だった。時間がたつにつれて、誰も自分をこらしめにきませんようにとしか思わなくなる。一年前か、俺はぜんぶあやしく思った。考えすぎるなって言い聞かせた。でも、俺を利用したやつらは許せなかった!!

ドナーティと会うのをやめて以降、遠い過去に由来する記憶の波が胸中に引き起こしていた疑念に、アレッシアと私が新たな裏づけを与えた形だった。これまで関係をもってきた心理カウンセラーやソーシャルワーカーに、ダリオは憎しみを募らせていた。いまでは彼は、事実がよりはっきり見えるようになったと感じていた。もっとも、メッセージを書いているときのダリオは軽い興奮状態にあるようで、受け手としては、文意を汲みとるのに難儀することも少なくなかった。どこかのカフェで待ち合わせして、ゆっくり話をしようと私は提案した。すると、急にダリオからの返信が途絶え、なんの反応もないまま丸一日が経過した。不安になった私たちは、何度かダリオに電話をかけた。電話に出るかわりに、彼はこんなメッセージを送ってきた。

これ以上、俺の家に近づいて家族に迷惑かけるなら、思い知らせてやる。俺の生活から出ていけ。俺の知り合いに近づくな。次は憲兵に連絡する。自分の過去も、お前みたいなくそ野郎のことも、もうなにも知りたくない。

理解しがたい、あまりにも唐突な豹変だった。アレッシアと私は、誰かの介入があったのだと察知した。ダリオはもう連絡をよこさなかった。数日後、ダリオの血のつながらない兄であるマッテオから、フェイスブック経由でメッセージが届いた。私たちに話さなければいけない重大な事柄があるため、電話で連絡をとりたいという。文面から察するに、マッテオは奇怪な妄想にとらわれていた。殺されるかもしれない、あるいは、精神病院に閉じこめられるかもしれないと、何度も繰り返していた。マッテオを狙っているのは、暗闇に潜む敵、顔もなければ名前もない誰かだった。

六十日以内に、ぼくの身になにもなければ、知ってることをぜんぶ話します。なにかあった場合は、あなたたちの知り合いの弁護士にこのメッセージを見せてください……今夜にも来るかもしれない……そうなればぼくは終わりです。ぼくを殺したあと、やつらは自殺に見せかけるでしょう……この夜を乗り切れば（たぶんむりですが）、会う方法を見つけられると思います……やつらはぼくをなぶり者にしています。夜は越えましたが、今度は昼間にもてあそばれます（家でぼくになにかを探させて、兵舎／刑務所で殺すのでしょう、自殺に見せかけて）。

こんな具合だった。精神病者のうわ言を思わせる、錯乱したメッセージだ。ほんのわずかでも意味をなしていると思えた唯一の箇所は、ダリオにかんする次の一節だった。「あなたたちと会ったあと、はじめは調子が良さそうでした。うちの母親が弟に言いました。〈あいつらは、お前を陥れようとしている〉」

トニーニ夫人とその強迫観念が、二十年たったいまも、ダリオの意思を支配していた。あの家族になにが起きたのか？　夫人の育てたふたりの息子が、自分は歩く標的だとそろって信じこんでいるのは、たんなる偶然なのか？　この兄弟はどういうわけで、誰かが自分を殺そうとしているという確信を抱くようになったのか？
弟と同じように、数日後にはマッテオも、虚無のなかへ姿を消した。

第十七章

車のヘッドライトが、ミランドラの狭い車道や、周囲に足場の組まれた古い建物を照らしている。二〇一二年の地震の傷痕から、町はまだ立ちなおっていない。地震の記憶を強烈に喚起する建造物のひとつが、パスコリ通りと国道一二号線の交差点に立つ、赤いれんが造りの七階建てのマンションだ。スコッタ夫妻が暮らしていた住居であり、娘マルタと引き離されたフランチェスカが、絶望してバルコニーから身を投げた場所でもある。骨組みだけ残った、見るからに危うい建物。周囲を足場に取り囲まれた、からっぽのシロアリの巣のようだ。そこから車で二十分の距離にある、アッバ・モット通りに立つガッリエーラ家の旧宅を見たときも、私は似たような印象を抱いた。このマンションの名は「エクセルシオール」という。オーナーはどういうつもりで、ミランドラの物件に英語の名前などつけたのだろう。

マンションを横目でやり過ごし、そこから一キロほど離れた駐車場に車を停めた。商店や人の集まる施設などがない、静かな住宅地だ。玄関の扉の前で、ひとりの男性が私の来訪を待っていた。広い額と、深い声の持ち主だった。四十四歳で、名前はカルロ。丁寧に私を迎えてくれたが、かすかなとまどいも感じられた。私はひとりだが、カルロの目にはそう見えていなかった。二十年前、彼の生を土台から転覆させた物語を、私は背後に引きつれている。この二十年、カルロの日々はずっと、灰色の雲に覆われたままだった。

「どうぞ、入って。お探しのものは屋根裏にありますから」

階段をあがり、荷物でいっぱいの屋根裏部屋に足を踏み入れる。

「散らかっていてすみません。引っ越したばかりで、整理が済んでいなくて」

それから、引っ越し用の段ボール箱を、ひとつ引っぱり出してきた。母フランチェスカに関係するものはすべて、この段ボール箱にしまってある。そして、妹マルタに関係するものも。

「こんな状態で申し訳ない。でも、この前、あなたから電話をいただいて……それではじめて、この荷物のことを思い出したんです。それに、ここ数日はどうも体調が良くなくて。好きなだけ、ここで作業していってもらって構いませんから。私は下にいるので、なにかあれば呼んでください」

一九九七年、カルロは二十四歳だった。母親のもとを離れて自活するようになってから、すでにしばらくの月日が流れていた。シングルマザーとしてカルロを育てていたフランチェスカは、息子が物心ついたころに新しいパートナーと出会い、長男より十六歳年少の娘をもうけた。母親の関心を独占し、自分と違ってなにをしても許されるように見えるこの小さな生き物に、はじめの数年、カルロはすこし嫉妬していた。それでも、じきに彼は、年の離れた妹をひどく大切に思うようになった。妹のマルタに、カルロは「ご主人さま」というあだ名をつけた。というのも、母の家では、マルタの望むことはすべて現実になったから。母は妹を甘やかすぎると感じつつも、カルロは頻繁に実家を訪ね、妹の遊び相手になってやった。カルロもまた、マルタを溺愛していた。

同年の七月七日、午後六時二十分ごろ、カルロの家の電話が鳴った。母からだった。苦しそうに息を切らしている。今朝、マルタが警察に連れていかれたという。カルロはどうすればいいかわからなかった。母を落ちつかせようとするあらゆる試み、いまはひとまず様子を見よう、最後はぜんぶ元どおりになるといった言葉は、電話口に吸いこまれたまま、母の耳に届くことはなかった。後日、カルロは警察を訪ねて説明を求めた。この訪問にはなんの成果もなかった。マルタがどうしているのかさえ聞けなかった。「なにも教えられません。捜査中ですから」。一度など、警察署で声を荒らげたこともある。いい加減にしろ。弁護士を呼ぶぞ、面倒なことになっても知らないからな。すると、顔見知りの刑事がカルロの腕をつかみ、廊下のすみへ引っぱっていった。「もうよせ。この話にかかわるな。でないとお前も刑務所行きになって、それきり出られなくなるぞ」

青年は怖じ気づいた。出来事の推移を、静かに見守っている方が良さそうだった。そうこうするうち、検察がリークした情報が新聞の紙面を賑わせはじめた。娘マルタを金儲けの道具として利用した廉《かど》で、母フランチェスカは告発を受けていた。色情狂であふれかえるアパートにマルタを連れていき、引き換えに多額の謝礼を受けとっていたというのだ。カルロは混乱した。自分は、母親からそんな仕打ちを受けたことは一度もない。たしかに、手の早い母親ではあった。かといって、子どもを利用して金儲けなどするわけがない。だが、じきに彼の胸にも疑念がきざした。警察が、新聞が、ソーシャルワーカーが、母親について聞くためにカルロに接触を試みてきた。あなたを産んだあの女性は、いったい何者なんですか？　娘さんには、どんな態度で接していましたか？　なにか怪しい場面を目撃したことはありませんか？　考えれば考えるほどに、自分と母のあいだに横たわる未解決の問題に頭を悩ませることになった。まずは父親の問題だ。カルロの父が誰なのか、フランチェスカは頑として教えてくれなかった。それともうひとつ、カルロがなおも引きずっている大きな謎がある。カルロが少年だったころ、フランチェスカはときどき、帰宅が遅くなることがあった。彼女は当時、バールで働いていた。しかし、どういうわけか、バールの閉店時間よりもさらに遅い時間に帰ってくることがめずらしくなかったのだ。母はかつて娼婦をしていたという噂を、カルロは毎日のように耳にするようになった。はたして、自分はほんとうに母を知っているのだろうか？

　母子《おやこ》の関係はにわかに緊張した。フランチェスカの状態は、神経衰弱の一歩手前だった。彼女はつねに家を空け、警察署で抗議の声をあげていた。カルロはしょっちゅう、警察からの電話に対応しなければならなかった。「あなたのお母さんがまた来てます。お願いですから、署に来て話を聞いてあげてください。なにを言っても帰ろうとしないんです。手首を切ると言って騒いでます」。ある日、カルロは母親の家を訪ねた。玄関の扉は内側からチェーンがかかっていた。呼び鈴を鳴らしても、フランチェスカは返事をしなかった。「母さん、開けて」「母さん、返事しろよ」「母さん、いないの？」。家のなかは、しんと静まりかえったままだった。カルロは警察を呼んだ。警官がドアを蹴とばしてチェーンを壊した。母親はベッドに仰向けに横たわり、身じろぎひとつせずに生死の境をさまよっていた。医薬品の錠剤を、大量に飲みこんだらしかった。フランチェスカは救急車で病院に運びこまれ、ぎりぎりのところで一命をとりとめた。そして、九月の末の日曜日、もう何度目かわからない電話が警察からかかってきた。カルロは恋人といっしょに、リド・デッリ・エステンシの浜辺にいた。本格的な秋の訪れを前に、今年最後の海水浴を楽しむつもりだった。

「いま、海なんです」。カルロは言った。「緊急の用件でないなら、夕方にしてもらえませんか。帰りに警察に寄っていくようにしますから」

緊急の用件ではない。警察はそう言った。では、夕方に署までお越しください。カルロは日が暮れる前に警察署に到着した。正面玄関を入ってすぐのスペースに、いくつかの部屋と向き合う形で、たくさんの椅子が並べられていた。知り合いの警官がカルロの方へ近づいてきた。

「お母さんが亡くなった。自殺だよ。つらいだろうが、気を落とさずにな」

カルロの肩を軽く叩いてから、警官は踵《きびす》を返して去っていった。カルロは言葉を失い、ひとりその場に立ちつくしていた。

フランチェスカの家財は差し押さえの対象になったが、カルロは警官の計らいにより、家のなかに入って私物を回収することができた。部屋の一角に、マルタの身のまわりの品が積まれ、その隣に、宝飾品を収めた小さな小箱が置かれていた。ブレスレット、ネックレス、指輪など、母が最後まで手放さなかったアクセサリーが、ほんの数点だけ入っている。小箱のかたわらには、ペンで書かれたメモがあった。「この箱の中身はマルタに渡してください」。以来、毎年九月二十八日には、カルロは日帰りでナポリを訪ね、母フランチェスカの墓前で祈りを捧げている。

妹のマルタがどこでなにをしているのか、カルロにはなんの情報もなかった。妹を探すのを手伝ってくれる人間はひとりもいなかった。レッジョ・エミリアの「フランチェスコの会食室」で一年を過ごしたあと、マルタは同地域に暮らす夫婦の養子となっていた。

あるとき、彼は妹の姓名をフェイスブックで検索してみた。表示された検索結果はひとつきりだった。栗色の髪にパーマをかけ、右の鼻孔に銀のピアスをつけた若い女性が、海岸通りで微笑んでいる。年齢は二十一歳。

「こんにちは。あなたと同じ名前の女性を探しています。その人は、私の妹です」。カルロがメッセージを送信すると、じきに返信が届いた。「ごめんなさい、人違いです。妹さんが見つかるようお祈りしてます」。その後、カルロはそのアカウントにブロックされた。妹だ。

「マルタを見つけたんですか?」。私が電話でカルロとコンタクトをとったとき、彼はまずそう訊いてきた。私はマルタの住所を把握していた。最初に得た情報は、彼女がとある保育園で働いているらしいということだった。そこで私は、アレッシアといっしょに本人に会いにいった。あいにくマルタはすでに引っ越していたが、保育園の元同僚が転居先の住所を教えてくれた。マルタの家は、レッジョのそばの農村にたたずむ、小さな一戸建てだった。門の柵をはさんで応対した養父母は、私たちを質問攻めにしたあとで、いますぐ立ち去るように求めてきた。そこで、私たちはいったん引き下がり、保育園の元同僚から教えてもらった電話番号を試してみることにした。マルタは丁寧に応じてくれたが、その態度はきっぱりしていた。「この件にかんして私が話さなければいけないことは、もう何年も前に、しかるべき相手に話しています。これ以上、付け加えることはありません」

カルロはさらに訊いてきた。「この先、マルタがあなたとの面会を受け入れることはあるでしょうか?」。無理だろうと私は言った。「ほんのすこしでも、マルタが私に会いにきてくれる望みはありそうですか?」。かなり厳しいだろうと私は言った。「こういうのはどうでしょう?マルタの家に、私が直接に訪ねていって、二十年前に唐突に断ち切られた関係を修復したいと申し出るんです。良い考えだと思いますか?」ぜったいにやめた方がいいと私は言った。

屋根裏部屋の段ボール箱を開けて、最初に私の目にとまったのは、透明なケースに大切そうにしまわれている、赤ちゃん用の赤い靴だった。次は写真だ。ともに過ごした八年間に撮影された、母と娘のたくさんの写真。ベッドに腰かけてマルタに授乳しているフランチェスカ、幼児用のひじかけ椅子に坐るマルタ、はじめて歩こうとしているマルタ、子犬と遊んでいるマルタ、海に、家に、バルコニーにいるときのマルタ。母と娘が抱き合っている写真が何枚もあった。写真のそばには、古びた赤い小箱があった。時の移ろいとともに色あせたロザリオと、聖母マリアを描いた二、三の聖画像がしまわれていた。あとは衣服。緑色の五〇〇〇リラ紙幣が入った、子ども用の小さな財布。そして、クリーム色のフォルダーが二冊。一方のフォルダーには、マルタが学校で描いた絵が挟まっていた。「お母さん、大好き」「お母さん、ずっといっしょだよ」。もう一方のフォルダーには、ソーシャルワーカーの手になる古いレポートが収められていた。フランチェスカとパートナーの男性が、マルタの養育権をめぐって激しい争いを繰り広げていたときの資料だ。ソーシャルワーカーはなにかにつけて、フランチェスカのことを「会話の成り立たない女性」として描写していた。自治体職員の目から見たフランチェスカは、独占欲が強く、協力的な姿勢に乏しく、当局の決定にあからさまな抵抗を示す女性だった。一九九七年七月までは、フランチェスカとソーシャルワーカーの対立はおもに、マルタの父親による監督つきの訪問に関係していた。その後、マッサ・フィナレーゼの風変わりな少年——フランチェスカからすれば、顔も名前も知らない子ども——の証言により、フランチェスカの名前が思わぬ形で浮上した。しかも、フランチェスカと、彼女の友人で同じマンションに暮らすフェデリコ・スコッタのあいだには、検察や裁判所が迂《う》闊《かつ》にも見過ごしていた、重大な結びつきがあった。ヴァレリア・ドナーティは裁判で、いかにしてこのふたりを特定するにいたったかを説明した。

自分のほかにも、巻きこまれた子どもがいる。ダリオからそう聞かされたドナーティは、それが誰なのかを知るべく調査を進めていた。ある日、「面談の最中に、ダリオは私か、あるいは養母のトニーニ夫人に、こう訊いてきました。〈中国人の肌って黄色いの?〉。子どものサッカー選手の絵を描いているときに、そんな質問をしてきたのです」。ダリオはさらに、中国人は肌が黄色いだけでなく、アーモンド形の目をしているのかとも訊いてきた。そして、その瞳は「緑色」なのかとも。たちまち、ドナーティの胸中に疑いが広がった。「私は、これらの要素すべてを結びつけて考えました。私が知っているエリーザという少女には、アジア系の身体的な特徴が明白に認められます（彼女の母親はタイ人です）。そして、エリーザの目はアーモンド形で、瞳の色は緑なのです」。そこでドナーティはダリオに尋ねた。中国人についてそのような質問をしてくるのは、エリーザという名前の少女が念頭にあってのことではないのか？

つまり、エリーザの名前は、ダリオが口にしたのではない。最初にエリーザに言及したのはドナーティなのだ。アジア人の目の形と瞳の色にかんするごく平凡な質問を、ソーシャルワーカーの支援の対象になっている、アーモンド形の目をもつ三歳の少女に恣意的に結びつけたのは、心理カウンセラーのドナーティだった。そして、いつものように「はい」か「いいえ」で答えられるような質問を受けたダリオは、それまでたびたびしてきたとおり、ドナーティの推測が正しいことを認めた。とはいえ、ダリオがエリーザを知っていたとは考えにくい。というのも、検証のために写真を見せられたダリオは、どれがエリーザかと訊かれて、別の少女の写真を指さしていたのだから。偶然にも、エリーザと同じマンションに暮らすマルタの母は、スコッタ夫妻（エリーザの両親）の親しい友人だった。偶然にも、マルタもまたソーシャルワーカーの支援対象になっていた。だが、親元から引き離されて数か月が過ぎ、母親の友人から性的暴行を受けたと告白したあとも、マルタはダリオのことなど知らないと言いつづけた。一方のダリオは、自分とマルタは司祭の家に連れていかれて、そろって暴行を受けたのだと幾たびも証言していた。いったい、正しいのはどちらなのか？　マルタの主張は変わらなかった。ダリオなんて知らない。顔を見たことも、名前を聞いたこともない。それでも、捜査員と心理カウンセラーには、納得のいく説明が用意されていた。マルタはまだ心理的な抵抗から自由になれず、すべてを告白する用意ができていないのだ。ダリオの言葉を疑う理由はない。どうであれ、ダリオの言うことはつねに正しい。検察官のクラウディアーニもまた、「小児性愛その二」の裁判の論告で、そのように語っている。マルタが正しく、ダリオが間違っていると考える理由はどこにもない。

私には、自分が読んでいる資料の内容が信じられなかった。感情的にも精神的にも不安定な少年の怪物じみた口から、何台ものパトカーが全速力で飛びだしてきて、数々の家庭――いまや影も形もなくなった家庭――のもとに駆けつけた。少年の言葉は、ほかの人びととの人生を脱線させ、転覆させるために利用された。心理カウンセラーはしまいには、少年の夢のなかにまで犯罪の兆候を探し求めた。

墓地での儀式をめぐる最初の告白が、その良い例だった。ある日のこと、ダリオはドナーティに、前に葬儀に参列したときの記憶を語って聞かせた。女性が棺を運ぶ姿が、ひどく印象に残っていた。これがすべての始まりとなった。後日、ダリオは不安げな表情を浮かべながら、自分は地獄で焼かれるかもしれないと告白した。心理カウンセラーはまたしても、ふたつのキーワードに橋を架けた。墓地と地獄。「それ（地獄）は前に聞かせてくれた話と関係があるのかと、私はダリオに質問しました。前に聞かせてくれた話とは、つまり、葬儀に参列して、棺を運ぶ女性を見たという一件です。私の質問を聞いて、ダリオはとても驚いた様子でした。そして、こう答えたのです。〈そう、よくわかったね！〉」

かくして、悪魔主義の儀式という仮説が生まれた。少年の自発的な語りではなく、すでに組み立てられた状態で少年に提示された恣意的な連結が、この物語を生みだした。すべての設定はあらかじめ済ませてあり、あとは承認の言葉さえあればいい。「そう、よくわかったね！」

何か月もたってから、今度はマルタが、やはりヴァレリア・ドナーティを相手に、同様の事実があったことを認めた。トリノの「ヘンゼルとグレーテル研究所」の鑑定人にたいしても、カメラの前で、マルタは同じ話を繰り返した。心理カウンセラーたちはこのときも、少女の言葉に耳を傾けるよりはむしろ、自分の頭のなかにあるストーリーの裏づけをとることに専心しているように見えた。オッディーナが残してくれた資料のなかの、「一九九九年一月」とラベリングされたビデオには、赤いカーディガンを着たマルタが、サブリナ・ファルチ医師とミランドラのオフィスで面談している様子が映っていた。一年半前に親元から引き離されて以後、マルタがミランドラを訪れたのはこのときがはじめてだった。ひさしぶりの帰郷を、少女は喜んでいるようだった。

「途中、広場も通ったんだよ」。マルタはそう言って、内気な笑みを浮かべた。

「広場を通ってきたのね。広場を見て、どんな気持ちになった？」。ファルチ医師がマルタに尋ねた。

「えっと……胸のなかが〈わー〉ってなった」

「そうなの……その気持ちに、名前をつけてみてもらえる？」

「〈喜び〉かな！」。マルタが答えた。だが、医師は明らかに、この答えに満足していなかった。「喜びといっしょに、別の気持ちも感じたんじゃない？　別の気持ちを感じたかどうか、すこし考えてみて」

　ううん、喜びだけ。少女の二度目の回答は、きっぱりとしたものだった。そこで、当人が一度も口にしていない新たな要素を、医師はマルタの脳内に忍びこませた。「ここに戻ってきて、ほんのすこし、苦しさも感じたんじゃないかな。どう……？　それを言葉にするのは、あなたにはつらいことだと思うけど……思い出したくないようなことが、この町にいたころに起きなかった……？」

　マルタは降参し、うなずいた。なにかつぶやいている。マイクが拾った音声では、「ムー、ムー」と聞こえる。その後、母フランチェスカへの告発が始まる。

「いま……〈お母さん《マンマ》〉って言ったの？」

「いやな場所に連れてかれた。お墓とか、知らない人の家とか」

「お墓に連れていかれたのはいつ？」

「うーん……夜かな……」

「夜……」

「お昼のこともあった」

「お墓でなにをしたの？」

「大人に、ひどいことされて……」

「子どももみんなが、同じことをされた？　それとも、決まった子だけ？」

「そこに来てた子どもみんな」

「じゃあ、お墓にはたくさんの子どもがいたのね?」

「うん、そう……それで、最後にお母さんにお金を渡してた」

「お母さんにお金を……」

「ムー、ムー……」

「悲しいのね。ほんとうに、つらいと思う……お母さんのこと、許せないって思った時期もあったでしょうね……」

「うん……」

「お母さんがいなくなってはじめて、怒りを表に出せるようになった……」

「ムー、ムー……」

もはや見慣れた光景だった。ほのめかし。暗示的な質問。少女の語りの不合理な部分——たとえば、墓地での悪魔主義の儀式が「お昼」に行なわれていたとする証言——にはあえて目を向けず、大人によって先験的《ア・プリオリ》に採用された「大仮説」の裏づけだけを追求する姿勢が、ここでも反復されている。


私はカルロに、妹が映っているビデオがあると伝えた。だが、彼は見たいとは言わなかった。記憶と痛みが、洪水となって押し寄せるのが怖かったのだろう。妹のことを話したり、怒りを吐き出したりできる相手、彼の身に降りかかった悲劇を理解してくれる相手は、カルロの身近にはひとりもいないようだった。たぶん、自分はまだ妹を訪ねにいく用意ができていないのだと思う。別れのあいさつを交わしているとき、カルロは考えにふけりながら、私にそう言った。

いつの日か、みずからの時を告げる鐘が鳴ることに望みをかけつつ、彼はもうしばらくのあいだ、辺獄《リンボ》の暗がりにとどまるのだろう。

そんなカルロの態度を見て、ひとつ疑問が氷解した思いだった。これまで話を聞きにいった人たちの多くは、引き離しの処置を受けた子どもに率先して会いにいくことに、強いためらいを覚えているように見えた。私には、それが不思議でならなかった。会いたいという気持ちがあったことは間違いない。この人たちはみな、それぞれのやり方、それぞれのタイミングで、子どもや甥姪――すでに成人していたケースも少なくない――との接触を、おずおずと試みているのだから。だが、私の見たところ、目的を遂げるまで諦めなかった人物はひとりもいなかった。手紙や、葉書や、SNSのメッセージを送ったり、何度か電話をかけてみたり、その程度のことをしただけで引き下がってしまうのだ。ふたりの小さな子どもの父親として、私にはこのためらいの理由がどうにも理解できなかった。自分がこの人たちの立場に置かれたなら、地球の裏側だろうと絶海の孤島だろうと、所嫌わず子どもたちを探しにおもむき、五分でいいから自分の目を見て、自分の言い分に耳を傾けてほしいと訴えるだろう。たとえ子どもたちが耳をふさごうとも、私はみずからの無実を、痛みを、真実を、声のかぎりに叫ぶだろう。だが、やがて私は、カルロをはじめ、この事件に巻きこまれた家族が示すためらいの背後に、そうした選択がもたらす帰結からわが身を守ろうとする、遺伝子レベルの防衛機制が働いていることを察知した。たとえば、引き離された子どもに会いにいったために、事態をさらに悪化させてしまうことを、彼ら彼女らは恐れているのだ。

「どうしてお子さんに会いにいかないんですか？　行動を起こさずにいるのは、なにかわけがあるんですか？」。南仏のサレルヌまでロレーナを訪ねにいったとき、彼女の自宅のリビングで私はそう問いかけた。引き離しの処分を受けたあとも、ロレーナはたえず四人の子どもに手紙を書き、プレゼントを贈りつづけていた。それなのに、直接に会いにいったことは一度もなかった。

「まあ、それは……これ以上、子どもたちを苦しめたくはないし……私と会うこと、私と話すことが、ほんとうにあの子たちに必要なのか、確信がもてないから」

ロレーナのように、みずからを恐るべき不公正の犠牲者と捉えている人びとは、長い年月を孤独に過ごすうちに、自己防衛本能を発達させていた。それを私に気づかせてくれたのは、フェデリコ・スコッタだった。娘エリーザが十八歳の誕生日を迎えた数日後、スコッタはフェイスブック経由でメッセージを送っていた。エリーザからの返信はなかった。「どう言ったらいいのか……何度目かわからない、十五回目ぐらいの裁きを受けるんじゃないかって思うと……怖くて、足が動かなくなるんですよ……だって、そうでしょう、もし自分の息子から、〈あんたにはもう会いたくない〉なんて言われたら……〈あんた誰だ？ あんたは俺の父親じゃない。あんたは俺をひどい目にあわせた。俺を守る義務があるのに、あんたは正反対のことをしてきた〉……こんなふうに言われたら、いったいどうしたらいいんですか？」

家族の多くは、か細いひもにあえて触れようとはしなかった。いつの日か、子どもたちが家に戻ってきてくれるのではないかという、根拠のないかすかな希望が砕かれることを恐れているのだ。二十年、待ちつづけること。それが、生が家族に課した刑罰だった。二十年で終わるかもわからない。家族はこれからも待ちつづけるだろう。ある者は、夜や日曜日がくるたびにロザリオの祈りを捧げ、ある者は、ページが擦りきれるまでアルバムを見返し、またある者は、自分の子どもの生活をSNSでこっそりと覗き見て、誕生日や、卒業式や、恋人をお披露目するパーティーの写真を閲覧する。それ以上の行動に出ることは、みずからの心を、感情を、重大な危険にさらしかねない。私がこの考えを強めることになったのは、思わぬ人物との出会いを通じてだった。栗色のなめらかな髪と、アーモンド形と言えなくもない緑色の瞳の持ち主。それまでずっと、弟ニックの行方を捜してきた、エリーザ・スコッタだ。

アレッシアがフェイスブック経由でエリーザとコンタクトをとったとき、彼女はすぐに面会を承諾してくれた。一九九七年七月七日、まだ三歳だったエリーザは、母カエンペトから引き離され、養育家庭へ連れていかれた。それは、カエンペトによる家庭内暴力が疑われていたころ、一時的にエリーザを預かっていた家庭だった。結局、エリーザは正式にこの家の養子になった。いまとなっては、あのころの記憶はもう、ほとんどなにも残っていない。血のつながったじつの両親、フェデリコとカエンペトは、色あせたふたつの影、目をこらしても輪郭がぼやけてしまう、遠くの残像のようなものだった。新しい家には、エリーザのほかにも何人か養子がいた。養父母と同じように自分を大切にしてくれる兄弟に囲まれて、エリーザは幸福な少女時代を送った。

だが、二十年の時が流れるうちに、エリーザは過去を振り返り、自身の生い立ちについて考えるようになった。バッサ・モデネーゼのおぞましい小児性愛事件について書いた記事を新聞で読んだとき、ある識者のコメントに興味をそそられた。その人物はこの出来事を、捜査に当たった側の途方もない暗示がもたらした、「司法の過ち」と定義していた。だが、私と会うことをエリーザが受け入れてくれたのは、この記事を読んだからではなかった。私たちが落ち合ったのは、カード遊びをする老人のたまり場となっている、モデナ郊外のカフェだった。エリーザが恋しく思っているのは両親ではない。そうではなく、彼女の気にかかっているのは、生後数か月で離ればなれになってしまった、弟のニックだった。不思議なことに、ニックにかんする記憶だけは、いまでもはっきりと残っていた。最後に弟の顔を見たのは、あの七月の朝、ミランドラ警察署の待合室で眠りに落ちる前のことだった。そのあいだ、フェデリコとカエンペトは上階に案内され、社会福祉部の責任者マルチェッロ・ブルゴーニから、夫妻が永久的に親権を喪失したことを告げる通達を受けとっていた。目を覚ましたときにはすでにエリーザのまわりには誰もいなかった。両親も、弟も。エリーザとニックを引き離し、各人に新しい家庭と新しいアイデンティティをあてがうことを、当人たちの知らないところで誰かが決定していた。

　二十二歳のとき、エリーザはヴァレリア・ドナーティに連絡をとった。自分の過去についてはっきりとしたことを知りたいから、会って話を聞きたいと思っていた。ドナーティは、それは無理だと返答した。

「私はただ、あの子に会いたいだけなんです」。手の届かないところにいる人物を、生涯にわたって想いつづけてきた者の口調で、エリーザが言った。「ニックと、あとはステッラも」。ステッラというのは、訴訟の開始後にカエンペトが出産し、まだ分娩室にいるあいだにソーシャルワーカーに連れていかれた、スコッタ夫妻の末の娘だ〔第十二章参照〕。できるかぎりのことはしようと、私はエリーザに約束した。ただ、私としては、母カエンペトや父フェデリコについて、エリーザがどう思っているかを聞きたかった。エリーザは肩をすくめた。

「関心がないというか、知っても仕方がないというか……過去に戻ることはできないし……私にとって、あの人はあそこにいたままで……〈父親〉だとは思えないかな……だって、実際、私の父親はほかにいるから。恨んでるわけじゃないし、なにかしてほしいわけでもない。つまり……無実かもしれないし、そうじゃないのかもしれないけど……でも、私たちはばらばらになった。あの出来事のあと、私たちはみんな、ばらばらになったんです」

何年も胸に秘めていた怒りが、言葉の端々から漏れ出しているのを私は感じた。うわべの無関心とは裏腹に、エリーザは事件について詳しく知りたがっていた。資料を読み、自分なりの見解をもちたいと考えていた。事件当時、まだ三歳だった彼女が、心理カウンセラーに多くを語ることはなかった。ドナーティにたいしては、猫が何匹かいじめられて、そのあと治療を受けたという話をしたことしか覚えていない。事件にかんするエリーザの知識はすべて、長じてから二次資料に接することで得たものだった。現時点では、じつの両親に会いたいとは思わない。それよりも、まずは弟と妹の消息が知りたかった。

ニックにかんして私が把握しているのは、彼が住んでいる町と、数年前に父フェデリコが訪れ、養父のかわりにニックが店番をしていた薬局の名前だけだった〔第七章参照〕。そこで、私は薬局の所有者の姓を調べ、インターネットで検索をかけてみた。すると、土地の少年サッカーチームの、古い名簿がヒットした。それぞれの名前の横に、生年月日が記されている。私たちが探している少年の名前もあった。何度かクリックを繰り返すうち、アジア系の顔立ちをした若者の姿が画面に浮かびあがった。

エリーザは歓喜した。ふたりは目の形がそっくりだった。記憶と本能が断言している。これは、弟だ。かくして、数日後の夕方、エリーザは勇気を奮い起こしてニックにメッセージを送った。しかし、弟から届いた返信は、彼女を深く傷つけた。捜してくれたことには感謝してるし、連絡をもらえて嬉しかった。でも、自分にはもう、自分の人生がある。家族もいるし、姉も妹もいる。これ以上、なにかが必要だとは思わない。弟のメッセージを読んで、エリーザは泣いた。何年も捜してきたのに。ずっと彼のことを想ってきたのに。そんな日々が、たったの数行のメッセージで終わってしまった。妹のステッラにかんしては、まったく足跡をたどれなかった。エリーザはまた、ひとりぼっちになった気分だった。

「両親を恋しいとは思いません」。アレッシアと私の前で、目に涙をいっぱいに浮かべながらエリーザが言った。「私が恋しいのは……弟と妹で……どうしてこんな……だって、どうであれ、私たち子どもは、こんな仕打ちを受けるようなことはしていないんだから」

きょうだいを失ったのはエリーザだけではない。親元から引き離されたそのほかの子どもたちも、同じ運命をたどっていた。社会福祉部と少年裁判所の戦略はつねに明確だった。祖父母も、叔父叔母も、いとこも含め、元の家族とのあいだにあるすべての絆を断ち切ること。かつての家族はひとりとして、子どもに会いにいくことを許されなかった。多くの場合、手紙や写真、贈り物を送ることでさえ。

子どもたちを暗示にかけるようなことは、自分はいっさいしていない。心理カウンセラーのドナーティは、裁判で何度もそう主張した。だが、繰り返し供述に臨むなかで、ドナーティはときおり、みずからの主張を裏切るような証言を漏らしている。供述調書の気になる箇所に、私は赤ペンで丸をつけておいた。この箇所はきわめて示唆に富むように感じられた。というのも、この部分はおそらく、すべての経緯の中心にあるゆがんだメカニズムを、ほかのなによりも雄弁に物語っているからだ。検事はドナーティにたいして、マルゲリータが親元から引き離されたあと、この少女とどれくらいの頻度で面会していたのかと質問した。ドナーティはこう答えた。「基本的には、ほかの子どもたちと同じように、週一回のペースでした。ただ、特殊な事情から、面会の頻度を増やしたこともあります。たとえば……尋問に備えて、マルゲリータに準備をさせるために」

尋問に備えて、準備をさせる。尋問というのはつまり、予審のための証言を収集するための、判事側の鑑定人による聴取を指す。いったいドナーティは、子どもたちになにを準備させる必要があったのだろう？　尋問で、脚本どおり喋れるように練習すること。私には、そうとしか思えなかった。とくに、ロレーナのある息子にたいする尋問の様子をビデオで見たあとは、そうした印象がことさらに強まった。何人もの犠牲者が出たとする儀式殺人をめぐる、狂気じみた証言のしめくくりに、少年は鑑定人のクリスティーナ・ロッチャにたいし、こう質問しているのだ。「ぼく、ちゃんと話せてました？」。まるで、模範解答のとおりに話せたかどうかを気にしている、勉強熱心な生徒のような口ぶりだった。

ロッチャはマルゲリータとも面会している。ロッチャと顔を合わせる前から、マルゲリータはロッチャのこれまでのキャリアを把握していた。尋問の準備の過程で、事前にドナーティから説明を受けていたのだ。「ヴァレリアのこと、知ってるんだよね？　昔、いっしょに勉強してたって……」。初回の面会時に、少女はロッチャにそう言っている。「ええ、そう。ミラノで知り合ったの。同じ授業に出て、虐待を受けた子どもをどうやって助けるか勉強したのよ……」。ロッチャとドナーティはともに、ミラノの「児童虐待センター」の専門家から研修を受けていた。

それからふたりは本題に入った。大部分の子どもと同じく、マルゲリータはカメラの前でも落ちつきはらっていた。深刻なトラウマを生じさせたはずのエピソードを、おとぎ話でも語るように列挙していく。言葉のうえでは、自分に悪さをした悪魔のような大人への恐怖を語っていても、声の調子は平静そのものだった。

「話すのが不安だと言っていたけど、それはどうして？」

「悪魔が来るかもしれないから」

「つまりあなたは、その悪魔がほんとうに自分を連れ去ってしまうんじゃないかと不安なのね。

なら、あなたは自分の感情を隠すのがほんとうに上手だと思う。だって、もし私だったら、悪魔にさらわれると想像しただけで、がくがく震えてしまうだろうから……それとも、悪魔から身を守る方法があるの？　自分は安全だ、ここなら悪魔もやってこれないと思える場所が、どこかにあるということ？」

「判事さんに話すのは怖くない。だって、扉の前に誰かいるし……」

「守ってくれる人がいるなら、悪魔にさらわれる心配もない？」

「うん……」

「それじゃあ、ここはとても安全よ……外に警察の人がいるのを見たでしょう……？　ねえ、私にはよくわかるの。あなたは不思議な場所に連れていかれた。悪魔や骸骨《がいこつ》をその目で見た。体に血をなすりつけられた。よくわかるわ、ほんとうに怖かったと思う。でも、ここなら外にたくさんの警察官がいるし、悪魔があなたを連れ出せるはずはない……」

十歳の少女がなぜ、このようなパラノイアの症状を示すようになったのか？　心理カウンセラーは、その点を理解しようとするよりむしろ、少女の不安をあおり、かきたてているようにも見えた。「だいじょうぶ、悪魔はあなたを連れていかない。私はいままで、たくさんの子どもと話して、たくさんの秘密を聞いてきた。その子たちもやっぱり、殺されるんじゃないか、さらわれるんじゃないかって怯えてた……もしも秘密を話したら、魔法をかけられて頭がおかしくなるって信じてる女の子もいた……でも、その子たちの身にはなにも起きなかった……その子たちは大人から、〈もし話したら、悪魔にさらわれるぞ〉って脅されていた。でも、ほんとうにさらわれた子はひとりもいない」

自宅のキッチンのテーブルで、ヘッドホン越しにこれらのやりとりを聴いているあいだ、私は呆気《あっけ》にとられるあまり、手もとが狂ってコーヒーをこぼしそうになることが何度かあった。このビデオに映っているのは、理性や常識とは縁遠い、並行世界の出来事のように思えたのだ。

「あなたはお尻かお芋〔イタリア語では、「じゃがいも」を意味する「パタティーナ」という語が「ヴァギナ」の意にもなる。日本語の「ちんちん」のような幼児語〕に乱暴をされた。これは、お医者さん（マッジョーニ）が言っているから確かなことよ。この、たしかにあなたが誰かにされた、お尻かお芋への悪さについて、話してもらえる？　お芋になにをされたのか、画用紙に描いてみてほしいの」

マルゲリータは、陰部を手で触られたと告白した。しかし、心理カウンセラーは納得しなかった。少女の身に起きたことが、それだけであるはずがない。犯人は間違いなく、その先まで進んでいる。結局、マルゲリータは降参した。私は乱暴されました。お芋にひどいことをされました。こうした質問の背後に潜む、まさしく「悪魔的」と呼ぶにふさわしいメカニズムは、多くを、あまりにも多くを説明している。子どもたちは婦人科医の診察結果を突きつけられることで、「真相」を語らざるをえなくなる。こうして、何か月にもわたって繰り返してきた、なにも知らない、なにも起きていないという主張が覆される。訴訟がある程度まで進んだ段階で、別の医師の一団が、マルゲリータの体には暴行の事実を示す「確かな痕跡」はないと主張した。だが、もはや手遅れだった。というのも、ほかのすべての子どもたちと同じように、少女はみずからの家族に恐怖を抱くようになっていたから。

「家から連れていかれたとき、あなたはどう思った？」。ロッチャが問いかける。

「はじめは、なんだかよくわからなかった。でも、あとになって、私に変なことをしてたんだってわかって、〈家を出られてよかった〉って思った」。覚えていたのではない。あとになってわかったのだ。ここでロッチャが用いているのは、「悪魔主義パニック」が猖獗《しょうけつ》をきわめた時期のアメリカで、トラウマの原因となった記憶を掘り起こすために心理学者が駆使していた手法とすっかり同じだ。

マルゲリータの言葉を受けて、ロッチャはこうコメントしている。「そう、家を出られてほんとうによかった！　私だったらこんなふうに言うかな。〈はーっ、これでもう安心だ！〉」判事側の鑑定人であるロッチャは、いったいなんの権利があって、少女の家族の名誉を汚すかくも否定的なコメントを発したのだろう？　私には、いくら考えてもわからなかった。

また別のビデオでは、マルゲリータはモデナ裁判所の予審判事アルベルト・ジロルディと面会していた。どんな経緯で晩に墓地へ連れていかれたのか、悪魔主義者からどんな命令を受けてほかの子どもの招集に向かったのか、少女は判事に説明していた。「魔法使いが、あなたたちに会いたがってる」。マルゲリータはそう言って、子どもたちを誘い出したという。

しばらく絶句したあとで、判事はマルゲリータに質問した。「きみは夜中に子どもたちを迎えにいったんだね？　場所はどこだったのかな？」

「公園に探しにいったの」

「夜中の公園で子どもを見つけたのかい？　ふつう、子どもはその時間、家にいるのではないかな」

判事の疑問を、マルゲリータは平然と受け流した。「うん。でも、私はその子たちのこと知ってたから。みんな、おうちの人に、出かけてもいいでしょってお願いしてたの。それで、私のところまで来てくれたんだ」

どう考えても、ばかげている。だが、ジロルディはそれ以上は深入りせずに、話題を変えてしまった。

ほかには、十二歳になったマルゲリータが、少年裁判所の判事の質問に答えているビデオもある。日付は二〇〇一年三月。最後にじつの両親に会ってから、ちょうど三年後だ。背が伸びて、容貌も変わっている。九歳のころのあどけない丸顔は、思春期直前の少女の顔に変化している。黒、赤、白のチェックのシャツを身につけ、穏やかに微笑んでいる。三年前のビデオと比較すると、語り口も安定し、自己がしっかりと確立されている印象を受ける。いまの環境に、自分はすっかり満足している。ララとジョヴァンニがいる生活。私の養父母、私の救い主。生家に戻りたいという気持ちはまったくない。むしろ、その反対だ。両親や兄弟だけでなく、姉の子どもである甥姪も自分から遠ざけてほしいと、マルゲリータは判事に要請した。かつての家族にたいしては、もはやなんの感情も抱いていない。つい最近、生家から一通の手紙が届いたが、封を開ける気にもならなかった。

私はまたも、疑念にとりつかれ、考えこまずにはいられなかった。マルゲリータの常軌を逸した証言は、およそ信用するには値しない。モデナ裁判所は父サントに有罪判決を下したが、ボローニャ控訴裁判所とローマ破毀院《はきいん》は少女の言葉を真実とは受けとらず、サントに無罪を言い渡している。それでも、理解できない点は残る。両親や兄弟が主張するように、マルゲリータと家族の結びつきがそんなにも強かったというなら、いったいどうして、わずかな時間でそのつながりが断ち切られてしまったのか？

母の胎内にいたころにはすでに芽生えていたはずの、体の奥底から湧きあがってくる純粋な愛情、はじめて歩いた瞬間に立ち会ったり、いっしょに遊んだり、数え切れない夜を同じ屋根の下で過ごしたり、そうした時間を通じて育まれた堅固な愛情が、泡のようにはじけて消えることなどありえるのか?

自分の子どもや、自分たちを結びつけている関係について、私は何度も考えをめぐらせた。同じことが、私の家族に起こる可能性はあるだろうか? ふたりの子ども、ヤスミンとセバスティアンが誕生してからずっと、妻のデボラと私の人生は、子どもたちのためにあった。日々の成長を見守りながら、妻と私が子どもたちとのあいだに築いてきた関係が、こんなにもあっさりと断ち切られることがありえるだろうか? 想像しただけで身震いがする思いだった。ぜったいに、そんなことは起こらない。私はそう思いたかった。私は複数の司法心理学の専門家に話を聞いた。そのなかには、被告側の鑑定人として、「バッサ・モデネーゼの悪魔たち」の事件をすぐそばで見守っていた専門家も含まれる。いったいなにが、子どもたちの態度に劇的な変化をもたらしたのか? 専門家が口をそろえて指摘するのは、怒りの感情だった。だが、それだけではない。性的暴行を受けたばかりか、自分の家族から拒絶され、捨てられたと感じることで、子どもたちは深い失望に襲われた。まさしく、あの短い会話のなかで、ダリオが私たちに話してくれたように。

ダリオが言っていたとおりだ。離別の瞬間、子どもたちは心に深刻な傷を負った。朝は、いつものベッド、いつもの部屋、その時点ではまだ自分の家、自分の町だった場所で目を覚ました。いつもどおり学校に行き、友だちと遊び、スポーツに熱中した。ところが、同じ日の晩、わけもわからぬまま見知らぬ家庭に放りこまれ、別のベッド、別のルール、別の服、別のペット、別のおもちゃに囲まれた生活が始まる。明日からは別の学校で、別の先生、別のクラスメートといっしょに勉強するのだ。

朝食から夕食にかけてのわずかな時間に、七年か、八年か、十年の人生がリセットされる。

足場も、目印もない世界。家族はどこに消えてしまったのか？　どうして捜してくれないのか？　どうして迎えにきてくれないのか？　いま、子どもたちの目の前には、家族のかわりにひとりの女性がいる。心理カウンセラーがいる。まだ会って数分だというのに、ふだんの会話ではあまり聞かない、心をざわつかせるような言葉で話しかけてくる。「懸念」「安全」「保護」。この点にかんしては、また別のビデオのなかで、ロレーナの娘ヴェロニカが判事に語っている内容が参考になる。ヴェロニカは、親元から引き離されて二、三時間しかたっていない段階で、ドナーティがいかにしてその選択を正当化したかを説明している。「私はすぐに言われました。〈だいじょうぶ、あなたはもう保護されている。なにから保護されたのかは、これからいっしょに理解していきましょう〉。私はまだなにも話していなかったので、ヴァレリアはこういう言い方（これからいっしょに理解していきましょう）をしたんだと思います」

予審判事のジロルディは、ヴェロニカに詳しい説明を求めた。「じゃあ……きみは不思議に思わなかったかな？〈なにから保護されなければいけないんだろう？〉〈どうして保護されなければいけないんだろう？〉」。誰かに訊いてみようとは思わなかった？」

ヴェロニカは肩をすくめた。「どうしてかなって思ったけど……自分ではよくわからなくて。私とヴァレリアが、どうしてなのかわかるようになったのは、私が話を始めてからです」。これだけたくさんの兆候が詰まった情報を前にしても、ジロルディはそれより先に踏みこもうとはせず、別の話題へ移ってしまった。

「子どもを新しい家族に預けるのは難しくて、裁判所の人は苦労してるってヴァレリアから聞きました」。録画されている最後の聴き取り調査の終わり近くで、マルゲリータは少年裁判所の判事にこう語っている。「でも、私は、裁判所の人はがんばってくれてると思います。だって……うん、子どもがどうして困っているのか知らなくても、私には優しくしてくれるし……私は早く別の家に行きたかったんです。あの家にいると、悪さをされるから。こういうこと（じつの両親から引き離されて養子になること）になって、私はとても満足してます」

ジャッコ夫妻は、ヴォルタ通りに立つ公営住宅の二階に暮らしていた。かつてガッリエーラ家が、立ち退き処分を受けるまで居住していた建物だ。私が夫妻のもとを訪ねたとき、ジャッコ・サントは中庭で、トラックの荷台からオレンジの入ったケースを降ろしているところだった。髪も口ひげも白に染まり、生涯にわたって煙草を吸いつづけてきた男にふさわしい黄ばんだ歯をしている。私は彼のあとについていって、3LDKの住居に足を踏み入れた。六人の子どもと二十三人の孫の写真が、家中の壁を覆いつくしている。マルゲリータの写真もあちこちに飾られていた。当然ながら、少女時代の写真ばかりだったが、廊下には成長してからの写真もあった。家族の誰かが、フェイスブックのプロフィール写真からこっそりと拝借してきたらしい。パスタ鍋と、トマトソースを煮こむフライパンから立ちのぼる蒸気で、キッチンの窓が白く曇っている。妻のマリアは、青と白の厚手の部屋着を身につけている。マルゲリータの寝室は、彼女がいなくなった日からずっと、手つかずに残してある。サーモンピンクの壁紙、オレンジのたんす、ヘッドボードに青虫と蝶々が描かれた二台の小さなシングルベッド。ベッドのうえには、子熊とライオンの人形が置かれている。

マリアは泣きながら床にくずおれた。「あの子を連れ戻してくれるんですか？　三十分でもいいんです。死ぬ前にあの子に会いたい！」。さらにマリアは、私がリビングでサントと話しているあいだ、キッチンのテーブルに置きっぱなしになっていたレコーダーを手にとり、娘のためのメッセージを残していた。私がその音声に気づいたのは、ジャッコ家を辞去したあとのことだった。「マルゲリータ、お母さんよ。毎日あなたのことを話しています。大人があなたに言ったことはぜんぶ嘘。家に帰ってきて。お母さんは、昼も夜もあなたを想っています。あなたを忘れたなんて思わないで……マルゲリータ、大好きよ……あなたに会いたい。法律にはなにも求めません。私が求めているのは、大切な娘だけ……」

サントには二〇〇一年に無罪判決が下されている。しかし、逮捕と数か月の自宅監禁が直接的な原因となって、サントが経営していた工務店は廃業に追いこまれた。このことは、一家の財政に深刻な打撃を与えた。サントがローンで購入した家具を、内装会社の作業員が家から続々と運び出していく様子を、子どもたちは玄関先でなすすべもなく見守っていた。サントが逮捕された直後、夫と末娘を突然に失ったマリアは、半狂乱になって泣きわめいた。「母は気が触れたんだって思いました」。マルゲリータの姉であるアントネッラが、当時の記憶を私に話してくれた。「一度なんて、救急車を呼んだこともあるんですよ。それで、むりやり拘束衣を着せたんです」

裁判が結審したのち、サントは建築の仕事を再開し、果物を売る「商売人の真似事」も始めた。だが、どちらの仕事も順調にはいかなかった。

「あなたたちにとって、お父さんはどんな存在でしたか？　子どもにどう接していましたか？」。アントネッラとふたりきりのときに、私は小声で尋ねてみた。「優しかった。神さまみたいな人」。子どもに手をあげることはけっしてなく、人から怪しまれるようなことはなにひとつしなかった。とくに、マルゲリータにたいしては「大甘」だった。マルゲリータは、一家のかわいい雛鶏だった。愛され、かわいがられ、なにをしても許された。「九歳になってもまだ、ビスケットを溶かしたミルクを哺乳瓶で飲んでましたから」。哺乳瓶のミルクはマルゲリータの朝食であり、就寝前もこれを飲まないと眠れなかった。夫に見つからないよう、マリアは隠れてミルクを与えていた。サントは哺乳瓶の使用に反対だったのだ。「なんだ？　もう赤ん坊でもないのに、まだ哺乳瓶から飲んでるのか？」。あるいは、こんなふうに言うこともあった。「いつまでも哺乳瓶を使ってると、歯並びが悪くなるぞ」。マルゲリータが連れ去られた直後、母親は娘の身のまわり品を携えてソーシャルワーカーのもとへ急行し、こんなふうに訴えた。「哺乳瓶を使うように伝えてください。これがないと、娘は寝られないんです」

素朴だが、愛にあふれた家庭だった。私が訪ねた日も、すでに自立した夫妻の子どもが顔を出しては、コーヒーを飲んだり、キッチンで煙草を吸ったり、めいめいが好きなように時間を過ごしていた。だが、一九九八年の春にこの家庭を襲った苦しみは、この人たち全員の心に、いまなお濃い影を作っているようだった。

引き離しから数年後、アントネッラは妹が暮らす養育家庭の連絡先を突きとめ、電話での接触を試みた。マルゲリータの反応は冷ややかだった。ほんとうに自分を大切に思っているのなら、なぜもっと早く捜してくれなかったのかと、少女は姉を問い詰めた。「捜したくても捜せなかったんだと説明しました。私たち家族には、どうすることもできなかったんです」。アントネッラは私にそう語った。マルゲリータは姉にたいして、自分が受けた説明はまったく違うと言い返した。誰も彼女を捜していないし、じつの両親は交通事故で死んだのだと教えられた。マルゲリータが十八歳になった年、アントネッラは妹に直接に会いにいった。妹は姉を拒絶した。いいえ、結構です。どんな関係も、結びなおすつもりはありませんから。

マリアはマルゲリータの思い出にとりつかれていた。私の訪問時にも、一度ならず涙をこらえきれなくなり、声をあげて泣き出すことがあった。サントはそんな妻を叱りつけた。ときに皮肉を漏らしつつ、うわべの無関心をつくろうことで、彼は自分に残された半径数メートルの世界をどうにか維持しようとしていた。キッチンのテーブルに就《つ》いてふたりで話しているとき、サントは私の目をまっすぐに見つめてこう言った。

「ほんとうのことを話してほしい。あんた、娘のところに行ったのか？」

「はい」

「どんな様子だった？　向こうの家には、なにも問題はないのか？　娘はどうしてた？　顔色は悪くなかったか？」

私は答えに窮してしまった。顔色はよくわからなかったし、家のなかは見てもいなかったからだ。アレッシアと私が訪ねていったとき、マルゲリータは私たちを家に入れようとはしなかった。マッサ・フィナレーゼから車で一時間の郊外に立つマンションの、中庭に面した二階の窓から、彼女は私たちの問いかけに応じた。例の事件について調べていることや、マルゲリータから話を聞きたいと思っていることを説明しても、彼女は関心を示さなかった。いいからそっとしておいてほしい。それが、マルゲリータが返した答えだった。

「そうか、わかった」。それ以上なにかを望むふうでもなく、サントはぶっきらぼうに答えた。キッチンのテーブルには、煙草の箱とライター、灰皿が置かれている。テーブルのうえにはもうひとつ、そのときはじめて目に入った、マリアが私のために納戸から引っぱり出してきてくれたものがあった。「墓地の現場検証」というラベルが貼られた、一本のカセットテープだ。さいわい、私の家には古いカセットデッキがあった。A面には、クイーンの懐かしいナンバーが録音されていた。B面から聞こえてきたのは、複数の人物による車中での会話だった。男性が三人いる。どっしりとした声のアンティモ・パガーノ。甲高い声のクラウディアーニ検事。もうひとり、強いナポリ訛りのある人物が、いまではパレルモの反マフィア部局で検事を務めているカルロ・マルツェッラ。そして、エミリア地方の訛りを感じさせる女性がひとり。ヴァレリア・ドナーティだ。最後にもうひとり、幼い声で話している少女がいる。これがマルゲリータだ。少女は車に乗せられて、いくつかの場所を案内されていた。彼女が心理カウンセラーに語った悪魔主義の儀式が、どこで行なわれていたのかを特定するためだ。

クラウディアーニ「どちらに行けばいいかな？　きみが言ったとおりの方角に進むからね」

マルゲリータ「まっすぐ」

ドナーティ「お墓に行けばいいの？」

マルゲリータ「そう」

ドナーティ「どこへ行ったのか教えてね。約束を覚えてる？　怖くなったり、もう嫌だって思ったりしたら、すぐに言うこと。でないと、私たちにはわからないから……」

フィナーレ・エミリアの墓地の前までやってくると、大人たちは車から降りたいかと少女に尋ねた。マルゲリータは怯えていた。結局、車に乗ったまま、覚えている場所を指さしていくことになった。

マルツェッラ「とくに印象に残っている場所はあるかい？」

マルゲリータ「あそこ」
マルツェッラ「あの橋？　あそこでなにかあったのかな？」
マルゲリータ「あそこで子どもを殺して……踊って……服を着たまま、よくないことをたくさんして……それから……」
マルツェッラ「子どもを殺したと言っていたけど、いったいどうやって？」
マルゲリータ「あの、弓矢みたいな……よくわかんない……首を切る道具……」
マルツェッラ「それは昼間にあったこと？　それとも夜？」
マルゲリータ「暗かった。あと、あの草のところで……うん、たしかあそこ、あそこで子ども（の死体）を掘り返して、（殺した）子どもを埋めたの」
マルツェッラ「そのとき、まわりに誰がいたか覚えている？」
マルゲリータ「お父さんと、子どももみんな。あとは、たまに、お母さんと……」

ここで、少女は神父の名を口にする。

マルゲリータ「ジュリオ……ドン・ジュリオ……」
クラウディアーニ「誰だって？」
マルツェッラ「ジョ……？」
マルゲリータ「えっと……ドン……ちょっと待って……ドン・ジョルジョ！」

少女の語りを、大人たちが修正した。現場検証に先立つ尋問では、マルゲリータは何度も

「ドン・ジュリオ」と言っていた。だが、マルツェッラ検事のほのめかしにより、少女は正しい名前を告げることができた。この奇妙な手法によってドン・ジョルジョの名が浮かびあがったのは、なにもこれがはじめてではない。

マルゲリータの養父も、神父の名前を思い出すよう少女に強く迫った大人のひとりだった。もう何度目かわからないドナーティとの面会から帰宅したある晩、養父は少女の腕を引いて部屋のすみへ連れていった。養母のララは法廷で、そのときの様子を次のように証言している。「あの子の周囲にいる大人は、神父の正体を突きとめようと、いくぶん躍起になっていました。夫はこう言いました。〈なあ、せめて、名前の最初の文字だけでもわからないのか?〉。養父と娘は、アルファベットを「A」から順番に確認していった。「G」まで進んだところで、ふたりは立ちどまった。「夫はGから始まる名前を列挙していきました。ジョヴァンニ、ジュゼッペ、ジョルダーノ、ジェルソミーノ。そして、夫がジョルジョと言うと……」

こうして「ジョルジョ」が候補に残った。もっとも、少女の証言のなかで「ジョルジョ」は往々にして「ジュリオ」になった。だが、そんなことはたいした問題ではない。おそらく、ドン・ジョルジョ・ゴヴォーニがカルト集団の長であることは、関係者のあいだでは既定の事実と化していた。

ただ、物証はひとつもなかった。警察が不審を抱いたパソコンの検索履歴も、検察側の鑑定人の目には、どれも重要なものには映らなかった。「幼女」「ハード」「子どもの友だち」という検索ワードは、児童ポルノの世界への扉を開く鍵ではなく、動物愛護団体、コンピューター機器、養子縁組の支援サイトについて調べるための言葉だった。

まあ、証拠がないことには目をつぶろう。私たちには、告発の声をあげる子どもがいるでははないか。豚肉加工工場でふたりの子どもを殺めたというクリスティーナも、エンマ・アヴァンツィ医師——彼女が小学生のころに「宗教」の科目を教えたのも、彼女の娘に洗礼を授けたのもドン・ジョルジョだった——の助けを借りて、同じ結論に達していた。アヴァンツィが法廷で認めたように、このふたりも、アルファベットの「G」から始まる名前をめぐって、似たような推理ゲームに興じていた。「まずは私が〈ジュゼッペ〉と言い、すると彼女は〈ジャン〉と言いました。そこで私たちは、〈ジャンマルコ〉〈ジャンアントニオ〉〈ジャンヴィットリオ〉と……〈ジャン〉から始まる名前を並べて……その調子で、ひとつずつ検討していきました。しばらくして、マルゲリータが〈もう疲れた、具合が悪い〉と言い出して……そして不意に、前に進むのをやめて、こう言ったのです。〈ジョルジョ。ドン・ジョルジョ〉」

第十九章

一九九八年十月のとある一日、社会福祉部に最大級の警報が鳴り響いていた時期、すなわち、墓地での儀式をめぐるダリオの語りを多くの子どもの証言が裏づけるようになったころ、ヴァレリア・ドナーティはミランドラに暮らす五歳の少女メラニアと、自身のオフィスで面会していた。じつの両親が薬物依存の問題を抱えているため、少女とその弟は親元を離れて暮らしていた。母ロベルタは、メラニアとマルコのふたりとともに暮らすために、依存症の治療プログラムを受けている最中だった。ドナーティはこのきょうだいと週に一度のペースで面会し、心身の発達や養育家庭への順応の度合いを監督していた。

メラニアは養父にともなわれて心理カウンセラーのオフィスへやってきた。だが、面談が始まる前に、養父はドナーティを廊下に呼び寄せ、つい最近に起きたという不安を誘う出来事について彼女に語った。それは、養父とメラニアがふたりで、ある雑誌を眺めていたときのことだった。「いっしょにマッジョーレ湖の写真を見ていると、こんな質問をしてきたんです……この写真を撮った人はまだ生きているのか、それとも、もう死んでいるのか、と」。たちまち、養父の心に懸念がきざした。「小さな子どもがするような質問ではないでしょう？　それで、どうにも不安になってしまって」。ドナーティはメラニアとの面会の頻度を増やした。「以後の面会、とりわけメラニアが私に告白してくれた週のことは、はっきりと覚えています。自分も墓地へ連れていかれた、そこで暴行されたと、メラニアは打ち明けました……〈大切な話があるの〉、メラニアはそう言って、いっしょに個室に入るよう私を促しました。そして、急にぼろぼろと泣き出したのです……」

ほどなくして、メラニアはドナーティに打ち明けた。母ロベルタが小さな子どもの首を掻《か》き切るところを、自分もすぐそばで見守っていた。かくして、ロベルタは親権を完全に喪失し、「小児性愛その二」の訴訟の被告となった。その後、エリーザの母であるカエンペトと同じように、彼女もまた第三子を身ごもった。ミランドラの地域保健所のカウンセラーは、ロベルタとの面談時に、腹のふくらみに気がついた。「赤ん坊が生まれても、あなたが育てることはできませんよ。上のふたりのお子さんと同じように、別のご家庭に引きとってもらうことになりますから」。ロベルタは戦慄《せんりつ》し、逃走した。ロレーナ・コヴェッツィのように国外へ逃げたのではなく、ミランドラをわずかに北上したところにある、ロンバルディア州の自治体に身を隠した。一九九九年十一月十八日の午前五時、マントヴァ県の病院でジャーダが生まれた。午前九時ごろ、産婦人科の医長がロベルタに、話があるので自室までいっしょに来るようにと要請した。ふたりは差し向かいに坐った。「ついさっき、ミランドラの社会福祉部から電話がありました。あなたが出産したかどうか訊かれましたよ。いったいなにがあったのか、説明していただいてもよろしいですか」。涙で頬を濡らしながら、ロベルタはこれまでのいきさつをすべて話した。医師は静かに耳を傾け、最後にこう言った。「だいじょうぶ、私がなんとかしましょう」。通常の産婦のように出産から二日後に退院するのではなく、ロベルタはまる一週間を病院で過ごした。そのあいだに、ボローニャとは別の少年裁判所で、親権をめぐる手続きを開始した。幾度かの面会を経たのちに、ロベルタが赤ん坊とともに帰宅することを裁判所は容認した。モデナ裁判所、ボローニャ控訴裁判所、ローマ破毀院《はきいん》にいたるまで、三度にわたって無罪判決を受けたにもかかわらず、残りふたりの子どもとの再会が認められることはなかった。メラニアとマルコのふたりは、それぞれ別の家庭の養子となり、母の知らないところで自分の人生を歩んでいた。

ジャーダはひとりっ子として成長した。そして、母の身に降りかかった悲劇をじゅうぶんに理解できる年齢に達したころ、姉と兄に会いたいという思いが胸中に湧きあがってきた。だが、ジャーダからのクリスマスや誕生日のプレゼントは、一度も受けとってもらえなかった。SNS経由で送ったメッセージも、なんの反応もないままに放置された。「でも、私は、事件や訴訟とはなんのかかわりもありません。姉や兄に、私がなにかしましたか?」。私が会いにいったとき、ジャーダはそう訊いてきた。数年間の沈黙に耐えたあと、ジャーダは諦観した。メラニアとマルコは残りの生涯、自分にとってずっと部外者でありつづけるのだ。それでも、心に巣くうわだかまりは解けなかった。自分が犯したわけでもない罪のために、なぜ代償を支払わなければならないのか?

南仏のサレルヌでは、日曜日に市《いち》が立つ。カフェ・デ・ネゴシアアンの野外テーブルに腰かける人びとや、色とりどりの花、プロヴァンスのラヴェンダー、熟成チーズの屋台などを覗いてまわる散歩者が、テオドール・ブージュ大通りを賑わしている。私と並んで歩くあいだ、ステファノ・コヴェッツィは穏やかな笑みを浮かべながら、友人や知り合いに目であいさつを送っていた。サレルヌの人口〔四千人弱〕は、マッサ・フィナレーゼよりもさらに少ない。ステファノの母親は、彼を出産する際にこの町へ逃げてきた。第五子のステファノは、彼女のかたわらに残った最後の子どもだった。この息子だけは、失うわけにはいかなかった。

じきに十八歳になるステファノは、青い瞳と濃い眉が印象的な、美しい青年だった。自分の家族になにか暗い過去があるらしいことは、しばらく前から気づいていた。父デルフィーノは家を空けていることが多く、いつもフランスとイタリアを行ったり来たりしていた。母ロレーナは、イタリアにいる家族に会うために、ときおりマッサ・フィナレーゼに里帰りしていたが、ステファノが幼いうちは、いっしょに連れていってくれることは滅多になかった。彼にとっては、愛情に満ちた優しい母親だった。だが、彼が学校の友だちを紹介しても、ロレーナはまったく関係をもとうとしなかった。よその家の子どもとかかわることを、意図的に避けているように見えた。あとは、母方の親戚のことも気がかりだった。ステファノの伯父／叔父は、三人とも刑務所に入っているそうなのだ。なにかおかしい。母はなにかを隠している。あるとき、ロレーナはついに、末の息子に真実を告げた。自分には、あなたのほかに四人の子どもがいる。けれど、架空の暴行事件が原因で、四人とも親元から引き離された。以来、夕べに唱えるロザリオの祈りでは、ヴェロニカ、ピエトロ、フェデリコ、アウローラにも、祈りを捧げるようにしている。

ステファノには、兄や姉が両親のもとへ帰ってこようとしない理由が、どうしてもわからなかった。ステファノと会うこと、ステファノと関係をもつことさえ、ほかの四人は拒絶した。

「ぼくの親は、誰かに悪さをできるような人間じゃありません」。強いフランス訛りのあるイタリア語で、ステファノが言った。「姉や兄も、ぼくと同じように育てられたはずです……ぼくは、いつか自分が、きょうだいと母を引き合わせることができたらと思っています」

ステファノはフランスの友人にも、自身の背後に潜む奇妙な物語について話していた。というのも、彼の名前をインターネットで検索すると、「小児性愛」なる剣呑《けんのん》な言葉を含む新聞記事がヒットしてしまうからだ。ステファノが苦悩を背負いこまぬように、ロレーナは可能なかぎりこの話題には触れないようにしていた。子どもたちの思い出は胸にとどめ、嘆きの言葉は夫や親戚に聞いてもらった。だが、二〇一三年にデルフィーノが、ステファノが言うところの「一度もぼくを怒鳴ったことのない優しい父」が、梗塞で亡くなった。あとに残されたロレーナとステファノは、よりいっそう孤独を深めた。こうしてステファノは、集会や講演を行脚《あんぎゃ》するロレーナに付き添うようになった。母を支え、勇気づけてやりたかった。

ステファノがサレルヌで成長していくあいだに、きょうだいはそれぞれ別の家庭に散らばっていった。コヴェッツィ夫妻の四人の子どもは、程度の差こそあれ、苦痛と困難に満ちた青年期を送った。悪夢に囲まれて過ごした数か月が、子どもたちを永遠に変えてしまった。

きょうだいを引き離して別の家庭に託すことは、社会福祉部の常套手段だった。親に問題があるため別の家庭に預けるというのは、理屈としては理解できる。だが、どういうわけで、きょうだいまでばらばらにしなければいけないのか？　この残酷な仕打ちの理由が、私にはどうにも飲みこめなかった。だが、こうした疑問を解くヒントが、ボローニャ少年裁判所の資料に見つかった。そこには、ヴァレリア・ドナーティとその同僚のアンナ・マリア・ジェメッリによる供述が記録されていた。コヴェッツィ夫妻の四人の子どもを、各人別個の家庭に預ける処置は、ドナーティの働きかけによって実現した。切迫した事情により、親元から唐突に引き離されたこれら四人の未成年について、「われわれは詳しい情報を有しておらず」、全員をまとめて引き受け、なおかつ「高水準の保護を確約できるような」養育家庭を見つけてくることは、現実的に見て不可能である。ドナーティはそう主張した。あたかも、ロレーナとデルフィーノが犯罪者であることを、はじめから決めてかかっているような論調だった。だが、家族解体という手段がとられた主たる理由は、別のところにあった。ドナーティと同僚たちにとっては、きょうだいが別々でいる方が好ましかったのだ。「なぜなら、養育家庭または施設にとって、受け入れる相手がひとりの場合と四人の場合とでは、兆候を感知する能力やそのために払われる注意の度合いが、明らかに異なってくるからです……したがって、これは熟慮の末の、経験にもとづく判断でもありました……この決定が正しかったことは、その後の経緯が証明しています」

両親やきょうだいと接触できないように孤立させることは、被害に遭った未成年の状態をより適切に検討するうえで有益な選択だった。そもそも、ドナーティの言によれば、生家に戻りたいと望んでいる子どもはひとりもいなかった。むしろ、ミランドラ警察署の待合室から連れ出されて以降、四人は新たな家庭に預けられたことにひどく安心した様子だった。離ればなれになったきょうだいに会いたいような素振りは、まったく見られなかった。

ヴァレリア・ドナーティ、心理カウンセラーのアンナ・マリア・ジェメッリ、そしてソーシャルワーカーのマリア・テレーザ・マンブリーニは、きょうだいの聴き取り調査を行なうために過密日程のプログラムを組んだ。しかし、はじめの四か月は誰ひとり、両親を告発しなかった。深刻な出来事、トラウマの原因になるような事件は、自分たちの家では起きていない。だが、カウンセラーは諦めなかった。ボローニャ少年裁判所の資料には、両親を告発するようコヴェッツィ家の子どもたちを説得する際、ジェメッリがいかなる言葉を用いたかが記されている。「判事さんと話すことは、あなたがどれだけつらかったかをお母さんとお父さんに伝えることでもあるの。お母さんたちがそのことをわかってくれれば、ふたりはあなたの気持ちを理解して、心を入れ替えてくれるかもしれないわ」

一九九九年三月、定例の面会が終わったとき、長女ヴェロニカの養父にドナーティが近づいてきた。「私はドナーティに個室に案内され、ヴェロニカの状態がひじょうに悪いと告げられました。そして、そろそろ正式に養子にすることを検討してはどうかと勧められました。家に連れて帰ったとき、ヴェロニカの顔は涙と緊張でぐちゃぐちゃになっていました」。これ以後、ひとり、またひとりと、子どもたちは重い口を開きはじめる。録画された映像を見るかぎり、尋問における四人の語りは、あやふやで矛盾だらけの証言の連なりだった。

ヴェロニカは母方の伯父／叔父を慕っており、彼らとは良好な関係を築いていた。ところが、少女はやがて、伯父たちにひとけのない土地に連れていかれ、目隠しをされ、鉄の棒で下半身に悪さをされたと告白することになる。「伯父さんたちは私を殴って、服を着替えさせて、車のなかに連れこみました」

判事のアルベルト・ジロルディが少女に尋ねた。「きみは墓地に行ったことはあるかな？」

ヴェロニカは、さも当然そうに返事をした。「はい！　お墓参りで親戚に会うんです」

「特別な時間に、墓地を訪ねたことはある？」

「え？　もう一度、言ってもらえますか？」

「墓地が閉まってから、なかに入ったことはある？」

「いいえ。おばあちゃんとか、叔母さんとか、いとこたちといっしょに行くんですけど、いつも十一時半から十二時のあいだです」

「じゃあ、夜中に入ったことはない?」

「ないです」

この返答は、彼女の従妹《いとこ》のクリスティーナや、そのほか複数の子どもが夜半の儀式について語ったことと、根本的に食い違っている。だが、じきにヴェロニカも、記憶を回復することになる。はい、そうです、遅くに墓地に行きました。黒ミサは夕方、「四時半か五時ごろ」、学校が終わってすぐの時間に開かれることもありました。

いくぶん丸顔で、髪は巻き毛で、ハスキーな声の少女だった。明るく、愛想が良く、礼儀正しく、訊かれたことにはきはきと答える。捜査員に協力し、覚えていることはすべて話そうという意志が、画面越しにもはっきりと伝わってきた。


見た目にかんしていえば、ピエトロは姉のヴェロニカとよく似ていた(ふたりはどちらも、父デルフィーノに生き写しだった)。だが、二歳年少ということもあってか、性格はまるで違っていた。少年は尋問のあいだ、退屈したり、ぼんやりしたり、あるいはくすくすと笑ったり、ガムをくちゃくちゃ噛みながら室内を見まわしたり、心理カウンセラーのクリスティーナ・ロッチャのまわりをぶらぶら歩いたりしていた。この少年は、ロッチャと判事のジロルディが、自分の言うことをどこまで信じるのか試している。ビデオを見ながら、私は一度ならずそのような印象を抱いた。まるで、家族全体の運命を決しかねないこの面談が、彼にとっては大がかりな遊戯でしかないかのごとくに。「エミディオ伯父さんは明かりを消して、黒い悪魔の衣装に着替えた。(口の端を指さしながら)ここから血が出てた。ほら、キオスクで売ってるようなやつ……〔イタリアの広場や街頭には新聞・雑誌を販売する小規模な売店があり、店舗によっては雑貨の類いも置かれている〕」。あの血は赤ペンだと思うけど……それから偽物の歯を差して……お前たちの心臓をとってやる、お前たちのおもちゃをとってやるって言ったんだ……」

「それが伯父さんだってこと、あなたはいつわかったの？」。おぞけをふるうような声音でロッチャが訊いた。

「マスクをとったから、それでわかった」。少年は翌日も同じ話を繰り返したが、マスクをかぶっていたのはエミディオ伯父さんではなくジュゼッペ叔父さんだったと訂正した。

「ぼくが叔父さんのマスクをとったから、ぼくをつかまえて、こらしめようとしたんだ……ぼくは竹の棒でぶたれた。シャツを脱ぐように言われて、背中を思いきりぶたれた」

「それで？　そのあとはどうなった？」心理カウンセラーが少年を急き立てる。

「顔を殴られた。顔を蹴られた」

「お父さんとお母さんはその場にいた？」

「その日はいなかった」

「あなたたちが家に帰ったとき、お父さんとお母さんはなにも気づかなかったの？」

「うん……朝になったら、みんな元どおりだったし……」

心理カウンセラーは呆気《あっけ》にとられているようだったが、それ以上は深入りしない道を選んだ。

「そこにはジュリアーノ叔父さん（クリスティーナの父親）もいたのかい？」今度は判事のジロルディが質問した。「いない」。これは、従妹クリスティーナの証言を覆し、ジュリアーノの無実を証明する発言だ。だが、このときもやはり、クリスティーナの供述との整合性が問われることはなかった。

話すことに乗り気なときは、伯父やその友人たちが子どもを拷問するのに使用した道具を、少年はべらべらと列挙した。十字架に縛りつけられ、ナイフを投げられたこともあるという。ピエトロはみずからの罪も告白した。素性の知れない子どもを何人も殺したり、拷問にかけたりしたらしい。だが、遊び半分で口から出任せを並べているうちに、少年の現実認識はすこしずつ変質していった。ピエトロを取り巻く世界は、グロテスクなファンタジー映画と化した。その映画の主人公である彼は、ほかのすべての登場人物から命をつけ狙われている。こうして少年は、苦悶とパラノイアの螺旋《らせん》を滑り落ちていった。面談の最中、大人たちはことあるごとに、部屋の外には警官がいるからと言って、ピエトロを落ちつかせてやらなければならなかった。ピエトロはまた、ダリオやヴェロニカのように、じつの両親や怪しい大人が自分の住む町までやってくるのを何度も目撃した。ピエトロの安全を確保するために、少年の養育家庭は引っ越しを余儀なくされた。姉から教区の堅信式〔堅信はカトリック教会が定める秘跡。分別のつく年齢になると実施される〕に誘われたときは、ピエトロはまず、教会はじゅうぶんに「保護された」場所なのかという懸念を口にした。

心理カウンセラーたちは、引き離しの処置を受けた子どもに、「誰かが自分を探しにくる」という恐怖を教えこんだことを認めている。ジェメッリは判事の質問を受けて、次のように語っている。「子どもたちには、ほかの児童も両親や大人から接触を受けていることを伝えてありました。そうすることで、警戒心を強めてもらいたかったからです」。だが、一度たりとも証拠が示されたことのない「事実」をめぐるこれらの情報こそが、迫害にたいする強迫観念を子どもたちに植えつけたのではないかという懸念は、最後まで看過されたままだった。

引き離しから数か月を経るうちに、コヴェッツィ夫妻の四人の子どもの状態は次第に悪化していった。突然に泣き出すこともあれば、ヒステリーの発作のような症状を起こすこともあった。次男のフェデリコは、怒りに駆られて暴力的な行動に出ることもめずらしくなく、養父母の悩みは日ごとに深まるばかりだった。身のまわりのものすべてが憎いとでも言うかのように、部屋のなかがぐちゃぐちゃになっていることもよくあった。さらに、ヴェロニカとピエトロは、弟や妹にたいして深い罪の意識を抱えていた。大人に強制されたとはいえ、自分たちは、幼い弟と妹に性的な暴行を加えたのだ……。事実、次女(第四子)のアウローラは、「フランチェスコの会食室」で、養育者としてどこかの家庭が名乗り出てくれるのを待つあいだ、きょうだいの誰かに会いたいという意志をまったく示さなかった。

「ねえ、アウローラ。お父さんや、お母さんや、お兄ちゃんたちといっしょに、いったいどんなことをしたの?」。ある日の保護尋問の映像のなかで、トリノの心理学者サブリナ・ファルチは少女にそう問いかけている。ファルチと少女はそろって床に腰を下ろし、人形たちのお城で遊んでいる。

「わかんない」。アウローラが答える。質問よりも、まわりのおもちゃに集中している。彼女はまだ四歳になったばかりだった。

「わかんないか……」。ファルチが応じる。「それって、〈言いたくない〉ってことだよね。ほんとうはわかってるんだと思うな……たぶん、話すのが苦しいんだ。そのことを話すのはいや?」

「いやぁぁぁーーー」

「でも、それじゃあ、あなたを助けてあげられないの。アウローラ、お願い……」

だが、その数日後、アウローラは「助けてもらう」ための言葉を発した。

「どうして家に戻りたくないのかな？　理由を教えてもらえる？」

「お母さんとお父さんが、いじめるから」

「〈いじめる〉って、なにをするの？　話してみて」

「やだ」

「どうして？」

「お尻を叩いてくる……」

　とうとう、アウローラにも養育家庭が見つかった。生まれ故郷から遠く離れた土地で、少女は成長していくことになる。アウローラのその後の姿を、母ロレーナは写真でさえ、一度も見ていなかった。私もやはり彼女の居所を突きとめることはできなかった。一方で、ヴェロニカとフェデリコにかんしては、アレッシアと協力して現住所を入手していた。突然に訪問した理由を説明するあいだ、ふたりは静かに耳を傾けてくれていた。ふたりとも、まだ養育家庭のもとで暮らしていたが、過去の経緯をたどりなおすことには興味がなかった。それは、ピエトロにしても同様だった。いまでは北欧に暮らす彼と、私は電話で話すことができた。振り返ったところで仕方がない。すべてはもう、過ぎ去ったことなのだ。じつの父親が死んだことを伝えても、彼ら彼女らの声の調子に変化はなかった。母親にかんしては、なにも知りたくないと言っていた。

　クリスティーナの場合も、事情は変わらなかった。過去とは彼女にとって、立ち返る理由などなにひとつない焼け野原だった。母は何年も前に刑務所で命を落とし、父ジュリアーノや伯父たちにたいしては、消えることのない恐怖を抱いていた。引き離しの処置を受けた当時、八歳のクリスティーナを自宅に迎えた養母のジルダは、数か月で白旗をあげる結果になった。だらしなく、衛生観念の欠如したこの少女は、あまりに厄介で、あまりに気難しく、あまりに激しやすかった。クリスティーナを迎えいれたことで、ジルダの精神は不安定になった。クリスティーナよりも幼い娘たちは、彼女が語る死者や墓地の話に震えあがった。ジルダはもう限界だった。これ以上、この家には置いておけない。面談を終えたクリスティーナを迎えにいくたびに、心理カウンセラーから次のように念押しされるのも苦痛だった。「どうか注意してください。ここ（神経精神クリニック）から帰宅するとき、見知らぬ車にあとをつけられないよう用心してくださいね」。こうしたわけで、申し訳なさで胸をいっぱいにしつつ、ジルダは少女に説明した。たぶん、この家はあなたには合っていない。もっと気持ちよく暮らせる家が、きっとある。

社会福祉部がクリスティーナのために探してきたのは、イモラ県の家庭だった。この家には、十八歳のジョヴァンナと、十六歳のシモーナという娘が暮らしていた。クリスティーナとともに過ごしたのはごく短い期間だったが、その経験は（否定的な意味で）きわめて強い印象をもたらし、それから数年後に大学の心理学科で卒業論文を執筆する際、ジョヴァンナは分析対象のひとつにクリスティーナを選択したほどだった。ジョヴァンナの両親は、社会福祉部を通じて、複数の家庭が関与する性的暴行事件に巻きこまれた、バッサ・モデネーゼ出身の子どもたちのことを知った。そして、そのうちのひとりを、この家に迎えいれるのはどうかと、娘たちに提案した。ジョヴァンナとシモーナは、新しい妹か弟ができることをひどく喜び、世話を焼く日を心待ちにしていた。

一九九九年十二月七日、クリスティーナは新しい養育家庭にやってきた。ジョヴァンナとシモーナは、前日にクリスティーナのために買ってきた、黒いビロードのズボンと明るいグレーのカフスボタンをプレゼントした。

ジョヴァンナの家族は事前に、クリスティーナは「親切で、勉強熱心で、好奇心が旺盛で、快活で、感じが良く愛情に満ちた少女だ」と説明を受けていた。だが、少女を家族の一員とするための努力は、「クリスティーナによる、ふたつの一貫とした戦略の前に無に帰した。ひとつは、気まぐれや涙でもって、三歳の少女のように振る舞うこと。もうひとつは、嘘や、嫌がらせや、悪意あるさまざまな行為でもって、十三歳の娘のように振る舞うことである」。ジョヴァンナと、シモーナと、彼女たちの両親は、気性のまったく安定しない人物を家に迎えいれてしまったことを、早々に理解した。

彼女はみずからの世界に孤立して生きていた。そこで彼女は、まるで一種の「バービー人形」のように、夢を見て、空想にふけっていた。現実と関係を築こうという意思はなかった。彼女はよく、私たち家族の持ち物をくすねようとしたり、事実とは異なる話を語ったりした。そのようなとき、彼女はつねに、私や私の妹に罪を着せようとした。学校では、クラスメートと「有害な」関係を築いていた。おもちゃのように友人を取り換え、自分のことばかり話した。彼女の口から語られる話は、一部はほんとうのことであり、その年代の子どもにふさわしい内容だったが、一部には陰鬱《いんうつ》で、おそらく虚偽と思われるものもあった。こうした語りは、彼女から友人を遠ざける結果につながった。同年代の者より大人と過ごすことを好む傾向にあったが、そこには打算が働いていた。大人はその立場からして、彼女により注意を払わなければならないし、より価値のある贈り物を与える力があるからである。基本的に、利得にもとづく人間関係を生きており、付き合ってもメリットのない相手とは距離を置いた……私と妹〔シレーナ〕は、彼女を妹としては見ていなかった。私たちにとってクリスティーナは、両親に喧嘩をさせ、母や、いっしょにいるすべての大人を疲弊させる、身勝手な子どもに過ぎなかった。クリスティーナは嘘つきで、午前中からバスルームで不吉な物語を語り（おそらく、この点にかんする私の記憶の一部は、自己暗示の所産でもある）、多くの罪を私たちになすりつけ、私たちに敵意を抱いていた。

ジョヴァンナの卒業論文は、クリスティーナや、彼女と同じような境遇の子どもたちが、家族から引き離されたあとにどのような道をたどるかという点について、かなり手厳しい分析を展開している。

だが、これら一連の経緯にかんして、私がなにより苦々しく感じたのは、ソーシャルワーカー、心理カウンセラー、教育者たちの振る舞いにたいしてだった……この人たちはクリスティーナに、（ひとつ前の養育家庭や、彼女のじつの両親と同様に）間違っているのは私たち家族であり、彼女はなにも悪くないのだと信じこませた。それどころか、自分に合った家族が見つかるまで、彼女の好きなように家庭を交換できるという考えを抱かせたのである。私の見るところ、こうした対応は私たちにとって以上に、クリスティーナにとって有害であり、この分野の専門書を読んだいまでは、倫理的にも方法論的にも間違っていると断言できる。

さらにジョヴァンナは、心理カウンセラーや判事にたいしてなされたクリスティーナの告白は、いわゆる「格子状の告発」、すなわち、集団汚染の所産であると確信するようになった。「〈格子状の告発〉の特徴は、より多くの情報を得るために、子どもたちを相手に何度も聴き取り調査を繰り返す点にある」

二〇〇〇年十月十日、ふたつめの養育家庭に迎えられてから一年もたたないうちに、クリスティーナはこの家からも去ることになった。その後の彼女の消息は、杳《よう》として知れない。

クリスティーナにかんしては、エミリア・ロマーニャとは別の州に暮らすようになったことや、大学で学んでいた時期があることを除けば、ほとんど情報を得られなかった。だが、一九九八年の秋、彼女が親元から引き離されて数か月後、ひとつめの養育家庭で生活していたころに判事に宛てて書いた手紙〔第十二章参照〕を、私は折に触れて読み返していた。クリスティーナの証言と相俟《あいま》って、モルセッリ家とコヴェッツィ家にたいする疑惑を決定的なものにしたあの手紙だ。末尾には、こんな呼びかけが記されている。

「わたしの親やおじさんたちが、わたしの言ったことはほんとうだと言うようになったら、すこしだけやさしくしてあげてください。でも、ほんとうのことを言うまでは、ずっときびしくしてください」

この手紙には、どうにも得心のいかない点が数多くある。いったいこれは、八歳の少女の頭と手から出てきた言葉なのだろうか？　どういうわけで、クリスティーナが率先して、判事と連絡をとろうと試みる必要があったのか？　「わたしはぜったいにその人たちのことを思い出せるようがんばります」という言葉は、いったいなにを意味しているのか？　少女が正確な意味で言葉を用いているのだとして、クリスティーナは厳密には、なにを「思い出せる」よう努力しなければならないのか？

「〈わかるために、いっしょうけんめいがんばります〉という一文が、前後の文脈といちじるしい齟齬《そご》をきたしています」。体系‐関係心理学の専門家であるダニエレ・アミスターディは、私に宛てたメールのなかでそう書いている。「少女が語った暴行が現実に起きたことなら、その記憶は頭のなかにはっきりと残っているはずで、自分が体験したことを理解しようと努める必要などありません。それに、説明の仕方自体、この年代の子どもには不釣り合いに思える箇所が多々あります。誰かが口述した内容を少女に書かせたか、いずれにせよ、大人の指導のもとに書かれたものと推測されます」

かつての子どもたちの足跡をたどり、接触を試みるようになってから数か月が過ぎたころ、ヴェロニカ、クリスティーナ、マルゲリータ、そしてメラニアから、フィレンツェの弁護士を介して一通の手紙が届いた。そこには、ドナーティとその同僚の仕事を擁護し、子どもたちは家族から理由もなく引き離されたのだと主張する人びとを攻撃する言葉が並んでいた。「(引き離しには)確かな理由があったのだと請け合います。ご承知のとおり、私たちは、じつの両親から引き離されたことを幸福に思っています。じつの両親は何年にもわたって、私たちに苦しみを与えてきたのですから」

第二十章

　私と面会しているあいだ、ＣＩＳＭＡＩの現会長グロリア・ソアーヴィは、協会に向けられたあらゆる批判を、いっさい受けつけようとしなかった。法心理学の専門家の多くは、ＣＩＳＭＡＩの協会員を「暴行カウンセラー」〔原語は「アブソロジ（abusologi）」。「暴行（abuso）」と「心理カウンセラー（psicologo）」を組み合わせた造語〕と呼んでいた。これはつまり、「不穏なサインを発している子どものうちに、みだりに性的暴行の兆候を見てとろうとする心理学者やソーシャルワーカー」を指す呼称だ。「当時も、いまも、ＣＩＳＭＡＩが実在しない暴行を発掘するための組織であったことは、一度たりともありません」。会長はきっぱりと言った。だが、小児性愛の疑惑に関連する、メディアを騒がせたさまざまな訴訟の過程を見るかぎり、ＣＩＳＭＡＩに登録している専門家はこれまで、まさしくそのようなアプローチをとってきたように思われる。あたかも子どもの証言は、それがどのような手法で収集されたものであれ、つねに、どんな場合でも、真実として扱われなければいけないとでも言うかのごとくに。ＣＩＳＭＡＩはまた、「ＩＰＳＣＡＮ（暴行およびネグレクトから児童を護《まも》る国際センター）」のパートナーでもある。ＩＰＳＣＡＮのホームページには、出典の明示がないままに、およそ信じがたいような、きわめて不安を誘う統計データが掲載されている。それによると、「四人にひとりの児童（女子）は、性的暴行の被害者」なのだという。イタリアの小学校に当てはめて考えると、一クラスあたり、すくなくとも四人の被害者がいる計算になる。

一九八〇年代前半から、子どもにたいする虐待、暴行の分野における権威と見なされてきた、小児神経精神科医のマリネッラ・マラクレアは、CISMAIおよびミラノの「児童虐待センター」の創設メンバーのひとりでもある。彼女は鑑定人として、ピエトロ・フォルノ検事（小児性愛者との苛烈な戦争を指揮した人物）を献身的にサポートした。トリノの「ヘンゼルとグレーテル研究所」の創設者クラウディオ・フォーティと協働しながら、この分野にかんする文章を執筆し、多くの集会に参加した。フォーティは「ノート憲章」〔第十五章参照〕を発表した専門家にとって、もっとも戦闘的な論争相手のひとりだった。

九〇年代なかば、職業訓練期間中のヴァレリア・ドナーティは、マラクレアが担当する講座を受講している。ダリオの最初期の証言を聞いたあと、まだ駆け出しの研修生だったドナーティは、恩師のマラクレアに連絡をとり、自身の業務の監督を依頼している。

「細心の注意が払われた、丁寧な仕事でした……」。ドナーティの仕事にたいする見解を私が尋ねると、マラクレアはそうコメントした。「とても水準が高く、感情面で子どもに寄りそった」仕事であり、それはまた、「当時の状況が要請する」ものでもあったという。

マラクレアの説明によると、暴行の被害に遭った未成年から話を聴く専門家にとっては、子どもが立て籠もる「沈黙」こそが最大の障壁となる。「忌まわしい記憶から逃れたいとき、なにも感じていないような振りをしたいとき、沈黙はもっとも効果的な武器になります」。だが、このような考え方は、もうひとつの可能性をまったく考慮に入れていないように私には思われた。つまり、子どもがなにも言わないのは、なにも起きていないからだという可能性である。

心理カウンセラーが目の前の児童にたいし、否定的な意味で暗示をかけることもありうるという説は、マラクレアに言わせれば——イタリア内外の数多《あまた》の学術論文の主張とは裏腹に——「きわめて非現実的」な見解だった。なぜなら、「みずからの人生を危険にさらすような事柄を、子どもの脳内に吹きこむことはひじょうに難しい」からである。

ならば、墓地での斬首、磔《はりつけ》、猫の血をすすること、殺人に暴行など、物証がいっさい発見されなかった証言についてはどう考えるのか？　そうした告白は「暴行者の妄想や、フィクションの産物である可能性があります。あるいは映画のセットのような……世界中に広まっている、その手の映像作品のための舞台装置です。周知のとおり、児童ポルノとホラーを組み合わせたジャンルの映画は、イタリアの通信警察〔電話、インターネットを含め、通信分野で犯された犯罪を取り締まる部局〕によって大量に押収されています。こうした映画の制作者が用意した舞台装置を、犯罪者たちが利用したのかもしれません」

この説明には瑕疵《かし》があると私は思った。九歳や十歳の児童に「映画のセット」を見せることで、自分はほんとうに墓地を訪ね、ほんとうに死体を埋葬したり、ほんとうに子どもを殺したりしたのだと錯覚させたなどという主張には、さすがに無理があるのではないだろうか。

そもそも、通信警察が「児童ポルノとホラーを組み合わせたジャンルの映画」を大量に押収しているというマラクレアの見解は、事実とはまったく異なる。この点にかんしては、過去二十年にわたって、世界中で流通している映像作品に目を光らせてきた、イタリアの北部、中部、南部におけるもっとも重要な児童ポルノ対策センターに裏づけをとってある。問い合わせの結果、いずれの組織も、人間が犠牲に捧げられ集団で血をすする、悪魔主義的な舞台背景を有する「スナッフフィルム」など、一度も押収した経験がないとのことだった。

法心理学者のあいだではいまも、「ノート憲章」に賛同する一派と、CISMAIが推進する未成年への聴き取り調査手法を擁護する一派とのあいだで、対立が続いている。だが、時が流れ、経験が蓄積され、「バッサ・モデネーゼの悪魔たち」以後も同様の事件――ブレーシャのアッバとソレッリ、および、リニャーノ・フラミニオの幼稚園を襲った集団パニック――が続くなかで、司法の領域においても、中立性、不偏性への尊重をわずかでも欠くような手法を用いることにたいし、徐々に警戒感が高まってきた。「そのため、現在では、暴行があったのかどうかと判事から訊かれても、多くの鑑定人は回答を拒否するようになりました」。司法精神医学者のマルコ・ラガッツィは、私にそう説明した。「暴行の有無を判断するのは判事の務めです。私たちの仕事は、証言者である未成年の心理状態や証言能力を評価することだけであって、その先に踏みこむべきではありません。ある出来事にかんする未成年の証言が、外部からの圧力や暗示によって、ゆがめられていないかどうかを判定する。それがすべてです」。被告側の鑑定人としてモデナの訴訟（「バッサ・モデネーゼの悪魔たち」の事件の第一審）にかかわった法心理学者のキアラ・ブリッランティも、同様の見解を述べている。「心理カウンセラーは心理カウンセラーとして振る舞うべきです。警察の真似事をして、子どもにむりやり口を開かせようとしてはいけません。カウンセラーは、中立的な存在でなければならないのです。本件において、カウンセラーはけっして中立的ではありませんでした」

ガッリエーラ家のかつての隣人、善意の婦人であるオッディーナ・パルトリニエーリの考えでは、すべては金《かね》の問題だった。彼女はずっとそう主張していた。子どもたちを出しにして、不当な利益を得た人びとがいる。養育家庭もそうだが、それ以上に、社会福祉部や、その上部組織である地域保健所の責任を問わねばならない。この人たちは、この世紀の事件が、関係者すべてに多くの仕事を提供すると確信した。そして実際、検察や裁判所のための鑑定、研修生向けの実習、専門家の研究の機会などが、ふんだんに用意されたのである。

オッディーナのこうした解釈をどこまで真に受けてよいものか、私には判断がつきかねた。小児性愛者のような、精神面での問題を抱えた人びとが、バッサ・モデネーゼのふたつの小さな町に、突如として集団発生したというのは、およそありそうにない話に思える。一方で、これほど多くの専門家が、たんに金儲けだけが目的で、無から事件をでっち上げたというのも、にわかには信じがたい筋書きだった。

だが、ミランドラのある地方議員から送られてきたメールを読んだあと、私の考えには変化が生じた。そのメールに添付された、モデナ県北部の自治体連合の内部資料には、親元から引き離された子どもの養育、保護、治療に充てられた費用が、一覧になって列挙されていた。それによると、一連の事業のために支払われた公費の総計――ただし、五度にわたる訴訟の費用は除く――は、三七〇万ユーロだった。このうち、養育家庭に支払われた金額は、ごくわずかな数字にとどまる。各家庭は平均して、子どもひとりにつき、月に五五〇ユーロしか受けとっていない。したがって、多くの人びとが信じたがっているストーリーとは異なり、この事件を通じて養育家庭が金銭的な利益を享受したとは言えない。他方、ある項目は、単独で予算の半分以上を占めていた。それが、未成年の「心理的な治療」のために使われた費用である。ここにはなにか、不審を抱かせずにはいない要素がある。

ヴァレリア・ドナーティは一連の訴訟の後、ミランドラの地域保健所に非常勤の心理カウンセラーとして在籍するかたわらで、レッジョ・エミリアの独立機関「ＣＡＢ（児童救済センター）」の責任者にも就任していた。さらに、旧知の心理カウンセラーであるアンナ・マリア・ジェメッリと、ソーシャルワーカーのマリア・テレーザ・マンブリーニもまた、ＣＡＢの重要なポストに就《つ》いている。

二〇〇二年、地域保健当局は「事件に巻きこまれた未成年の治療およびセラピーを、性的暴行にかんする高度な知見と専門性を有する同センター（ＣＡＢ）に委託すること」を決定した。事件を発見し、未成年を追跡調査し、最初に証言を収集し、未成年の養育家庭を選択し、検察と少年裁判所に情報を提供し、重要証人として訴訟に出席し、子どもたちとじつの両親の面会については――両親に無罪判決が下されたあとでさえ――つねに否定的な見解を示した人物が、みずからが決定的な役割を果たした当の事案から、業務上、経済上の潜在的な利益を引き出す立場に収まったというわけだ。ドナーティが所長を務めるＣＡＢは、状況の深刻さに応じて、子どもひとりにつき、ひと月あたり一〇三二～一四〇〇ユーロを受けとっていた。およそ十年にわたって、ＣＡＢには二二〇万九四〇〇ユーロの公費がつぎ込まれている。これはどう考えても、危険かつ明白な利益相反である。なぜなら、カウンセラーが子どもたちを生家に戻すために尽力し、その目的が達成された場合、それはＣＡＢにとって、財源を失うことと同義だからである。

なぜこのようなことが可能になったのかを、私はなんとかして理解しようとした。そして、この物語にすこしずつ食いこんでいく過程で、モデナ検察やボローニャ少年裁判所の関係者、心理カウンセラー、警察の捜査員など、当時、被告にたいする告発の真実性を信じて疑わなかった人びとの多くに、メールを書いたり、電話をしたり、じかに訪ねて話を聞きにいったりした。大半のケースで回答は得られなかったが、まれに返事があった場合も、それはつねに、短くあいまいな内容に終始していた。それらは、実質的には「ノーコメント」と言っているのと同じだった。

目に見えず、想像することさえできないような事柄を、これほど多くの専門家が事実と思いこんでしまった心理的なメカニズムを、私はずっと理解できなかったし、この先もきっと理解できないだろう。この人たちはみな、目の前にあるものを見過ごし、誰の耳にも聞こえているはずのことをやり過ごす道を選んでしまった。彼ら彼女らは、外側から眺めたかぎりでは、この物語が進む方向はひとつしかないことを当然の前提として捉え、反対の方角を示す山ほどの標識にはまったく目を向けなかった。周囲の大人たちは、子どもの口から語られ、つねに同一の専門家を経由した言葉にのみ注意を払った。そろって似たような証言を提出した子どもたちは、話すことで重荷から解放されると約束されていたにもかかわらず、重度の不安とパラノイアに悩まされるようになった。なぜ、こんなことが起こりえたのか？　おそらく、明快に答えられる者はどこにもいない。それでも、数年におよぶ調査を通じて、アレッシアと私はひとつの結論にたどりついた。被告の有罪を前提とする道に入りこんだが最後、来た道を引き返し、みずからの過ちを認めることは、それがどんなに小さな過ちであったとしても、きわめて難しい相談だった。なぜなら、すでにその過ちから、小児性愛の疑惑にまみれた穢《けが》らわしいストーリーが肥大化し、すべてを飲みこむ制御不能の獣と化していたからだ。物語の中心には、破壊された家庭と、トラウマを植えつけられた子どもたちが坐《ざ》している。そして、なによりも、五人の死者が。

ヴァレリア・ドナーティから話を聴くためにに連絡先を調べたところ、彼女はレッジョ・エミリアのCABで数年にわたって所長を務めたあと、モデナの別組織に仕事の拠点を移していたことがわかった。ドナーティのもとを訪問したことのある人物から聞いたところ、施設内には、おもちゃの用意された部屋がいくつかあるのだという。おそらく、子どものセラピーを実施するための場所だろう。同施設で働いていたまた別の人物の話によると、バッサの訴訟が終わってからの数年間に、ドナーティが主宰するセンターには、モデナ、レッジョ・エミリア、フェッラーラの裁判所から鑑定の依頼が舞いこんだらしい。私はドナーティにメールを書き、インタビューの機会を与えてほしいと依頼した。返信には次のように記されていた。

これらのご家庭、とりわけ子どもたちの痛みとプライバシーを、私は心から尊重しています。その子どもたちもいまでは大人になり、途方もない困難と苦しみを乗り越えて、やっとの思いで人生を再構築したのです。たしかに私も、より包括的な視点から自分の見解を表明したい、時間によってふるいにかけられ、ときにゆがめられた情報について、はっきりと説明したいと思ったことはあります。しかし、先に書いたような事情から、たとえ不当な攻撃を受けたときでさえ、私はけっして、公的な場や、ジャーナリズム関係者を前にして、自分の考えを述べようという気にはなれなかったのです。

私はその後も、彼女の目から見た事実を知りたいのだと主張して、電話や直接の訪問を通じ、ドナーティへのコンタクトを試みた。だが、先方からはもう、二度と反応はなかった。

ただひとり、社会福祉部のかつての責任者であるマルチェッロ・ブルゴーニだけは、私の求めに応じて、ミランドラの自宅の扉を開いてくれた。灰色の髪と口ひげを生やした、人当たりの良い、物腰の柔らかな男性だった。年金生活に入ってから、もうずいぶんになると言っていた。私は廊下と中庭を抜けて、リビングまで案内された。腰かけるように促されたが、ブルゴーニは坐らなかった。立ったまま、サイドボードにもたれかかっている。神経が波立っているのが伝わってきた。当時は社会福祉部にも、警察にも判事にも、あの種の事案について経験を有している者はいなかった。ブルゴーニはそう語った。ほとんど全員にとって、あれがはじめてだった。いずれにせよ、自分の部下は証言を集めることにのみ専心し、そのすべてを伝えられた裁判所が、独自の判断で行動を選択した。子どもを親元から引き離したのは私たちではない。それは、判事が決めたことだ。

私はここで異論をさしはさんだ。少年裁判所は実際には、まさしく社会福祉部の勧めに従う形で、ブルゴーニとドナーティの意見に信を置きつつ行動したのではなかったか。

「ブルゴーニさん、社会福祉部が保護した子どもたちはなぜ、そろいもそろってあのように奇妙な物語を語ったのだと思われますか？」

ブルゴーニは両腕を広げた。「私自身、その問いには何度も考えをめぐらせてきたよ。だが、答えが見つかったことは一度もない」

私は納得がいかず、さらに質問を重ねた。

「墓地で儀式が行なわれたことを信じているのですか？　それは実際に起きたことだと、あなたは信じているのですか？」

ブルゴーニは首を振った。「わからないさ……私にはわからない……答えようがない……」

私は当惑した。この人物は、若く経験の浅い心理カウンセラーに、特殊な知識と専門性が要求される案件を委託した。この人物は、カウンセラーの仕事の正当性を保証した。この人物は、子どもの引き離しの、ほとんどすべてのケースに立ち会った。この人物は、涙を浮かべる両親の前で、親権の停止を宣告する通達を読みあげた。この人物は、両親の前で、あなたたちは子どもを墓地へ連れていった疑いがあると説明した。当の子どもたちは、自分の親を責めるような言葉など、なにひとつ発していなかったにもかかわらず。その人物が、いまとなってはもう、あの物語がほんとうかどうか、自分では判断できないと言っている。

「いいや、それは違う」。ブルゴーニは異を唱えた。「子どもたちは、家庭内で暴行があったと証言した。親元から引き離されたのはその後であって、それ以前では……」

私はその先は言わせなかった。それは虚偽だ。信じがたい虚偽だ。数百ページの公判記録や供述調書が、ブルゴーニの発言が虚偽であることを示している。子どもたち自身が、予審判事に語っていたことだ。私はブルゴーニの前で、ひとりずつ、十六人全員のケースを列挙していった。全員が、証拠の切れ端すらないままに、家族から引き離されたのだ。ブルゴーニは首を振った。「もう終わろう……終わりにしよう……この状況では、もう……事実は訴訟によって再構築された。それ以外の事実などない。なぜなら、真実はそこにあるから」

だが、訴訟は有罪判決だけではなく、無罪判決も下している。それも、複数のケースで。ブルゴーニが言う「真実」とはなんなのか？　心理カウンセラーが用いた手法は適切だったと、彼はいまでも自信をもって言えるのか？

「当時としては、あれは正しい方法だった……はじめての経験という意味では……」

「なら、いまから振り返ってみると、間違っていた可能性もあると？」

「間違えない者などいない……つねに正しい者などいない……」

スコッタ家、コヴェッツィ家、モルセッリ家は、いかなる理由、いかなる理路によってばらばらにされなければならなかったのか、私はブルゴーニに説明を求めた。だが、もはやブルゴーニは、固い殻に閉じこもっていた。「だめだ……これ以上は、もう……」

ブルゴーニは私の辞去を望んでいるようだった。「脅されている」気分だと彼は言った。家を出る前、私はブルゴーニの瞳をまっすぐに見つめて訊いた。「子どもたちの人生をめちゃくちゃにしたと思ったことは、一度もないんですね?」。ブルゴーニは喉を鳴らし、片手で口を押さえながら、もう片方の手で玄関の扉を開け、私に出ていくように促した。冷たい夜気が肌を刺した。車に乗りこむ前に、しばらくあたりを歩くことにした。

第二十一章

310

二〇一八年七月二十六日、木曜日の午前十時二十五分、パドヴァの県道の赤信号で停止しているとき、私は電話が振動するのを感じた。ワッツアップのメッセージだ。送信者の名前を見たとき、私は思わず息を呑んだ。「マルタ」。私はあわてて車をわきに寄せた。突然の進路変更に腹を立て、後続の車両がやかましくクラクションを鳴らしている。だが、あのとき私は感覚が麻痺したようになり、ドライバーの怒りもクラクションもまったく気にならなかった。

「こんにちは、パブロ。私の番号、まだ登録されていたでしょうか。ミランドラとその周辺で起きた事件のことで、あなたたちから連絡を受けたマルタです。あのときは、まともに対応せずごめんなさい……ここしばらく、どうしたらいいのかと悩んでいました。たぶん、あなたたちが正しいと思います。私もずっとおかしいと感じていました」

車を発進させる前に、五回か六回は読み返したと思う。これまで足跡をたどった子どもたちのなかで、私はおそらく、マルタのことをもっとも頻繁に考えていた。

マルタの物語は、母親の悲劇的な自死も相俟《あいま》って、私の心を深く動揺させていた。

このような悲劇がもたらす衝撃を、八歳の少女がどうやって乗り越えたのかと、私は何度も自問した。「フランチェスコの会食室」へ連れていかれたあと、マルタの過去は粉々に砕かれた。ほかの子どもたちはさておくとしても、マルタだけは、向こうから私にコンタクトをとってくれることはないものと思っていた。

翌朝、マルタが見たがっている資料で満杯になったかばんを車に積んで、私はアレッシアとともに、レッジョ・エミリアを目指して高速を走っていった。マルタの望みは、ドナーティが自分についてなにを語ったのか知ることと、マッジョーニ医師の診断書を読むことだった。私たちは郊外の駐車場で落ち合った。判事側の鑑定人とともにビデオに映っていた、赤いカーディガンの内気な少女は、ウェーブのかかった髪と明るい顔つきの、たいへん魅力的な女性に成長していた。

「この件について話をするのは、今日がはじめてです」。車のシートに腰かけると、マルタが言った。「私の過去については、恋人にも話していません」

「友だちにも?」。アレッシアがマルタに尋ねた。

「ゼロです。誰も知りません。あのころの記憶については、あいまいなところもたくさんあって……でも、百パーセント確信していることがあります。あれは、すべて創作です。私が話したすべての内容……ソーシャルワーカーや心理カウンセラー、あとは判事に話したこと……すべて、自分の身に起きたことではないと、私は確信しています。つまり、誰かが私に、ああした言葉を吹きこんだんです……ぜったいに、私の内部から湧いてきたわけではない言葉を」

数秒間、私たちは無言のまま見つめ合った。それらの「言葉」が、ガッリエーラ夫妻やフェデリコ・スコッタに、数年間の懲役刑を科すのに利用されたのだ。そしていま、マルタは勇気を奮い起こして、それが「言葉」というよりは「ごみくず」であったことを告白しようとしている。

「何度も考えました。〈もうやめよう、ぜんぶ作り話だって言おう〉。でも、そのたびに、小さかったころ、判事さんの前や、裁判所で話したときのことがよみがえって……あのときは、私は違うと言った、つまり……ごめんなさい。もう、思い出したくありません」

事件以前の生活にかんしては、ごくわずかな色あせた記憶しか残っていない。マルタの語り口はよそよそしかった。まるで、ミランドラでじつの母親といっしょに過ごした幼少期は、自分の真の人生に属しているわけではないとでも言っているようだった。いまでは、母フランチェスカの容貌も、はっきりとは覚えていない。「眼鏡をかけていました。あとは、黒いロングヘアで……やせていて……」

フランチェスカが死んだあと、母親の写真が欲しいと、マルタは何度もドナーティに要求した。だが、心理カウンセラーが少女の願いを聞き入れることはなかった。「あなたはもっていませんか？」。マルタが私に訊いてきた。きみのお兄さんのカルロがたくさんもっているから、よかったら連絡先を教えようと私は言った。だが、カルロの名前を聞いても、マルタは特段の反応を示さなかった。

どうして連絡をくれたのかと、私はマルタに質問した。

「この出来事をすみずみまで理解して、自分の身になにが起きたのか知りたかったから。できることなら、カウンセラーやソーシャルワーカーに会いにいって、自分たちがしたことになんの疑問も感じていないのか、面と向かって問い詰めてやりたい……でも、あの人たちから返事をもらうのは、とても難しいことだとわかっています。それで、あなたにメッセージを送ったんです」

七月七日の夜明け前、マルタを保護するために警察が家にやってきたときのことは、ほとんど記憶に残っていなかった。たしか、警察が家捜《やさが》しをするあいだ、母は声をあげて泣いていた。ほかに唯一、覚えている断片といえば、「誰かに連れていかれそうになって、嚙みついたことです……でも、それ以外はぜんぶあやふやで……はっきりしなくて……私は……私は、母親にべったりの子どもでした。だって、私には母親しかいなかったし、それに……母親は母親だから……だから、そう、母親のことが大好きだったのはたしかです……たとえ……完璧な母親ではなかったとしても……あの人は、乱暴というか、手の早いところもあったから……」

母親に平手打ちされた記憶や、スリッパをもった母親に追いかけまわされた記憶が、ふとよみがえってきた。だが、覚えているのはそれくらいだ。「フランチェスコの会食室」で過ごした日々についても、思い出せるのは、フィルムのひとこまを寄せ集めたような、切れぎれの情景だけだった。そのひとつが、自分を捜しにきた母親を、金網越しに目にした場面だ。「私を呼ぶ声が聞こえたのを覚えています。すぐに母親だとわかりました。実際には、木か生け垣にさえぎられて、あの人の姿は見えなかったけど……それで……自分がどんな反応をしたのかは、よく覚えていません……つまり、嬉しかったのか、悲しかったのかは……たぶん、すこし嬉しくて、すこし興奮していたと思います……でも、たしか、私はすぐに修道女の方に走っていって、こう言ったんです。〈見て、あそこにお母さんがいる！〉……人形が入った小さなリュックを、あの人は修道女に預けていきました……なかにはメッセージカードが入っていました。なにが書いてあったかは覚えていないけど、〈大好きです、すぐに戻ります〉とか、そんな内容だったと思います。でも、私は……私は、それきりあの人には会えなかった」

そうこうするうち、マルタの生活の一角に、ヴァレリア・ドナーティが座を占めるようになった。そして、面談に次ぐ面談の日々が始まった。「これはいったい、いつ終わるんだろうと思って……そう……もうなにも聞きたくないという気持ちで、よく机につぶしてました。だって、いつも同じことばかり言われるんです。〈なにがあったのか話してほしいの、話せば心が軽くなるから……〉。話せと言われても、どうしたらいいのかわからなかった。だって、自分の身にはなにも起きていないことを知ってたから……」

訴訟におけるドナーティの主張とは反対に、少女は実際には、自分はまた母親に会えるのか、会えるとしたらいつになるのかと尋ねていた。だが、「〈母親との再会は認められない〉の一点張りでした……ドナーティが言うには……あの人は、私にひどいことをした、と……まずは、その問題を解決する必要があって、それから、そのあとで、たぶん……だけど、結局、その機会は最後までやってきませんでした」

マッジョーニ医師の診察にかんしても、細かい点は覚えていない。診察が終わったあと、マッジョーニはマルタに近づいてきてこう言った。「誰かがあなたに悪さをした。よかったら、まわりにいる大人に、そのときのことを話してみて」。私がマルタに見せた裁判資料にも、まったく同様の言葉が記されている。資料に目を通しながら、マルタは首を振った。「私は彼女の言葉を信じました。そうするしかなかったんです。だって、お医者さんが嘘をつくなんて思わないでしょう?」

すべて創作だという自覚があったにもかかわらず、胸中でむくむくと頭をもたげてくる疑念を、マルタはどうしても拭い去ることができなかった。母親といっしょに暮らしていたころ、ほんとうのところなにがあったのか、自分でもよくわからなくなっていた。「どういうことかわからなくて、何年も悩みつづけました。ばかげた考えが浮かぶこともあって……誰かにドラッグを飲まされたんじゃないかとか……それで、いったん消えた記憶が、また浮かびあがったのかなって……だから、インターネットで〈レイプドラッグ〉について調べたこともありました」。そうとでも考えなければ、その恐るべき経験が、記憶からすっかり抜け落ちていることを説明できないとマルタは思った。

マッジョーニの診察から数日後、ドナーティをはじめ数人の心理カウンセラーやソーシャルワーカーが、「フランチェスコの会食室」の小部屋にマルタを呼び出した。「覚えているやりとりはこれだけです。〈あなたのお母さんが、いなくなったの〉。そこで私が〈どこに行ったの？〉と訊くと、〈違うの。どこかへ行ったのではなくて、死んでしまったの〉と言われて……そのあとは……そのあとのことは、覚えてません。でも、泣いたことは覚えてます」

ソーシャルワーカーのオデッテ・マグリが、のちに判事にたいして明かしたところによれば、そのとき彼女はマルタにたいして、次のように語りかけたという。「遠くへ連れていかれたあなたに会うために、お母さんがここにやってきたでしょう？ お母さんはそのあと、秘密がぜんぶ見つかってしまったことを理解したのよ。もう、どうすることもできない、どこにも出口はない。たぶん、お母さんはそう考えて、みずから命を絶ったんだと思う」。完全に個人的な解釈だ。この専門家は、残りの人生を通じてずっと少女が信じつづけなければならない真実を、先験的《ア・プリオリ》に決めつけている。「これも、頭にこびりついて離れない疑問でした」。マルタが言った。「もし、自分は無実だ、自分はなにもしていないと母が思っていたのなら、どうして六階から飛び降りなければいけなかったのでしょう？」

母フランチェスカの死後、カウンセラーとの面談はより頻繁に、より緊迫したものになった。マルタがダリオを知っているかどうか、ダリオの証言を認めるかどうか、ドナーティは是が非でも聞き出そうとした。だが、マルタはダリオと会ったことなどないし、ましてや、「ふたりを暴行した司祭の家」へダリオといっしょに連れていかれた記憶などあるはずもなかった。そもそも、「司祭」とはどこの誰なのか？　マッサ・フィナレーゼに、マルタの知り合いはひとりもいなかった。だが、ドナーティはマルタの言葉を信じなかった。「だって、ダリオはあなたの名前を出していたのよ……つまり、あなたはそこにいた……あなたはそこで、そういう状況にあったはずなの」。マルタは何度もそう言われた。「私が覚えているのは……テーブルの片側に私がいて、反対側にドナーティがいるんです。警察の取り調べを受けてるみたいに……たくさんの絵を描かされました。それは、たぶん、私の方から希望したことでもあったと思います。絵を描いているあいだは、話さなくていいとわかっていたから」。けっきょく、精根尽き果て、少女は降参した。はい、私はダリオを知っています。ダリオが言ったことはほんとうです。

マルタが十歳になろうかというころ、ソーシャルワーカーが彼女のために養育家庭を見つけてきた。すでに成人した子どももがいる、五十代の夫婦だった。だが、養母エンマとの関係は、はじめからうまくいかなかった。「いつもとても冷ややかな」エンマとの暮らしは、マルタに精神的な緊張を強《し》いることになった。抱擁もなければ、わかりやすい愛情表現もない。ごく些《さ》細《さい》なことが原因で、母子《おやこ》はいつも口論していた。エンマはマルタを嘘つき呼ばわりし、ことあるごとに、自分たちに引きとられたマルタは幸運だと言い張った。事件に巻きこまれたほかの子どもたちは、ある家庭から別の家庭へ、転々と渡り歩くことを余儀なくされていたからだ。
「あの人を、ほんとうのお母さんのように思ったことは、一度もありませんでした」

　二〇〇七年六月三日、十八歳の誕生日を迎えたマルタは、窓から外を見つめながら家のなかで過ごしていた。CABの心理カウンセラーから、警戒するようにと言われていた。成人したいま、これまで以上に用心する必要がある〔イタリアの成人年齢は十八歳〕。やつらが、マルタを捜しにくるかもしれない。マルタや、そのほかの子どもたちを牢獄に閉じこめ、彼ら彼女らの人生を台なしにした悪人どもが。不安は数日にわたって続いた。やがて、マルタは平静を取り戻し、自分の将来について考えはじめた。どんな仕事に就《つ》いたらいいのか、明快な希望はなかったけれど、子どものことは好きだった。なら、教師の道を目指してみようか。

　もし、直接に会っているのではなく、マルタの声を聞いているだけだったら、私はおそらく、彼女が話しているのは他人の物語だと思ったことだろう。マルタの語り口からは、ほんのわずかな苦しみの痕跡も感じられなかった。完全に、他人事《ひとごと》のように話していた。あたかも、みずからの過去はもはや、宇宙に浮かぶ小さな一点、何光年も離れた星に過ぎず、その放射線すら私たちのもとには届かないとでも言うかのごとくに。彼女のうちに、私はなんの感情も読みとれなかった。ためらいも怒りもなく、抑揚が変化することさえなかった。二十年前、赤いカーディガンを着て、心理カウンセラーの前に坐っていた少女と同じだ。マルタはあのときも、自分が受けた暴行について、翌日の宿題について話すときと変わらない、冷ややかで投げやりな口調で話していた。どんな質問も、それがどれだけ深刻で、どれだけ苛烈な内容を含んでいたとしても、彼女の心を一ミリも動かすことなく、背後でむなしく反響するばかりなのだ。マルタの答えはすべて、機械が自動的に生成した言葉から構築されているようだった。これまでの歩みを通じて、誰かれ構わず、機会を見つけては、百回、千回と同じ話をしてきた人物にこそふさわしい語り方だ。彼女が生き抜いた狂気じみた日々を理解できる、おそらく唯一の他人に向けて、レッジョ・エミリアの郊外の駐車場で、二十九歳になってはじめて打ち明けるときの口調には、とても思えなかった。

マルタの感情は、長く深い冬眠状態にあったのかもしれない。心理的な平衡を保つためには、幼児期に彼女を愛し、養育してくれた人びとへの感情を、長きにわたって麻痺させることが必要だった。兄のカルロを恋しいとは思わない。マルタにとって、カルロは赤の他人と変わらなかった。あいまいな記憶しか残っていないし、成人して以後の人生の重要な時期、カルロはつねに不在だった。カルロとの再会は望んでいない。それが、マルタの偽らざる気持ちだった。話題が母親のことにおよんでも、マルタの態度にはまったく変化が見られなかった。

だが、マルタの瞳は、また別の言葉を語っていた。そこにはたしかに光があった。抑えつけ、封じこめ、それでも排除することはできなかった感情が、瞳からわずかに漏れ出ている。大人の女性になり、学校の児童や、放課後に子どもを迎えにくる母親に囲まれて過ごすうちに、その感情は彼女の内部で、徐々に成長していったのだろう。

尋ねてよいものかどうかわからなかった。私は大きなためらいを感じた。質問を口にしているあいだ、自分はなんてばかなことを訊いているのかと思っていた。

「もっと違ったふうに事が運んでいたら、きみのお母さんがまだ生きていたら、お母さんのもとへ帰りたいと思う？」

私たちの長い会話のなかで、マルタが動揺をあらわにしたのは、このときがはじめてだった。「それは聞いてほしくなかったです。だって、答えようがないことだから……わかりません……たぶん、そう……たぶん……たぶん、あの人が生きていたら、会いにいくだろうと思います。遠くから、ひと目見るだけでもいいから。なにを求めるわけでも、なにを言うわけでもなく」

妹に会ったことを伝えるためにカルロに電話したとき、彼はしばらく、電話口で沈黙していた。「ああ、心臓がとまりそうだ」。それから、カルロは私を質問攻めにした。「どうでした？なんて言ってました？　私に会いたがっている様子でしたか？」

私は嘘をついた。「どうでしょう。まあ、そうですね、たぶん」

第二十二章

五月のはじめの、いつもと変わらない日曜日の朝だった。フィナーレ・エミリア北部に立つマンションの一階、3LDKの自宅のなかを、ダニエラ・ローダは忙しく動きまわっていた。洗濯、昨日の夕食で使った食器の片付け、床の拭き掃除、猫砂の交換。いつもどおりの手順でてきぱきと進めていく。ダニエラはふだんから、目を覚ました途端によく働いた。これは、就寝前に服用する強力な睡眠薬のおかげでもある。平穏に朝を迎えられるのは、この化学的、人工的な眠りの賜物《たまもの》だった。真夜中に飛び起きることも、目覚ましが鳴る三時間や四時間も前に枕を涙で濡らすこともない。この眠りがあるからこそ、娘のことを考えないですむ。ソニア。キッチンのサイドボードには、額に入ったソニアの写真が飾られている。一九九八年の秋、この家から連れ去られる直前に撮った写真だ。ソニアは背が高く、健康で、スパゲッティのようにまっすぐな髪を生やし、なにかを見つめるときは、緑色の瞳でおずおずと視線を投げかける少女だった。

平日には片づけられない無数の仕事に気をとられ、ダニエラはしばらくのあいだ、家の電話が鳴っていることに気がつかなかった。いまどき固定電話にかけてくるのは、新しい契約プランに顧客を誘導しようとする、電話会社の代理店くらいのものだ。ダニエラが電話機を処分せずにいる唯一の理由は、娘と自分を結びつける最後の希望の糸が、この装置にぶら下がっているからだった。いつの日か、ソニアが自分に連絡をとろうという気を起こしたなら、娘はまず、この古い番号を思い出すだろう。だが、このときは、彼女は受話器をとることにためらいを覚えていた。いったい誰がなんの用で、日曜の朝に電話をかけてくるというのか？

「ダニエラ・ローダさん？」。受話器から聞こえてきたのは、若い男性の声だった。

「はい、そうですが」

「ちょっと待っていてください。あなたと話したいという人がいますから」

そして、女性の声が聞こえた。

「お母さん……私です」

ソニアだ。

ダニエラは気が遠くなり、ソファに倒れこんだ。衝撃のあまり口が利けなくなり、嗚咽《おえつ》を漏らすことしかできなかった。なにを言えばいいのか、なにを訊けばいいのかもわからない。沈黙を破ったのは、ソニアの方だった。娘のひとりが視力に問題を抱えていて、眼科の先生が遺伝的な問題かどうか知りたがっているらしい。直接会って話をすることを約束して、ふたりは電話を切った。ダニエラは娘に携帯電話の番号を伝えておいた。間違った番号を伝えなかったか、あとで何度も確認した。歓喜と、娘がまた消えてしまったらどうしようという恐怖とがないまぜになって、胸が早鐘を打っていた。

ダニエラは、ジュリアーノ・モルセッリの妻でありクリスティーナの母である、モニカ・ローダの姉だった。親元から引き離される前、クリスティーナと従姉《いとこ》のソニアはよく、母たち(モニカとダニエラ)の仕事が終わるまで、学校が終わったあとの午後を祖母の家でいっしょに過ごした。学年はひとつ違ったが、ふたりはとても仲が良かった。祖母の家では、バービー人形で遊んだり、絵を描いたりすることが多かった。ソニアはときどき、自分の描いた絵をクリスティーナに真似されて、すこしだけ腹を立てた。ふたりそろって、祖母の家に泊まる日もあった。そんな夜は、眠気に襲われるまでの時間を、大きなベッドのなかで笑い合ったり、お話を聞かせ合ったりして過ごした。あるいは、クリスティーナが母方の伯母(ダニエラ)の家で午後を過ごすこともあった。ダニエラはこの姪っ子を、もうひとりの娘のように思っていた。夫と喧嘩別れしたあと、ダニエラはソニアとふたりで、フィナーレ・エミリアに暮らしていた。元夫とのあいだにはソニアより年長の息子もいたが、こちらは父親のもとに残り、マッサ・フィナレーゼで生活していた。

そして、一九九八年七月、クリスティーナが姿を消した。「引き離し」という言葉の意味を、すっかり理解できたわけではなかったが、ソニアは事態の深刻さを直感した。従妹の身に、なにかとても恐ろしいことが起きたのだ。数か月後、クリスティーナは父方の親族を、性的暴行の廉《かど》でことごとく告発した。父ジュリアーノの兄弟、伯母ロレーナ、ロレーナの夫デルフィーノ、さらには、伯母夫妻の四人の子どもまで巻き添えになった。クリスティーナは捜査員に、墓地に連れてこられた子どものなかには、母方の従姉であるソニアもいたと証言した。ソニアの父マッシモが、夜半に娘を連れてきたのだ。クリスティーナの説明によれば、マッシモもまた、サタンに仕える小児性愛者集団の一員だった。一九九八年十一月十二日、警察がモルセッッリ家とコヴェッツィ家の呼び鈴を鳴らした日、パトカーの一団はマッシモの家とダニエラの家にも駆けつけていた。目的は、マッシモを逮捕することと、ダニエラの娘ソニアを保護することだった。母子《おやこ》は午前六時ごろに、呼び鈴の音で叩き起こされた。ダニエラが玄関の扉を開けると、そこには数名の警官と、ひとりの女性（ソーシャルワーカー）がいた。

「娘さんを預からせていただきます」

「は？　預かる？」

まだ眠りから覚めきっていないソニアだったが、玄関前に群がる大勢の大人を目にするなり、怖くなって泣きはじめた。

「だいぶ興奮しているようですから、落ちつかせてやってください……あとは、子ども用のリュックをお願いします。身のまわりのものを詰めてください」

ダニエラはパニックに陥っていた。「身のまわりのもの？　娘をどこに連れてく気ですか？」

押し問答をしているあいだ、ひとりの女性警官がソニアの部屋に踏みこんでいった。少女が着替えるところを見張っている。やがてダニエラは、どうにか涙をこらえながら、娘に小さなリュックを背負わせ、夕方には迎えにいくからと約束した。実際には、その数時間後、社会福祉部の代表であるマルチェッロ・ブルゴーニが、ミランドラ警察署でダニエラに、親権の停止を宣告する通達を手渡すことになる。警察署の一室を出たダニエラは、コヴェッツィ夫妻（ロレーナとデルフィーノ）と対面した。三人とも、なにがなにやら、わけがわからずにいた。あの華奢ではかなげな姪っ子（クリスティーナ）が、このような極度の混乱を巻き起こすことになるとは、誰も夢にも思わなかった。

ダニエラと私が知り合ったのは、ソニアから突然の電話がかかってくる数か月前のことだった。長年にわたって、極限まで心身をすり減らしてきた女性だった。もう一度、娘に会いたい。声を聞くだけでもいい。そうした希望は、歳月を経るほどに、諦めの感情に押しつぶされそうになっていた。

戸棚にはまだ、玩具や、学校のノートや、黒い表紙の日記がしまわれていた。日記の赤い栞紐《しおりひも》は、一九九八年十一月十二日のページに挿《はさ》まったままだ。そこには丁寧な活字体で、翌日のための宿題についてメモしてあった。「ギリシア語の勉強」。引き出しにはソニアの作文も保管されていた。正確で整った筆跡だった。マントヴァへの遠足について書いてある。ダニエラはわっと泣き出した。私は床に坐りこみ、数分前に知り合ったばかりの女性に慰めの言葉をかけた。

すると、誰かが呼び鈴を鳴らした。ソニアの兄、マウリツィオだ。この物語を振り返るのは彼にとって、大きな苦痛をともなう作業だった。ぼそぼそとつぶやくように、ひどくゆっくりと言葉を並べ、途中で何度も、涙を拭くために話を中断した。

マウリツィオとソニアは、とても仲の良いきょうだいだった。ソニアが成年に達した年、ダニエラとマウリツィオは私立探偵に依頼して、ソニアの現住所を調べさせた。彼女はレッジョ・エミリアの、とある弁護士の家庭に引きとられていた。それもただの弁護士ではない。件《くだん》の訴訟において、「フランチェスコの会食室」の弁護人を務めた人物だった。マウリツィオは妹に会いにいき、彼女が暮らすマンションの下で話をした。ソニアは再会を喜んでいるようだった。マウリツィオは、生まれたばかりの娘の写真を妹に見せ、「ソニア」と名づけたことを説明した。それから、自分の電話番号を妹に手渡した。『俺と母さんはお前を待ってる。いつでも帰ってきていいんだからな」。だが、まさしくそのとき、ソニアの養母がバルコニーから顔を覗かせ、ただちに立ち去るようマウリツィオに警告した。それ以来、彼は妹の声を聞いていなかった。

そしていま、あのおずおずとした少女が、その不在によってこの家から笑いを奪い去ってしまったあの娘が、大人の女性、ふたりの小さな娘の母親となって、暗がりのなかから姿を現した。電話を切ってから、ダニエラは次の連絡を待ち焦がれた。さいわい、今度の待ち時間は数分と続かなかった。ソニアはすぐに携帯電話にメッセージを送ってきた。「お母さん、これが私の番号です」。現実とは思えなかった。娘から「お母さん」と呼ばれるのは二十年ぶりだ。それも、さっきの電話と合わせれば、一日で二回も。後日、マウリツィオもいっしょに、ショッピングセンターでソニアと抱き合ったとき、三人はまったく同じ奇妙な感覚にとらわれた。まるで、離ればなれになったのが、つい昨晩のことのように思えたのだ。

「それから……私たちはテーブルに就《つ》いてお喋りをしました。あの子は財布から一枚の写真を抜き出して……」。ダニエラは私に、その日のことを語って聞かせた。

「私と、小さいころのあの子が写ってました……そのとき、私の心がこう言ったんです。〈この子はあなたを忘れてなかった。ぜったいに、ぜったいに、ぜったいに……〉。私はあの子の〈お母さん〉に戻りました。前のように、あの子のすぐそばで過ごせるようになったんです」

三人には、話すことがたくさんあった。

数か月後、ダニエラから私に宛てて、一通のメッセージが届いた。「ソニアから、あなたの電話番号を訊かれました。あなたと話がしたいそうです」。ソニアは自宅で私を迎えてくれた。レッジョ・エミリアのそばの町に立つ、マンションの二階の家だった。青年期をずっと、家族の愛情から遠く離れ、静かに孤独に耐えてきたソニアは、やはりと言うべきか、あまり口数の多い女性ではなかった。彼女は二十三歳で母親になった。出産と育児の経験は物の見方に変化をもたらし、これまでとは違ったふうに考えるきっかけとなった。心理カウンセラーは何年にもわたって、ソニアの母が悪意ある危険な人物であることをほのめかし、母親の記憶をずたずたにしてきた。だが、みずからも母親になったソニアはもう、カウンセラーの言葉を信じていなかった。お母さんは、たぶん、いまでも私の帰りを待っている。母親に隣にいてほしい。産後間もないころ、ソニアは切実にそう思った。

「長女を出産したその日から、母を恋しく思うようになりました。分娩室で、私はひとりぼっちでした。頼れる相手もいないまま、三キログラムの娘を腕に抱えて、途方に暮れていました。あのころは、オムツの替え方も知らなかったんです。それで、ふと理解しました……自分が母を、どれほど必要としているか……小さなこと、赤ん坊にどうやって服を着せるかとか、そういった日常のアドバイスを、母から聞けたらどんなにいいか……なにか、ふだんとは違うことが起きたとき、どうしたらいいのか……考えても仕方ないことだとわかっていたけど……ほんとうに、からっぽで……」

一九九八年十一月十二日の朝より以後、かつて母親から受けとっていたような愛情をソニアに与えてくれる人物は、どこにも、ひとりもいなかった。マルタのケースと同じように、ソニアの養父母もまた、じつの母親より相当に年長だった。「愛情表現に乏しい、冷たい感じのする人たちでした。引きとられたとき、父は六十七歳で、母は六十四歳でした。私はまるで物みたいに、体の片側をひょいとつかまれて、あのふたりのもとへ運ばれていったんです」

ソニアは三十歳を目前にして、かつて自分が経験したことは、正真正銘の誘拐と変わらないという認識にいたっていた。長いあいだ眠りについていた、心理カウンセラーたちにたいする怨恨は、いまでは燎原《りょうげん》の火のごとく燃えさかっている。

「自分の身に起きたことはすべて覚えています……すべてです。私は、あの人たちにこの分野から離れてほしいと思っています。子どもにかかわる職種に従事すべきではありません。ほかにはなにも望まない……謝罪も、金銭も……そんなものは求めてません……これは、いまの子どもたちのためなんです。ぜったいに、私と同じ目にあってほしくないから」

家に警察がやってきたあと、ソニアはフォルリの養護施設に連れていかれた。夕方になれば、母親が迎えに来てくれるのだと思っていた。実際には、娘を捜したり接触を試みたりするだけで、母ダニエラは逮捕されるおそれがあったのだが、もちろんソニアはそんなことは知らなかった。

ソニアの父マッシモは勾留期間を終えたあと、「小児性愛その二」の訴訟の被告となった。第一審では有罪となったが、控訴裁判所と破毀院《はきいん》では無罪判決が下された。心理カウンセラーや判事から聴き取り調査を受けたそのほかの子どもとは異なり、ソニアは最後まで口を割らなかった。誰のことも告発せず、すべてを否認した。レイプも、墓地での儀式も、なにもかもを。

母ダニエラに、捜査の手が伸びることはなかった。だが、事件に巻きこまれた親たちの証言能力を判定するために、社会福祉部は心理カウンセラーを雇っており、ダニエラも面談の要請に応じなければならなかった。このカウンセラーは、ダニエラをはじめすべての父母に、いつかわが子と再会できる可能性を残しておくには、暴行があった事実を認めるのが唯一の道であることを、遠回しな言辞でもって理解させた。だが、ダニエラはその誘いには乗らなかった。たしかにマッシモはひどい夫だったし、子育てにはまったく協力的でなかった。それでも、あの人が娘にたいし、そんな真似をするはずがない。

そうこうするあいだに、ソニアの方では、ヴァレリア・ドナーティとの面談という長くつらい試練が始まっていた。ドナーティは、時間を無駄遣いするようなことはしなかった。「私の母（ダニエラ）は良い親ではないと言われました。私のことを守らなかったし、父と結託して、私にああいうことをしたからです。暴行したり、墓地に連れていったり。母のことを不当にかばっているのだと、ドナーティは言っていました」。心理カウンセラーの主張を、ソニアは否定した。言葉で、あるいは、長い気詰まりな沈黙でもって。じきに彼女は理解した。「なにも起きていません」は、ドナーティが期待している答えではないということを。

従妹のクリスティーナは、即時の介入を必要とするような、きわめて深刻な内容の主張を展開していた。したがって、ソニアがだんまりを決めこんでいるかぎり、母親に再会できる望みはなかった。「私は母を忘れなければいけませんでした。でないと……母に会うには、ほかの子たちが話したことを、私も話さないといけなかったから」

だが、ソニアは抵抗しつづけた。ドナーティとベナーティ（地域保健所の未成年課の代表）がマッジョーニ医師の診察を手配したときも、ソニアの態度は変わらなかった。「お医者さんがカメラを持ち出してこなければ、なにも問題はない。反対に、写真を撮られた場合、それはなにか不安な要素が見つかったしるしだと言われました。写真を撮るのは、暴行の痕跡があったからだ、と……」

これは虚偽だ。性的暴行を受けた疑いのある子どもを診察するとき、医師は状況の如何《いかん》によらず、かならず写真を撮影することになっている。あとで検察や裁判所から要請を受けた際に、物証として提出できるようにするためだ。マッジョーニ医師は少女の陰部の写真を撮った。そこには暴行の痕跡があった。なるほどたしかに、訴訟では別の鑑定人が、マッジョーニの診断に強い疑義を表明した。だが、いずれにせよマッジョーニは、暴行の事実を認定したのだ。心理カウンセラーや検察にとっては、マッジョーニひとりの診断があればじゅうぶんだった。「面談のたびに、診察が事実を語っていると言われました。だから、黙っていてもむだだというわけです。痕跡は明らかだ、もはや疑う理由はない、暴行があったことは確実だ……私には、どうすることもできませんでした」

私たちは、ソニアの家のソファに腰かけて話していた。ソニアは何度か沈黙した。声を出さずに泣いていた。嘆きの言葉も、嗚咽《おえつ》も漏らすことなく、ただただ、頬にひと筋の涙を流しながら。「それは違う、ぜんぜん違うと言いつづけました……ドナーティが言うことも、マッジョーニが言うことも、私にはどうでもよかった」。だが、ここへきて、医師やカウンセラーは敵対的な態度をとるようになった。「あなたは嘘つきだ、あなたには勇気がないって言うんです。自分たちは、ほんとうのことを知っているって……だって、ほかの子たちは話してくれたから。いまにして思うと、あれは心理的な暴力でした。ドナーティは四年半、毎週欠かさず、涙を流す小さな女の子の前で、一時間も話しつづけました……私がなにを言おうとお構いなしに、自分の話を押し通そうとするんです」

ドナーティは、ソニアとクリスティーナの関係について知ろうとした。いっしょにいるときなにをしていたか、どこへ行ったか、誰と会ったか。何度かクリスティーナの家に行ったことがあると、ソニアは説明した。マッサ・フィナレーゼを出てすぐの、田園地帯に立つ家だ。叔父たちはそこに、いろいろな道具のそろったガレージを所有していた。ソニアとクリスティーナは、その田舎家で子猫と遊んだ。「ドナーティはしつこく繰り返しました。〈あなたたちの目の前で猫が虐待されたことはわかってるの。夜中に墓地で猫が殺されて、あなたたちはその血を飲まされたのよ〉」。ソニアがその恐ろしい出来事を覚えていないとすれば、それはひとえに、ソニアに記憶を失わせるべく、両親が「脳の洗濯」をしたからだった。ソニアは沈黙の殻に閉じこもった。母親に会わせてほしいと頼みつづけたが、どうにもならなかった。

二〇〇〇年三月二十二日、最後に母親に会ってから一年と半年後、ソニアはエウフェミア・ミレッリ判事に召喚され、保護尋問の様子を撮影された。

「ソニア、私が誰だかわかりますか？」

「はい」

「私は判事です。今日、なにをするかもわかってる？」

「はい」

「あなたは何歳ですか？」

「十一……」

「それじゃあ、質問します。あなたは、前に住んでいた家に戻りたい？」

「はい」

「誰といっしょに戻りたい？」

「お母さんです」

「お母さんはいい人だった?」

「はい……」

「自信をもって、そう言える?」

「はい……」

「あなたは、クリスティーナが言ったことはほんとうだと思う?」

「わたしは、違うと思います……」

「どうして違うの? もうすこし詳しく聞かせて」

「だって、わたしはなにもされてないから……お父さんとお母さんは、なにもしてないから……」

「お父さんはあなたを、すこしおかしな場所、子どもはふつう行かないような場所に連れていった?」

「いいえ」

「ぜったいに? それとも、覚えていないだけ?」

「連れていかれてません、ぜったいに」

これでも大人たちは引き下がらなかった。ソニアは居住する自治体から一歩も外へ出ることを許されず、血縁者との面会は固く禁じられた。翌年、ボローニャ少年裁判所の判事たちは、ある報告書のなかで、ソニアのことを「オメルタ〔マフィアの用語で「沈黙の掟」のこと。警察への非協力的な態度を指す〕を遵守する少女」と形容した。ソニアの振る舞いは、マフィアの家庭で育った子どものそれと同じく、善良な市民にとっては受け入れがたいものだった。絶望の沼にひたりつつ、母ダニエラは理解した。娘と再会する唯一の方法は、ミランドラの社会福祉部に戻って、こう打ち明けることなのだ。「娘が性的暴行を受けたという可能性を、私は否定しません」

かくして、引き離しから三年後、ヴァレリア・ドナーティの立ち会いのもとで、母子の面会が実現した。ただし、この面会には厳しい制限が課されていた。「自由に話すのはだめだと言われて……訊いてはいけないことがたくさんありました。たとえば、過去にかんすることとか。気持ちも、感情も、考えも、表に出すことを許されなかった……それで、私はなにも考えないようにしていました。心のなかを読みとられてはいけないと思ったから……話す内容も、タイミングも、自分で好きには選べなくて……あんなに悲しいことはありませんでした」

ダニエラが再会したのは、他人のように振る舞うわが子だった。母親の目を見ようともせず、なにを訊いても、「はい」や「いいえ」としか答えない。まるで、ダニエラに怯えているみたいだった。

そして、実際そのとおりだった。母と離れて三年を過ごし、カウンセラーとの度重なる面会を経てきたソニアは、家に帰ることは危険だと確信するようになっていた。家に帰れば母に売春をさせられると、彼女は信じこまされていた。少女から女性に成長しつつあった当時のソニアにとって、その懸念はなおさら現実味を増していた。目の前で涙を流している女性は、これまでに感じてきた痛みや孤独を、ソニアに想起させるばかりだった。ソニアがフォルリの施設を出て、養育家庭に引きとられていったあとも、月に一度の母子の面会は続いた。

ダニエラは私に、面会の記録映像をいくつか見せてくれた。毎回かならず、心理カウンセラーが同席していた。ソニアは成長するにつれ、態度がよそよそしくなっていくように見えた。母は娘に語りかけ、プレゼントや服をもってきたことを伝えている。だが、娘の身振りからは、早く面会を打ち切りたいという思いがありありと感じられた。ソニアは足を組み、ひざのうえに両手を重ねて坐っている。ほとんど口を開かない。ダニエラは、ソニアの十八歳の誕生日を目前にした面会で、これからは施設の外でも会えるのだと説明した。しかしソニアは首を振った。「やめた方がいいと思う」。以後、ふたりが顔を合わせることはなかった。

兄マウリツィオがソニアの家を訪ね、生まれたばかりの姪っ子の写真と電話番号を渡したことを、ヴァレリア・ドナーティの同僚であるＣＡＢの職員、ダニエラ・カッサネッリが把握するなり、ソニアはカウンセラーから警告を受けた。この写真は偽物である。ソニアの心を奪い返さんがための、いやしくもみじめな試みである。だまされてはいけない。ソニアはカウンセラーが見ている前で、写真を処分し、携帯電話から兄の番号を削除しなければならなかった。

関係を築きなおそうと決心するまでに、何年もかかった。これまでの人生の三分の二を、自分をほんとうに愛してくれている人たちから離れた場所で過ごしてしまったことに、ソニアはようやく、はたと気づいた。

二〇一八年十二月

夕食の時分にカルロは帰宅した。苛立っていた。午後、電話相手と口論になり、ひどく気分を害していた。誰にも会いたくないし、なにもしたくなかった。ソファに身を投げ、天井を見つめる。今夜はひとりで過ごそう。適当にテレビでも見て、怒りを静めよう。そう思っていた矢先、玄関の呼び鈴が鳴った。誰かが柵の向こうに立っているが、闇と霧のせいで顔がわからない。

「誰ですか？」

返事はない。

「誰ですか？」。カルロは当惑を覚えつつ、柵へ近づいていった。そして、彼女を見た。栗色の髪が豊かに波打つ、美しい女性を。彼の妹を。マルタを。カルロは泣きながら、マルタの首に抱きついた。マルタも泣いていた。

家に入ると、兄は妹を屋根裏部屋に案内した。そこには、母の遺品を収めた古い段ボール箱がある。ふたりはいっしょに写真を眺めた。マルタが生まれて間もないころに、母フランチェスカが用意したアルバムを見て、彼女はまた泣きそうになった。アルバムには、マルタが洗礼を受けたときの写真が、一枚ずつ糊《のり》で丁寧に貼られていた。

自分には兄がいるという現実になじむためには、しばらく時間がかかるだろう。だが、それはふたりともわかっている。いまはひとまず、再会できたという事実があればいい。二十一年前に離ればなれになったきり、一度も会っていなかったきょうだいが。

あの晩、私はベッドで仕事をしていた。もうだいぶ遅かった。私の子ども、ヤスミンとセバスティアンは、自分たちの部屋で眠っている。私はヘッドボードに寄りかかり、ひざにノートパソコンを載せていた。ナイトテーブルのうえで電話が震えている。ビデオ通話の着信だ。マルタとカルロが、まごついたような笑みを浮かべて、こちらにあいさつを送っている。私は、ふたりにどんな言葉をかければいいかわからなかった。

電話を切ったあと、三十分かそこら、ぼんやり虚空を見つめていた。それからようやく、ほんとうにひさしぶりに、私も泣いた。

ジャーナリストであり、長い調査旅行の道連れでもあった、アレッシア・ラファネッリに感謝します。アレッシアは、『ラ・レプッブリカ』紙のインターネットページ「Repubblica.it」で全八回にわたって発表された、本書と同名のラジオシリーズ『毒（*Veleno*）』〔本書の原題〕の共同制作者でもあります。アレッシアの貢献、忍耐強さ、精力的な仕事がなければ、本書が世に出ることはありませんでした。

ポッドキャストの第一回から第七回までの放送を制作してくれたチームのメンバー、ジポ・グッラード（音楽制作）、マルコ・ボアリーノ（美術制作）、デボラ・カンパネッラ（調査・編集）に感謝します。

ミュージシャンであり、サウンドデザイナーであり、ラジオ番組の監督であるルカ・ミケーリに感謝します。ルカはこの物語についてはじめて私に教え、全八回の放送の編集を担当し、音楽をつけてくれました。『毒』というタイトルは、ルカの妻である、作家のサブリナ・ティネッリの発案によるものです。

本企画を支援し、発表の場を与えてくれた、『ラ・レプッブリカ』紙の映像担当デスクに感謝します。

すでに物故したふたりの人物がいなければ、『毒』の調査活動は成立しませんでした。オッディーナ・パルトリニエーリと、ドン・エットーレ・ロヴァッティです。おふたりがなみはずれた熱意をもって収集、研究にあたった資料と証言が、私たちの調査を導いてくれました。おふたりに感謝します。ロヴァッティの著書『ドン・ジョルジョ・ゴヴォーニ――慈愛に殉じ、人間の法に殺された男』からは、貴重な示唆を得ることができました。

オッディーナ・パルトリニエーリの家族、夫のシルヴィオ・パンツェッタと、ふたりの娘ジュリアとクラウディアに感謝します。一家は数年にわたって、自宅への出入りを私に許し、オッディーナが収集したすべての資料を閲覧させてくれました。フィナーレ・エミリアの小学校教諭であり、ドン・エットーレの教区民であるアントネッラ・ディエゴリからも、同様の支援をいただきました。

この事件を初期段階から追いかけていた法律家のひとりである、弁護士のパトリツィア・ミカイに感謝します。法律の分野に明るくない私が、不自由を覚えることなく調査に取り組めるよう、多忙の身であるにもかかわらず、途方もない時間を費やして支援してくれました。

何度も私の問い合わせに応じてくれた、弁護士のピエル・フランチェスコ・ロッシ、クリスティーナ・タッシ、グイード・ボンパローラにも感謝します。

訴訟で被告側の鑑定人を務めた、法心理学者のキアラ・ブリッランティもまた、貴重な時間を惜しげもなく費やし、私ひとりではとうてい理解がおよばなかったであろう、事件のさまざまな側面について説明してくれました。キアラに加えて、児童神経心理学者のジョヴァンニ・バッティスタ・カメリーニ、司法精神医学者のマルコ・ラガッツィ、心理カウンセラーで弁護士のグリエルモ・グロッタ、心理カウンセラーのアンジェロ・ザッパラ、リタ・ロッシ、コッラード・ロ・プリオーレ、研究者のジュリアーナ・マッツォーニとマッシモ・イントロヴィーニェにも感謝します。ここに名前を挙げたすべての人びとは、幾たびとも知れない私の電話や質問にたいして、たいへんな忍耐をもって応じてくれました。

ミランドラ議会の地方議員であるアントニオ・プラーティスに感謝します。親元から引き離された子どもたちの治療のために、ＣＡＢ（児童救済センター）にどれだけの予算が配分されてきたのか、私は議員が提供してくれた文書を通じて把握することができました。

この企画を受け入れてくださった、叢書〈エイナウディ・スティーレ・リーベロ〉のパオロ・レペッティとフランチェスコ・コロンボに感謝します。そして、私の執筆を見守り、後押しし、貴重な助言を与えてくれた、担当編集者のロベルタ・ペッレグリーニに感謝します。

私の弁護士である、フランチェスカ・インファシェッリに感謝します。フランチェスカは、私がこの仕事を投げだしそうになったとき、執筆を継続するよう強く説得してくれました。

最後に、妻のデボラと、私のふたりの子ども、ヤスミンとセバスティアンに感謝します。私が調査に出かけるたびに、辛抱強く帰りを待ち、家に戻ればかならず抱擁で迎えてくれました。きみたちは私の安息所です。きみたちは、すべてです。

主要参考文献

本書で取りあげた一連の経緯を再構成し、分析し、物語るにあたっては、数百ページにおよぶ判決文、公判記録、社会福祉部や少年裁判所による報告書、さらには保護尋問の記録映像のほかに、次に掲げる資料を参照した。

Beccaria, A., *Bambini di Satana. Processo al diavolo: i reati mai commessi di Marco Dimitri*, Stampa Alternativa, Roma 2006.

Camerini, G. B., e Gulotta, G., *Linee guida nazionali. L'ascolto del minore testimone*, Giuffré, Milano 2014.

Cortelloni, A., *Pedofilia e satanismo, risorge l'Inquisizione. Quel pasticciaccio della Bassa Modenese*, 2000, http://dibattitopubbl.ucoz.com/_fr/0/Cortelloni_Augu.pdf

Dury, B., e Weiser, S., *McMartin Pre-School: Anatomy of a Panic*, «The New York Times», 14 March 2014.

Goleman, D., *Studies Reveal Suggestibility Of Very Young as Witnesses*, «The New York Times», 11 June 1993.

Introvigne, M., *Satanism. A Social History*, Brill Academic Pub, Leiden-Boston 2016.

Neimark, J., *The Diva of Disclosure*, «Psychology Today», 1° June 1996.

Roach, M. K., *Six Women of Salem: The Untold Story of the Accused and Their Accusers in the Salem Witch Trials*, Da Capo Press, Cambridge (MA) 2013.

Rovatti, E., *Don Giorgio Govoni. Martire della carità, vittima della giustizia umana*, Artioli, Modena 2003.

Shales, T., *The Devil to Pay*, «The Washington Post», 27 October 1988.

Smith, J., *Believing the Children*, «The Austin Chronicle», 27 March 2009.

Steffenoni, L., *Presunto colpevole. La fobia del sesso e i troppi casi di malagiustizia*, Chiarelettere, Milano 2009.

Transmissions from Jonestown, podcast disponibile su http://radiojonestown.libsyn.com/, 7 November 2017.

Zappalà, A., *Abusi sessuali collettivi sui minori. Un'analisi criminologica e psicologico-investigativa*, FrancoAngeli, Milano 2009.

原著者あとがき

本書は二〇一九年に刊行された。それに先立ち、二〇一五年から二〇一七年にかけて制作された同タイトル（『毒』）のポッドキャスト番組が、大きな成功をおさめている。書籍と同様にポッドキャストでも、アレッシア・ラファネッリと協力して、同じ事件を取り扱った。

番組と書籍が発表されたあと、さまざまな出来事が起きた。

テレビ番組はこぞって「バッサ・モデネーゼの悪魔たち」を取りあげた。二〇一九年の夏、レッジョ・エミリア検察は、複数の心理カウンセラーとソーシャルワーカーの逮捕状を請求し、身柄を拘束させた。罪状は、性的暴行をめぐる虚偽の告発を根拠に、金銭目的で子どもを親元から引き離したことだった。

とくに重点的な捜査対象となったのは、トリノの非営利組織「ヘンゼルとグレーテル」だった。ミランドラとマッサの子どもたちに聴き取り調査を行なった心理カウンセラーの多くは、この研究所に所属していた。

一連の出来事は、重大な帰結をもたらした。

訴訟はまだ終わっていない。二〇二一年、「ヘンゼルとグレーテル」の創設者であるクラウディオ・フォーティには、第一審で懲役四年の有罪判決が下された。

ヴァレリア・ドナーティは、二〇二一年六月十九日付の『イル・レスト・デル・カルリーノ』紙に発表されたインタビュー記事で、もう心理カウンセラーの仕事には携わっていないこと、しばらく前から殺害の脅迫を受けていることを打ち明けた。

十一年を獄中で過ごし、三人の子どもの親権を失ったフェデリコ・スコッタは、ソニアとマルタの告白に背中を押され、みずからの権利を回復すべく再審を要求した。アンコーナの控訴裁判所は、スコッタの請求を「受理不能」と見なして棄却した。フェデリコはいま、破毀院《はきいん》の判決を待っている。そのあいだに、彼は息子のニックと再会した。生後六か月のときに引き離され、それきり関係が断絶していた親子だったが、いまは太い紐帯《ちゅうたい》で結ばれている。

本書に記したとおり、ダリオとは、彼の自宅のそばで一度だけ話す機会があった。その四年後、今度は彼の方から、私へコンタクトを試みてくれた。自分には近づくな、もう自分に会いにくるなと、私に脅しのメッセージを送ってきた彼が、つながりを回復しようとしていた。

ダリオの説明はこうだった。彼の養母は、私たちのメッセージのやりとりを発見したあと、たいへんな恐怖を彼に吹きこんだ。小児性愛の悪魔主義者が、またしてもわが子の居場所を嗅ぎつけたのだと、養母は確信していた。

ダリオの養母は、小児性愛の物語にとりつかれていた。そのためにダリオは心理的な責め苦を味わい、二度にわたって病院の精神科に運びこまれたほどだった。

ダリオはもう、うんざりしていた。じつの家族とのつながりを再構築したかった。こうして、齢三十にして、養育家庭を去り、兄イゴール、姉デボラと和解した。父ロマーノと母アドリアーナを含め、家族全員が潔白であることは、ずっと前からわかっていた。残念ながら両親は、もう何年も前にこの世を去った。だが、小さいころのダリオを知っていて、彼に愛情を注いでくれた多くの人びとは、いまも両手を広げて、彼が帰ってくるのを待っていた。オッディーナのふたりの娘、ジュリアとクラウディアが、父シルヴィオとともに、ダリオを自宅に迎え入れた。ダリオが三歳のころ、「フランチェスコの会食室」の修道女のもとに連れていかれるまで、三か月だけ過ごしたあの家だ。

一家のもとへやってきたとき、ダリオは衰弱し、痩せ細り、打ちひしがれていた。ほんの数か月のうちに、体重は増え、薬の服用もやめられた。ダリオは、新しい生活を始めようと決心した。

養母のトニーニ夫人は、ダリオの行動を許さなかった。

「私たちか、その人たちか。どちらかに決めなさい」。トニーニ夫人は「ワッツアップ」のメッセージで、そう伝えてきた。

ダリオはこう返信した。「ああ、決めた。俺は、俺の人生を生きることにする」

訳者あとがき

以下の文章には、本書で取りあげられる事件「バッサ・モデネーゼの悪魔たち」の核心に触れている箇所があります。本文を未読の方はご注意ください。

一九九〇年代末、北イタリア（エミリア・ロマーニャ州モデナ県）の一地方であるバッサ・モデネーゼで、いくつもの家庭を巻きこんだ性的虐待の事案が発覚する。恐るべきことに、幼い児童に手をかけたのは、その両親や、親戚や、きょうだいたちだった。地域紙は加害者を「バッサ・モデネーゼの悪魔たち」と呼び、このおぞましい事件の推移を逐一伝えた。

虐待が発覚する原因になったのは、ひとりの子どもの証言だった。貧困家庭に生まれ、ソーシャルワーカーによって親元から引き離されたダリオという少年が、ある日、ふと、養母を不安の渦に突き落とすような言葉を発する。月に一度、生家に戻って過ごしているとき、じつの兄が妹（ダリオにとっては姉）にたいして「シーツの下でいたずら」をしているところを見たというのである。養母は至急、社会福祉部で働く心理カウンセラーに連絡をとり、ダリオに詳しく話を聞いていく。少年の口から語られた言葉は、大人たちを戦慄させた。性的虐待、殺人、墓地での悪魔的儀式……。この証言がすべてのきっかけとなり、いくつもの家庭の親たちが、小児性愛の加害者として告発されていく。

事件を立証するにあたって、決定的に欠けていたのが、大人の証言だった。大人はなにも見ていないし、なにも聞いていなかった。このようなうらさびれた田舎町に、マフィアも顔負けの「オメルタ（沈黙の掟）」が存在するのか……？

被告（親たち）は徹底抗戦した。「心理カウンセラーやソーシャルワーカーら、経験の浅い未熟な専門家が、子どものあやふやな証言を壮大な虚構に仕立て上げた」。被告側の弁護士は、訴訟でそのように主張した。だが、仮にこの主張が正しかったとしても、疑問は残る。「悪魔たち」の罪を告発したのは、ほかでもない、被告の子どもたち（あるいは甥姪）なのだ。証言を提出したのは、先に触れたダリオという少年だけではない。何人もの子どもが、心理学者やソーシャルワーカーにたいして、実の親（ないし親戚）の犯行について告白した。被告側の弁護士が正しいなら、いったいなぜ、子どもたちは嘘をついたのか？　みずからの親を追いつめ、家族の関係を破壊するような証言を、なぜ子どもたちは語らなければならなかったのか？　被告のなかには、訴訟に先立ってみずから命を絶った母親や、有罪判決を受けて獄中死した母親もいる。いくつもの家庭、何十人もの人生が、この訴訟のせいで粉々に砕け散った。子どもの証言がほんとうに嘘だったのなら、取り返しのつかない事態である。

本書『バッサ・モデネーゼの悪魔たち』（*Veleno. Una storia vera*, Einaudi, 2019. 原書タイトルを直訳すると『毒――ある実話』となる）は、この不可解な事件の「真相」に迫ろうとしたノンフィクションである。本書の刊行に先立って、二〇一七年には伊『ラ・レプッブリカ』紙に、この事件をテーマにしたポッドキャスト番組『毒』（全八回）が発表されている（同番組は翌二〇一八年に、「事件調査科学捜査賞」を獲得している）。[*1] ポッドキャスト番組の成功と相俟《あいま》って、本書は刊行と同時に大きな反響を呼び、一種の社会現象を巻き起こした。「原著者あとがき」にも記されているとおり、検察は約二十年前の事件について再捜査を行ない、複数の逮捕者が出る事態となった。

このとき逮捕されたのは、かつて悪魔主義者として告発された親たちではなく、困難な境遇に置かれた児童を護《まも》るべき立場にある専門家だった。

本書に詳しく記されているとおり、「悪魔たち」による性的虐待が告発されたことで、総勢十六名の子どもが親元を引き離された。少年裁判所の判断に大きな影響を与えたとされるのが、心理カウンセラーのヴァレリア・ドナーティである（なお、検察の再捜査による逮捕者リストに、ドナーティは含まれていない）。「原著者あとがき」にも記されているとおり、ドナーティは本書の刊行後、『イル・レスト・デル・カルリーノ』紙のインタビューに応じている。そこで彼女は、すでに心理カウンセラーの職は辞したこと、しばらく前から殺害の脅迫を受けていることなどを明かしているが、当時のみずからの仕事については、いっさいの瑕疵《かし》を認めていない。むしろ自分は、メディアによる「さらし刑」の被害者であり、これでは今後、専門家は自身のキャリアや私生活を危険にさらすことを恐れるあまり、子どもを保護したり、虐待の事実を指摘したりできなくなると懸念を表明している。インタビューは、ドナーティの次のような言葉で締めくくられている。「私たちはいまもなお、被害者の声、とりわけ子どもの被害者の声に、真剣に耳を傾けることのできない社会に生きているのです」[*2]

かつての子どもたちも声をあげている。すべての発端となった「子どもゼロ」、心理カウンセラーに最初に性的虐待を告白したダリオ（本名ダヴィデ）は、二〇二一年六月十四日、はじめてメディアのインタビューに答えている。

――面談はどのように行なわれたのですか？

「心理カウンセラーのヴァレリア・ドナーティやソーシャルワーカーから、質問攻めにされました。いまでも覚えていますが、面談が八時間続くこともありました。向こうが望むとおりのことを私が口にするまで、けっしてやめようとしないのです。［性的虐待をしてきた大人の］名前を言うように請われたので、私は適当な名前をでっちあげ、紙に書きつけました。もう、やけくそでした。兄から性的な暴行を受けたとか、悪魔主義の儀式を執《と》り行なう人たちを見たとか、作り話をして聞かせました。でも、そこにはひとかけらの事実もありません。すべて私の創作です。［生家の］居心地が良かったと言っても、誰も信じてくれないのです。無理強いされて仕方なく、向こうが聞きたいと思っていることを話しました」[*3]

禁錮十一年の有罪判決を受けたフェデリコ・スコッタの息子ニックは、生後数か月でじつの両親のもとから引き離された。出所したスコッタがニックの養父母が営む薬局を偶然に訪ね、店番をするわが子と対面するくだり（第七章参照）は、本書に記された数々の悲痛なエピソードのなかでも、とりわけ胸をしめつける場面だろう。引き離しから二十三年後の二〇二一年、ニックはスコッタの自宅（第七章で言及されているキャンピングカー）へ足を運び、じつの両親を抱擁している。「ふたりは〈親でいる可能性〉を二十三年間も奪われたままでした。私はふたりに、その可能性を取り戻してほしかった。だからここに帰ってきたんです」。ニックはカメラの前で、そのように語っている。[*4]

本書は二〇二〇年、ジャーナリズム分野の優れた著作に贈られる「エステンセ賞」を獲得している。二〇二一年には、本書をもとにしたドキュメンタリーシリーズ『毒』が制作され、伊 amazon のプライムビデオで公開されている（残念ながら、現時点では日本語版は公開されていない）。さらに二〇二二年には、『彼らが語らなかったすべての嘘――あるイタリアのコミュニティにおける悪魔主義パニックの実話（*All the Lies They Did Not Tell: The True Story of Satanic Panic in an Italian Community*）』というタイトルで英訳が刊行され、大きな反響を呼んでいる。すでに本書を読まれた方はお気づきのとおり、悪魔崇拝、小児性愛、児童売春など、「バッサ・モデネーゼの悪魔たち」にまつわるキーワードは、アメリカ合衆国で生まれたカルト集団「Qアノン」の主張（「児童売春に手を染める悪魔崇拝の秘密結社が世界を裏から支配しており、ドナルド・トランプはこの闇の勢力と闘っている」）を強く想起させる。西洋における悪魔主義の歴史を概観した本書の第十三章は、Qアノンの思想（妄想？）がどのような土壌から生まれたのかを考えるうえでも、有益な手がかりとなるだろう。

著者のパブロ・トリンチャは、一九七七年、東独時代のライプツィヒで生まれている。幼少期にミラノへ、高校卒業後にロンドンへ移住し、ロンドン大学所属の東洋アフリカ研究学院を卒業している。その後はイタリアに戻り、フリーランスのジャーナリストとして経験を積むこととなる。本書『バッサ・モデネーゼの悪魔たち』は、イタリア内外でトリンチャの名を高めることになった出世作である。二〇二二年一月には、豪華客船「コスタ・コンコルディア」の転覆事故（二〇一二年）の経緯に深く分け入るノンフィクション『遭難の小説　コスタ・コンコルディア――ある実話』（*Romanzo di un naufragio. Costa Concordia: una storia vera*, Einaudi）を発表している。

本書の翻訳刊行にあたっては、共和国の下平尾直さんにたいへんお世話になりました。日本ではまったく知られていない事件をめぐるノンフィクションという、なんとも「売り方」の難しい一冊ですが、勇敢にも企画を拾っていただき、こうして日本の読者に届けることができました。版権エージェントの日本ユニ・エージェンシーは、なかなか企画の持ちこみが実を結ばずにいる訳者をアシストし、共和国への橋渡しをしてくださいました。また、原著者のパブロ・トリンチャは、翻訳権の空き状況を訳者が個人的に問い合わせて以来、つねに丁寧にこちらの質問に応じてくれました。日本の文化や歴史にも興味があるらしく、アプリ「ワッツアップ」でビデオ通話をした際には、日本語であいさつをしてくれました。本書を日本に紹介したいという訳者の思いは、トリンチャの激励のおかげでいっそう強まりました。この場を借りて、皆さんにお礼を申しあげます。

個人的な宣伝になりますが、本書第十二章に登場するクリスティーナ・カッターネオ医師（マッジョーニ医師の診察に疑義を呈した法医学者）の著書が、本書と前後して、拙訳により晶文社から刊行される予定です（『顔のない遭難者たち　地中海に沈む移民・難民の「尊厳」』）。取り扱うテーマに違いはあれど、トリンチャとカッターネオの著作はいずれも、イタリアの（そして、私たちが生きる世界の）現実を見つめる一助となる、きわめて良質なノンフィクションです。ご興味のある方は、ぜひ手にとってみてください。

二〇二二年　佐倉にて　訳者識

注

＊1　番組は以下のＵＲＬから聴くことができる。https://www.repubblica.it/podcast/storie/veleno/stagione1/

＊2　https://www.ilrestodelcarlino.it/modena/cronaca/bimbi-tolti-alle-famiglie-ho-fatto-il-mio-dovere-ora-non-lavoro-piu-e-ricevo-minacce-di-morte-1.6499311

＊3　https://www.repubblica.it/cronaca/2021/06/13/news/ne_abusi_ne_riti_satanici_16_bimbi_tolti_ai_genitori_per_le_mie_accuse_inventate_-305927025/?ref=search

＊4　ニックと両親（スコッタとカエンペト）の再会の様子は、以下のＵＲＬから視聴できる。
https://video.repubblica.it/cronaca/veleno-nel-1997-un-bambino-venne-tolto-ai-genitori-accusati-di-pedofilia-l-and-8217abbraccio-dopo-23-anni/376081/376694?

パブロ・トリンチャ

Pablo Trincia

1977 年、ドイツのライプツィヒに生まれる。
新聞、テレビ、ウェブサイトの特派員やライターとしてキャリアを積む。
2015-17 年、同業のアレッシア・ラファネッリと協力して、
本書のもととなったポッドキャスト番組『毒（Veleno）』を制作。
本書は、2020 年にジャーナリズム分野の
優れた著作に贈られるエステンセ賞を受賞。
2021 年にはイタリアの amazon がドキュメンタリーシリーズを制作し、
大きな反響を呼んでいる。

栗原俊秀

Toshihide Kurihara

一九八三年、東京都に生まれる。翻訳家。
訳書に、アンドレア・バイヤーニ『家の本』（白水社、二〇二二）、
『カルロ・ロヴェッリの科学とは何か』（河出書房新社、二〇二二）、
アントニオ・スクラーティ『小説ムッソリーニ——世紀の落とし子』（同、二〇二一）など多数。
カルミネ・アバーテ『偉大なる時のモザイク』（未知谷、二〇一六）で、
須賀敦子翻訳賞、イタリア文化財文化活動省翻訳賞を受賞。

バッサ・モデネーゼの悪魔たち　ある実話

二〇二二年一〇月三〇日印刷
二〇二二年一一月一〇日発行

著者　パブロ・トリンチャ
訳者　栗原俊秀《くりはらとしひで》
発行者　下平尾 直
発行所　株式会社 共和国
東京都東久留米市本町三-九-一-五〇三　郵便番号二〇三-〇〇五三
電話・ファクシミリ〇四二-四二〇-九九九七
郵便振替〇〇一二〇-八-三六〇一九六
http://www.ed-republica.com

印刷　モリモト印刷
ブックデザイン　宗利淳一
DTP　木村暢恵

本書の内容およびデザイン等へのご意見やご感想は、以下のメールアドレスまでお願いいたします。naovalis@gmail.com

ISBN978-4-907986-92-6　C0098
Veleno. Una storia vera by Pablo Trincia.